# 새로 읽는
# 『論語』— 심층분석

*New understanding on Confucius 『Lun yu』*

# 4

"공자(孔子) — 인간을 말하다"

"인문학 정신으로 어두운 세상에 등불을 밝히다"

강성조(姜聲調) 편저

신아사

# 들어가는 말

『새로 읽는 논어 심층분석』 제①, ②, ③권에 이어 『論語』「述而」편과 「泰伯」2편을 범위로 제④권의 기술 계획을 진행하였다. 『論語』라는 텍스트가 모두 20편으로 구성되었기에 2편 씩를 범위로 매년 1권을 기술해 간다면 제⑩권이 저술되기까지 아마도 10년의 시간이 소요될 것이다. 다만 이미 제①권부터 제④권까지 저술되었기에 다시 6년의 시간이 더 필요하다. 즉 제⑤권부터 제⑩권까지 기술이 이루어지려면 여전히 6년의 지리한 시간에 매달려야 하는 상황이 지속될 수밖에 없다. 때문에 필자는 본 저술의 완성을 위해 꾸준한 저술 시도와 꺽이지 않는 의지, 식지 않는 열정을 유지해가는 것이 무엇보다 중요하다 여긴다. 물론 비록 저술 과정에 고달픔, 지루함, 회의감 등이 느껴지겠지만 그러나 이러한 부정적 방해 요인들은 본래 저술을 시작하며 품었던 기대, 의욕과 열망에 기대 충분히 극복해낼 수 있을 것이다. 다시금 공자께서 "왜냐하면 지난 일들의 전통과 역사적 사실을 전하려 정리하고 기술하지만 새롭게 제작하여 기술하지 않으며 고인들이 남긴 전언이나 문자 기록들을 충실히 믿는 동시에 고대의 학술적 가치, 정신과 문물제도를 좋아하였기 때문에 그래서 자신은 사견으로 옛 일들을 전하려 정리, 기술하기 좋아했다던 은나라 시대 현명하고 어진 대부 팽함에 견준답니다"(「述而」편 제1장)라고 말씀하셨던 저술의 원칙과 숭고한 정신을 되세기며 자신과 한 약속을 위해 끝까지 완주하려 한다.

『새로 읽는 논어 심층분석』, 이 텍스트의 저술 목적은 해당 문장 중의 글자(어휘)의 의미 해석 범위(즉 어휘 의미항(詞義意項))를 확정하고 문법의 결합 구조 분석과 문장법(즉 장법'章法')의 내재 논리 분석을 바탕으로 신역(信譯, 직역), 달역(達譯, 의역), 아역(雅譯, 고아하고 운치있는 의역)을 진행하는 것이다. 또한, 이를 통해 독자들이 『論語』라는 텍스트 중에 공자께서 강론하거나 제자를 비롯한 다른 사람과 대화한 내용에 관해 학습, 사고를 병행하여 문해력을 배양하고 나아가 올바른 이해와 철저한 장악으로 그 가운데 내포된 정확한 의미, 심오한 도리(이치)를 깨달아 터득하여 지혜로운 삶을 영위해 갈 수 있도록 하는 것이다.

아무튼 위에 기술한 목적에 따라 독자들이 본 저술을 길잡이로 『論語』라는 텍스트에 대해 열심히 학습하고 주도면밀하게 사유하며 깊이 깨달아 터득해서 지혜로 축적하여 제한없이 마음껏 그리고 거침없이 자유롭게 상상의 나래를 펼쳐갈 수 있길 바랍니다!

2025. 12. 30.

於新龍洞 鄰然齋에서

저자 씀

# 제7편
# 「술이(述而)」

## 제8편
## 「태백(泰伯)」



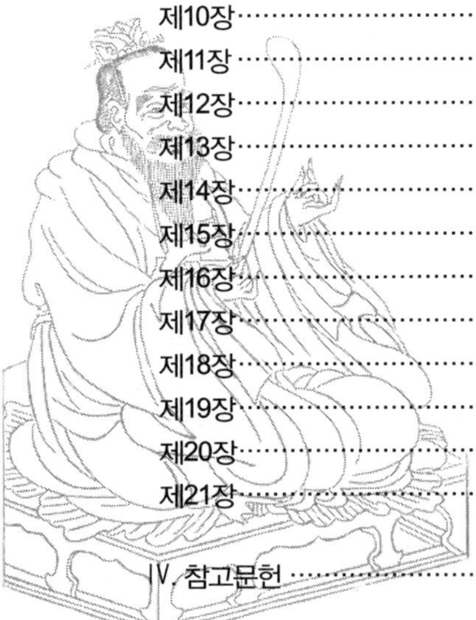

## 제7편 술이

제8편 태백

# 論語

# 제7편「술이(述而)」

본 편은 모두 38장으로 편명(篇名)은 첫째 번 장의 '술이부작(述而不作)' 중의 '술이(述而)' 2글자를 취해 이름 붙인 것인 데 그 내용은 대체로 세 부분으로 나누어 정리할 수 있다.

첫째 부분은 공자 일생의 지조와 절개, 일의 수행 및 처리, 몸과 마음가짐 및 태도, 스스로 겸손하게 다른 사람을 가르쳐 교화하는 품덕 그리고 교수・학습 내용 등 열 한(11)장이다.

둘째 부분은 공자와 제자, 대부 간의 대화 등 모두 여섯(6)장이다.

셋째 부분은 제자 염유(冉有), 자공(子貢)이 선생님 공자께 위나라 군주의 행위에 대해 찬동하는지 여부를 묻는 한(1)장이다.

본편은 주요하게 공자의 학문수양을 둘러 싸고 강술(講述)을 전개한 것이다.

먼저, 학문수양을 통해 '인(仁) 즉 사랑의 정감'을 구현하여 도덕(진리)에 도달하는 문제를 강론(講論)하였다.

다음, 공자께서 자신은 "선천적으로 구현된 도덕(진리)를 알고 있는 사람이 아니라 후천적으로 분발해서 그것을 추구해서 체득하려 노력한 사람이다"라는 호학(好學)의 정신을 강론(講論)하였다.

그 다음, 공자의 교육사상과 교수・학습 원칙 '문행충신(文行忠信)'의 교육과정, 대상의 신분과 처지를 가리지 않은 교육, 교수・학습의 촉진과 향상 및 발전, 계발식(啓發式) 교육방식, 격려를 통한 의욕고취와 동기 유발 등을 강론(講論)하였다.

마지막은 공자의 도덕추구, 예의범절, 수신양성과 관련된 내용을 강론(講論)하였다.

이 가운데 제20장 '비생이지지(非生而知之)', 제26장 '성인(聖人)', 제30장 '인(仁)', 제33장 '궁행군자(躬行君子)', 제34장 '약성여인(若聖與仁)' 및 공자 자신의 평가 방면이 「술이(述而)」편의 핵심이라 말할 수 있다.

# 제1장

— 학문 추구와 저술을 통해 일정한 관점을 지닌 견해의 이론을 내세워 주장하는 태도

子曰: "述而不作, 信而好古, 竊比我於老彭。"

zǐyuē shùérbùzuò xìnérhàogǔ qièbǐyúělǎopéng

관련 편장(篇章)

子曰: "蓋有不知而作之者, 我無是也。" (「述而」篇 第28章)

子曰: "好古敏以求之者也。" (「述而」篇 第20章)

子曰: "文、武之政, 布在方策。" (『禮記·中庸』篇 卷第52)

子曰: "非天子不議禮, 不制度, 不考文。" (『禮記·中庸』篇 卷第53)

子曰: "今天下車同軌, 書同文, 行同倫。雖有其位, 苟無其德, 不敢作樂焉; 雖有其德, 苟無其位, 亦不敢作 樂焉。" (『禮記·中庸』篇 卷第53)

子曰: "仲尼祖述堯、舜, 憲章文、武。" (『禮記·中庸』篇 卷第53)

주석(注釋)

① 술(述): 동 '의거하여 따르다'. 현대 중국어 '遵循(zūnxún)', '遵照(zūnzhào)'에 해당함.

② 이(而): 접사 (역접)그러나, 하지만.
③ 작(作): 동 '창작하다', '새롭게 제작하다'. 현대 중국어 '創新(chuàngxīn)', '創作(chuàngzuò)'에 해당함.
④ 신(信): 동 '믿다', '충실하게 믿다'. 현대 중국어 '篤信(dǔxìn)', '相信(xiāngxìn)'에 해당함.
⑤ 이(而): 접사 (점층관계 표시)게다가, ……하고도.
⑥ 호(好): 형 '애호하다', '좋아하다'. 현대 중국어 '愛好(àihào)'에 해당함.
⑦ 고(古): 명 고대의 문화, 고대의 학술사상적 가치, 정신과 문물제도.
⑧ 절(竊): 검사 '사적으로', '저, 자신(의 의견)으로', '자신의 마음속으로', '비공식으로'. 현대 중국어 '私底下(sīdǐxià)', '私自(sīzì)'에 해당함.
⑨ 비(比): 동 비교하다, (근사치로)서로 비교하다. 현대 중국어 '比擬(bǐnǐ)', '相比(xiāngbǐ)'에 해당함.
⑩ 노팽(老彭): 명 은상(殷商) 시대의 현명하고 어진 대부 팽함(彭咸)을 가리킴.

## 석의(析義)

① 술(述): 동 '지난 일(학술사상적 전통과 역사적 사실)에 의거해서 따라 전하려 정리, 기술하다'. 현대 중국어 '依從往事, 傳述舊聞(yīcóngwǎngshì chuánshùjiùwén)'에 해당 하는 의미이다.
② 신(信): 동 고인들이 남겨놓은 전언, 문자로 기록된 서적을 독실하게(충실하게 우러러 받들며) 믿다.
③ 고(古): 고(古): 고대의 학술사상적 최고가치, 도덕정신과 도리(이치) 그리고 각종 의식형태, 문물제도 등을 망라한 문화를 가리킨다.
④ 절비아어(竊比我於): 수(隋)나라 교육자이자 사상가 왕통(王通)은 자가 중엄(仲淹)이고 문중자(文中子)로도 불렸는데 그 제자 설수(薛收)가 편집한 『文中子說』의「魏相」편에 "물으면 대화이고 묻지 않으면 전술인데 선생님이 자신 생각대로 은조(殷朝)의 현명하고 어진 대부 팽함(彭咸)에 비교한다(問則對, 不問則述, 竊比我於仲)"라고 하였다. 영국 런던 대영박물관 소장 돈황(燉煌) 당(唐)나라 시대 필사본 S(M.A.Stein)6121호와 정현(鄭玄)본, 정주(定州) 죽간본(簡本) 모두 '我'자가 '於'자 앞에 위치하고 송(宋)나라 때 통행되던 판본(通行本) 역시 '我

於'라 하지만 형병(邢昺)의『論語疏』부터 세속 판본(俗本)을 좇아 '於我'라 하며 주희(朱熹)도 이를 따른다. 당나라 이전 '我於'의 순서였으며, 사실 '竊比我於'는 '我竊比於'의 어순도치 형태로 보아야 한다.

⑤ 노팽(老彭): 하안(何晏)의『論語集解』에 한(漢)나라 포함(包咸)『注』를 인용하여 "팽함(彭咸)은 은나라의 현명하고 어진 대부로 옛 사적을 전하려 정리하고 기술하기를 좋아했다"[1]라고 하였다. 주희(朱熹)의『論語集注』에 "팽함은 상나라의 현명하고 어진 대부인데 그 기록이『大戴禮』에 보이며, 대체로 옛 것을 믿고 전하려 정리 기술한 사람이다"[2]라고 하였다. 이밖에 정현(鄭玄), 왕필(王弼)은 '노(老)'는 노담(老聃)'을 가리키고 '팽(彭)'은 '팽조(彭祖)'를 가리킨다 하였으며 형병은 장자(莊子)가 말한 팽조이다라고 하였다. 그러나 사마천(司馬遷)의『史記・老莊申韓列傳』에 근거하면 노담은 노자 이이(李耳)이고 주(周)나라 수장실사(守藏室之史, 국립도서관장)이며「五帝本紀」에 근거하면 팽조는 요(堯) 임금의 신하로『楚辭・王逸注』에 '팽함은 은나라 때의 현명하고 어진 대부이다'라고 하였다. 여기서 '노팽'은 '팽함'을 가리킨다 여기며 포함, 주희 두 사람의 견해를 따른다.

## 문법구조(文法構造)

전체 문장은 서사성 복합 문장이다. '子'는 주어이고 '曰'은 술어이며 "述而不作, 信而好古, 竊比我於老彭"은 목적어이다. 인용부호 속 제1 문장은 두 마디 서사성 단문이 역접관계로 구성된 장문이다. 그것들의 주어는 모두 '我'이지만 생략하고 언급하지 않았으며 술어는 '述'과 '作'이다. 제2 문장 역시 서사성 단문이 더해 합해져 연계된 관계로 구성된

1) "老彭, 殷賢大夫, 好述古事."(黃懷信主撰,『論語彙校集釋』上冊, 上海: 上海古籍出版社, 2008, p.556)

2) "老彭, 商賢大夫, 見『大戴禮』, 蓋信古而傳述者也."(朱熹,『點校四書章句集注』, 臺北:長安出版社, 1990, p.93)

장문이다. 술어 '信' 뒤에 목적어가 없으며 술어 '好' 뒤에 목적어 '止'가 있다. 제3 문장 역시 서사성 단문인데 주어는 제2 문장처럼 역시 생략되었으고 술어 '比'에 제한 의미의 관형어가 더해졌으며 주어 '我'가 어순도치되어 술어 뒤에 놓였다. "竊比我於老彭" 한 마디의 본래 형태는 "我竊比於老彭"이다. 술어 뒤에 놓여 보충설명하는 '於老彭'의 '於'는 목적어 '老彭' 앞에 놓인 전치사이다. 이 세 문장은 단순히 연합관계로 구성된 것이라 간주하는 어리석음을 범해서는 안되며 오히려 인과관계로 구성된 것이라 보아야 한다.

### 문장법 분석(文章法分析)

본문 내용은 '원인(因)—결과(果)' 구조의 변화를 통한 전개이다. 전체 원문은 공자께서 지난 일에 내포된 전통과 역사적 사실에 따라 전하려 정리, 기술하지만 창작하지 않고 고인들이 남겨 놓은 전언, 문자 기록을 독실하게 믿으며 고대의 학술사상적 가치, 정신과 문물제도을 좋아하기에 나는 사견으로 팽함에 비교한다라고 말씀한 내용이다. 제1, 2 문장은 '원인(因)'에 속하는데 제1 문장은 '사례일(事例一)' 구조를 포함하고 다시 '사례일(事例一)'은 '정(正)—반(反)' 구조를 포함한 관계, 제2 문장은 점층 형태의 '제일층(第一層)—제이층(第二層)' 구조를 포함한 관계이다. 공자께서 지난 일들의 전통과 역사적 사실에 따라 후대에 전하려 정리하지만 새롭게 제작기술하지 않으며 고인들이 남긴 전언이나 문자 기록을 믿는데 고대의 학술적 가치, 정신과 문물제도를 좋아하기 때문이라고 이어질 결과에 대한 원인을 전제해서 말씀하셨다. 제 3문장은 '결과(果)'에 속하며 전제한 원인에 대해 그래서 선생님 자신의 마음속으로 지난 옛 일을 전하려 정리하고 기술하길 좋아했다던 팽함에 견주어본다라고 말씀한 것이다.

공자께서 제자들에게 자신의 소임은 과거의 전통과 역사적 사실에 따라 옛 것을 정리, 기술하고 고인들이 남긴 전언이나 문자 기록을 독실하게 믿으며 고대 학술사상적 가치, 정신 및 문물제도를 좋아하기에 감히 제멋대로 은나라 시대 팽함에 견주어 본다라고 하셨다. 이렇게 겸손한 태도와 입장의 견지를 표명한 내용으로 문장을 일단락짓고 있다. 여기서 기술한 문장법에 내재된 논리를 정리하면 <표-1>와 같다.

<표-1> 내재논리 분석도

| | | | |
|---|---|---|---|
| 원인(因) | 사례일(事例一) | 정(正) | 공자께서 지난 일에 내포된 전통과 역사적 사실에 따라 정리, 기술하지만 |
| | | 반(反) | 새롭게 제작기술하지 않으며 |
| | 사례이(事例二) | 재일층(第一層) | 고인들이 남겨 놓은 전언, 문자 기록을 충실하게 믿고도 |
| | | 제이층(第二層) | 고대의 학술사상적 가치, 정신과 문물제도을 좋아하기 때문에 |
| 결과(果) | 그래서 선생님 자신의 마음대로 지난 옛 일을 전하려 정리하고 기술하길 좋아했다던 팽함에 견주어본다고 말씀했음 | | |

### 신역(信譯)

공자께서 "지난 일을 전하려 정리, 기술하지만 창작하지 않고 고인들이 남긴 것들을 믿고도 옛 것을 좋아하기에 나는 자신의 의견으로 노팽에 비교한다"라고 말했다.

### 달역(達譯)

공자께서 "제자들이여 지난 일들의 전통과 역사적 사실을 전하려 정리하고, 기술하지만 창작하지 않으며 고인들이 남긴 것들을 충실히 믿고도 고대의 학술적 가치, 정신을 좋아하기에 선생님은 자기의 사견으로 옛 일을 정리하고, 기술하기 좋아했던 은나라 대부 노팽에 비교한다"라고 말씀하셨다.

### 아역(雅譯)

공자께서 "제자들이여 왜냐하면 지난 일들의 전통과 역사적 사실을 전하려 정리하고 기술하지만 새롭게 제작하여 기술하지 않으며 고인들이 남긴 전언이나 문자 기록들을 충실히 믿고도 고대의 학술적 가치, 정신과 문물제도를 좋아하기 때문에 그래서 선생님은 자신 사견으로 옛 일들을 전하려 정리하고, 기술하기 좋아했던 은나라 시대 현명하고 어진 대부 팽함에 견준답니다"라고 말씀하셨습니다.

## 함축의미

<표-2> 함축의미 분석

|  |  |
| --- | --- |
| 지난 일들의 전통과 역사적 사실에 따라 전하려 정리, 기술하지만 창작하지 않고 | 선생님 자신 사견으로 옛 일들을 전하려 정리, 기술했던 팽함에 견줌 |
| 고인들이 남긴 전언이나 문자 기록들을 믿고도 고대의 학술적 가치, 정신 및 문물제도를 좋아함 | |

## 생각열기

정리(整理)란? 필요와 불필요의 선별, 처리 과정이다. 하지만 고전의 정리는 이와는 완전히 다른 별개의 과정이지 않을까? 먼저 그것을 긍정적으로 수용한 후 비판적 시각에서 관련 자료의 검토, 연구, 분석 등 과정을 거친 지식이론 정보에 대해 객관적 태도와 입장을 견지한 가운데 주관적 판단을 더하여 체계적으로 자리매김하는 과정이 아닐까?

# 제2장

— 끊임없는 새로운 지식의 추구와 권태롭다하지 않는 가르침의 전수

子曰: "默而識之, 學而不厭, 誨人不倦, 何有於我哉?"
zǐyuē mòérzhìzhī xuéérbùyàn huìrénbùjuàn héyǒuyúězāi

## 관련 편장(篇章)

子曰: "蓋有不知而作之者, 我無是也。多聞, 擇其善者而從之, 多見而識之, 知之次也。" (「述而」 篇 第28章)
子曰: "若聖與仁, 則吾豈敢? 抑謂之不厭, 誨人不倦, 則可謂云爾已矣!" 公西華曰: "正唯弟子不能學也。" (「述而」 篇 第34章)
子曰: "聖則吾不能, 我學不厭而敎不倦也。" (『孟子·公孫丑』 章句上)

## 주석(注釋)

① 묵(默): 형 묵묵하다, 아무 말 없이 잠잠하다.
② 이(而): (병렬)그리고.
③ 식(識): 동 기억하다, 마음으로 알다.
④ 지(之): 대사 듣고 본 것(일), 접미 (가리킴 없는 대명사로) 문장 끝에 더해지는 접미 어조사.

⑤ 학(學): ❺ 학습, 실행을 병행하고 끊임없이 사고하며 일정한 견해와 관점으로 정립하다.
⑥ 염(厭): ❺ '싫어하여 포기하다'. '싫어하고 혐오하여 버리다'. 현대 중국어 '厭棄(yànqì)'에 해당함.
⑦ 회(誨): ❺ '가르치다', '가르쳐 지도하다'. 현대 중국어 '敎導(jiàodǎo)', '敎誨(jiàohuì)'에 해당함.
⑧ 권(倦): '아주 피곤하고 지치다'. '게으르다', '풀려 산만하다'. 현대 중국어 '疲倦(píjuàn )', '懈怠(xièdài)'에 해당함.

## 석의(析義)

① 묵이식지(黙而識之): '묵묵히(아무 말 없이 잠잠하게) 기억하다, 마음으로 알다' 혹은 '듣고 본 것(일)을 묵묵히(아무 말 없이 잠잠하게) 마음속에 기억하다, 마음으로 알다'로 해석해야 한다.
② 하유어아재(何有於我哉): '何有於我'는 '於我何有'로 어순도치 되었고 '何有'는 본래 '何難之有'이며 '不難(어렵지 않다)'이라는 의미이다.「雍也」편 제7장의 '於從政乎何有' 구는 '我'와 '從政乎'가 다를 뿐이며 서로 같은 용법이다.

## 문법구조(文法構造)

전체 원문은 서사성 복합 문장이다. 즉 "子曰: '黙而識之, 學而不厭, 誨人不倦, 何有於我哉?'"중의 주어는 '子'이고 '曰'은 술어이며 "黙而識之, 學而不厭, 誨人不倦, 何有於我哉"는 목적어이다. 그 자체가 주술구조로 이루어졌고 앞 3문장 "黙而識之, 學而不厭, 誨人不倦"은 주어이며 '何有於我'는 술어이다. 제1 문장 "黙而識之"는 서사성 단문인데 주어는 생략되었고 '黙'은 부사어로 뒤 술어 '識'을 수식하며 그 뒤에 더해진

‘而’字는 접속사, ‘之’는 목적어로 ‘所學(、所見、所聞)的知識或作人(、行事、處世)的道理’를 가리킨다. 하지만 목적어가 아니라 가리킴 없는 접미 어조사로 보는 사람도 있다.[3] 제2 문장 역시 주어는 생략되었으며 “學而不厭”은 ‘學’ 1글자 서사성 단문과 ‘而不厭’ 3글자 태도를 표시하는 복합 문장이 연합되어 구성된 장문이라 할 수 있다. 그 중에 앞 단문 술어 ‘學’은 뒤에 목적어를 동반하지 않았고 뒤 단문의 주어는 ‘學’으로 위를 이어 생략되었으며 ‘不厭’은 어휘결합 형태이다. 제3 문장도 마찬가지로 주어는 생략되었고 “誨人不倦”은 태도를 표시하는 복합 단문으로 ‘誨人’은 주어이며 ‘不倦’은 술어여서 모두 어휘결합 형태이다. 이상 3문장의 주어는 모두 ‘我’이며 생략하고 언급하지 않았다. 제4 문장 “何有於我哉”는 유무단문이며 이 가운데 ‘何有’는 ‘何難之有’의 생략된 형태이며 주어가 없다. ‘何’는 술어 ‘有’의 목적어이고 ‘我’는 술어 ‘有’의 처소보어이며 그 앞에 전치사 ‘於’가 더해져있다. 이 문장 문미에 어조사 ‘哉’를 사용하고 ‘乎’를 사용하지 않는데 왜냐하면 그것이 비록 반어문이지만 도리어 감탄의 의미를 은유적으로 함축하고 있어서 ‘乎’를 사용할 수 없기 때문이다.

상술한 4구 문장은 한 마디 태도를 표시하는 복합 장문으로 볼 수 있는데 앞 3구는 연합관계로 구성된 장문이고 주어이며 뒤 1구는 술어이다. 여기서 다시 언급하려는 것은 부사어와 술어사이에 ‘而’를 더할 수 있는 것인데 장문의 두 단문 중간에 ‘而’자를 더할 수도 있으며 따라서 “黙而識之”와 “學而不厭”은 표면상에서 보면 구법이 서로 같지만 그러나 더

---

3) “述詞‘識’下的‘之’字, 表面上看起來是止詞, 可是, 無所稱代, 已變成了個詞尾(술어 ‘識’자 뒤의 ‘之’자는 표면상 목적어로 보이지만 그러나 가리킴이 없으며 이미 문미 어조사로 변하였다).”(許世瑛太師, 『論語二十篇句法研究』, 臺北: 臺灣開明書店, 1990, p.106)

해 분석한 이후 비로소 그것들이 서로 다른 곳은 어디 인지 알 수 있다.

## 문장법 분석(文章法分析)

본문 내용은 '조건(條件)—후속결과(後續結果)'구조의 변화를 통한 전개이다. 전체 원문은 공자께서 학습한 것을 묵묵히 받아들이고 기억하여 지식으로 정립하며, 열심히 학습하고 싫증내지 않으며 다른 사람을 가르치기는 권태롭다하지 않는데 내 자신에게 어떤 어려움이 있을까라고 말씀한 내용이다. 제1, 2, 3 문장은 '조건(條件)'에 속하는데 다시 '조건 일(條件一)—조건 이(條件二)—조건 삼(條件三)' 구조를 포함한 관계이다. 공자께서 보거나, 듣거나, 학습한 내용을 받아들인 후 지식이론 정보로 축적하고, 학습·실천·사고하며, 일정한 관점의 견해를 지닌 학문적 지식으로 정립하는데 중도에 실증내지 않기도 다른 사람에게 지식이론 정보를 가르쳐 전수하기를 권태롭다하지 않기도라고 조건을 전제하여 말씀하셨다. 제4 문장은 '후속결과(後續結果)'에 속하며 전제한 조건에 따라 공자께서 내 자신에 대해 말하면 어떤 어려움이 있겠습니까(없습니다)라고 뒤에 이어질 결과를 말씀한 것이다.

공자께서 지식인으로써 자신의 학문적 자세와 책임을 3가지 조건으로 전제하고, 그런 후 반어법적 수사 방식으로 제자들의 긍정적 후속결과를 기대하며 문장을 일단락짓고 있다. 여기서 기술한 문장법에 내재된 논리를 정리하면 <표-3>과 같다.

<표-3> 내재논리 분석도

| 구분 | 세부 | 내용 |
|---|---|---|
| 조건(條件) | 조건 일(條件一) | 선생님은 (보거나, 듣거나) 학습한 것을 묵묵히 받아들이고 기억하여 지식이론 정보로 축적하고 |
| | 조건 이(條件二) | 열심히 학습·실천·사고하여 학문적 지식으로 정립하고 중도에 실증내 포기하지 않으며 |
| | 조건 삼(條件三) | 다른 사람에게 지식이론 정보 및 학문을 가르쳐 전수하기는 고단하다 게을리하지 않는데 |
| 후속결과(後果) | | 선생님 자신에 대해 말하면 무슨 어려움이 있겠습니까(무슨 어려움도 없습니다)라고 말씀함 |

## 신역(信譯)

공자께서 "학습한 것을 묵묵히 받아들이고 기억하여 지식으로 정립하며, 열심히 학습하고 싫증내지 않으며, 다른 사람을 가르치기는 권태롭다하지 않는데 내 자신에게 무슨 어려움이 있을까"라고 말했다.

## 달역(達譯)

공자께서 제자들이여 "선생님은 학습한 것을 묵묵히 받아들이고 기억하여 일정한 지식으로 정립하며, 열심히 학습하고 중도에 싫증내 포기하지 않으며, 다른 사람에게 지식 및 학문을 가르쳐 전수하기는 권태롭다하지 않는데 선생님 자신에 대해서 무슨 어려움이 있겠는가"라고 말씀하셨다.

### 아역(雅譯)

공자께서 제자들이여 "이 선생님이 보거나, 듣거나, 학습한 내용을 묵묵히 말없이 받아들이고 머리와 마음 속에 기억하여 지식이론 정보로 축적하며, 열심히 학습·실천·사고하여 일정한 관점의 견해를 지닌 학문적 지식으로 정립하고 중도에 실증내 포기하지 않으며, 다른 사람에게 지식이론 정보 및 학문을 가르쳐 전수하기는 고단하다 게을리하지 않는데 선생님 자신에 대해 말하면 무슨 어려움이 있겠습니까(무슨 어려움도 없습니다)"라고 (스스로에게 한 점의 거리낌도, 부끄러움도 없다) 자부심어리게 자기고백적으로 말씀하셨습니다.

### 함축의미

<표-4> 함축의미 분석

- 학습한 것을 묵묵히 받아들이고 기억하여 지식으로 정립
- 열심히 학습하고 싫증내 포기하지 않음
- 다른 사람을 가르치기는 권태롭다하지 않음

→ 선생님 자신에게 무슨 어려움도 없음

## 생각열기

학습과 실천 및 사고하고 일정한 관점을 지닌 견해의 지식이론 정보로 정립하며 그 깊이와 폭을 넓히기 위해 싫증내거나 포기없이 열심히 매진할 수 있을까? 이렇게 쌓여 누적된 지식이론 정보로 사람들을 가르쳐 전수하는 일이 고단하다 게을리할 수 있을까?

# 제3장

— 품덕 수양, 학문 강론, 정의 실행 및 좋지 못한 것을 고칠 수 없는 것들이 근심할 것임

子曰: "德之不修，學之不講，聞義不能徙，不善不能改，是吾憂也。"

zǐyuē dézhībùxiū xuézhībùjiǎng wényìbùnéngxǐi bùshànbùnénggǎi shìwúyōuyě

관련 편장(篇章)

子曰: "過，則勿憚改。"(「學而」篇 第8章)

子曰: "見賢，思齊焉；見不賢，而內自省也。"(「里仁」篇 第17章)

子曰: "三人行，必有我師焉，擇其善者而從之，其不善者而改之。"(「述而」篇 第22章)

子曰: "過而不改，是謂過矣!"(「衛靈公」篇 第30章)

「象」曰: "風雷益君子，以見善則遷，有過則改。"(『易經·益卦』章句上 卷第3 p.96)

## 주석(注釋)

① 덕(德): ❶ 품덕(品德), 덕성(德性).

② 지(之): ❶ 주술적 결합 관계에 쓰여 그 어구를 종속적 결합관계로 전환시키는 데 여기서는 반대로 전환됨 . '……은(는)이나 이(가)'를 '……의'로 여기서는 반대로 전환시킴.

③ 수(修): ❶ 닦다, 수양하다.

④ 학(學): ❶ 학문(學問).

⑤ 강(講): ❶ 강습(講習)하다, 강론(講論)하다.

⑥ 문(聞): ❶ '들었다'. 현대 중국어 '聽到(tīngdào)'에 해당함.

⑦ 의(義): ❶ 정의(正義), 도의(道義).

⑧ 사(徙): ❶ (원래 소재지로부터 다른 곳까지) '옮겨가다', '떠나가다'. 현대 중국어 '遷徙(qiān xǐ)', '遷移(qiānyí)'에 해당함.

⑨ 선(善): ❶ 좋은 것, 좋은 행위, 좋은 방법, 우수한 점, 장점.

⑩ 개(改): ❶ '고치다', '바르게 고치다', '잘못(허물)을 고치다'. 현대중국어 '改過(gǎiguò)', '改正(gǎizhèng)', '改錯誤(gǎicuòwù)'에 해당함.

⑪ 우(憂): ❶ '우려하다', '걱정하다', 현대 중국어 '擔心(dānxīn)', '擔優(dānyōu)', '憂慮(yōulǜ )', '提心吊膽(tíxīndiàodǎn: 마음 졸이다, 마음이 조마조마하다)'에 해당함.

### 석의(析義)

① 불선(不善): '좋지 못한 것', '좋지 않은 방법', '좋지 않은 행위', '단점', '결점'. 현대 중국어 '不好的(bùhǎode)', '不好的方法(bùhǎodefāngfǎ)', '不好的行爲(bùhǎodexíngwèi)', '長處(cháng chù)', '好處(hǎochù)', '缺點(quēdiǎn)'에 해당함.

② 시(是)……야(也): '이것이……이다'. 현대 중국어 '這是(zhèshì)……啊'(a)에 해당함.

### 문법구조(文法構造)

전체 원문은 서사성 복합 문장이다. 주어는 '子'이고 술어는 '曰'이며 목적어는 "德之不修,學之不講, 聞義不能徙, 不善不能改, 是吾憂也"이다. 인용부호 속은 단지 한 마디 판단성 장문이고 주어는 앞 4구를 가리키는 '是'이며 술어는 '吾憂'로 어휘조합 형태이다. "德之不修"로부터 "不善不能改"까지 이 판단성 장문의 외부에 놓인 주어이다. 제1 단문 "德之不修"는 태도를 표시하는 복합 문장인데 조합식 어휘결합 형식을 채택 사용해서 주어 '德'과 술어 '不修'(어휘결합 형식) 사이에 한 개의 구조조사 '之'자를 더하였다. 제2 단문 "學之不講"의 구조가 앞 문장과 같기에 분석을 생략한다. 제3 장문 "聞義不能徙"는 "聞義不能徙於義"의 생략된 형태이며 "聞義"와 "不能徙"는 2구의 서사성 단문이 역접관계로 구성된 것이다. 생략된 '義'자는 '能'자의 장소보어이다. 제4 장문 "不善不能改" 역시 역접관계로 구성된 것이지만 그러나 '不善'은 마땅히 태도를 표시하는 복합 문장의 술어이며 '不能改'는 서사성 단문이다. '改'자 뒤의 목적어 '之'자는 '不善之言行'을 가리키며 생략하고 언급하지 않았다. 이 네 마디 문장의 제1, 제2 문장은 한 종류의 결합구조이고 제3, 제4 문장은 다른 한 종류의 결합구조이지만 도리어 서로 대칭이다. 그래서 제1구, 제2구 두 문장은 평행관계이고 제3구, 제4구 두 문장 역시 평행관계이며 그 가운데 연합관계로 구성된 장문이기도 하다. 마지막 제5 문장은 앞 4개의 "德之不修,學之不講, 聞義不能徙, 不善不能改" 문장과 사실상 한 마디의 판단성 장문이기도 하다. 주어는 바로 앞 그 4개 문장이고 술어 "是吾憂也"는 고정형식 '是……也'형태이며 그중 '吾憂'는 어휘조합 형식이다. 문미 '也'자는 문말 어기조사로 현대 중국어 '啊'에 해당한다.

## 문장법 분석(文章法分析)

본문 내용은 '가설(假設)—사실(事實)' 구조의 변화를 통한 전개이다. 전체 원문은 품덕은 수양하지 않거나, 학문은 강론하지 않거나, 정의를 들었지만 실행에 옮길 수 없거나, 좋지 못한 것을 고칠 수 없거나 이것들이 내가 근심하는 것이다라고 말씀한 내용이다. 제1, 제2, 제3, 제4 문장은 모두 '가설(假設)'에 속하는데 '사례 일(事例一)—사례 이(事例二)—사례 삼(事例三)—사례 사(事例四)' 구조를 포함하며 다시 '사례 삼(事例三)—사례 사(事例四)'는 각기 '정(正)—반(反)' 구조를 포함한 관계이다. 공자께서 품행덕성을 수정하고 함양하지 않거나, 학문을 강론하고 전수하지 않거나, 정의로운 일를 들었지만 도리어 실행에 옮겨나갈 수 없거나, 좋지 못한 언사행동을 고쳐 바로잡을 수 없거나라고 말씀하셨다. 제5 문장은 '사실(事實)'에 속하며 "이 일들은 모두 선생님이 마음졸이며 걱정하고 우려하는 것이다"라고 말씀한 것이다.

공자께서 4가지 자기반성 즉 품덕의 수정 및 함양, 학문의 강론 및 전수, 정의의 실행, 언행의 교정 등 방면의 실천에 대한 걱정과 우려로부터 제자들을 일깨우며 문장을 일단락짓고 있다. 여기서 기술한 문장법에 내재된 논리를 정리하면 <표-5>와 같다.

<표-5> 내재논리 분석도

| 구분 | 사례 | 정/반 | 내용 |
|---|---|---|---|
| 가설(假設) | 사례 일(事例一) | | 품행덕성을 수정함양하지 않거나 |
| | 사례 이(事例二) | | 학문을 강론하여 전수하지 않거나 |
| | 사례 삼(事例三) | 정(正) | 정의로운 일을 들었지만 |
| | | 반(反) | 도리어 실행에 옮겨나갈 수 없거나 |
| | 사례 사(事例四) | 정(正) | 좋지 못한 언행을 하지만 |
| | | 반(反) | 도리어 고쳐 바로잡을 수 없거나 하는 |
| 사실(事實) | | | 이 4가지 방면 일들의 실행은 선생님이 마음졸이며 우려하는 것이다 말씀함 |

신역(信譯)

공자께서 "품덕은 수양하지 않거나, 학문은 강론하지 않거나, 정의를 들었지만 실행에 옮길 수 없거나, 좋지 못한 것을 고칠 수 없거나 이것들이 내가 근심하는 것이다"라고 말했다.

달역(達譯)

공자께서 제자들이여 "품덕을 고쳐 교정하고 함양하지 않거나, 학문을 연구하고 습득하여 강론하지 않거나, 정의로운 일을 들었지만 실행에 옮길 수 없거나, 좋지 못한 언행을 하지만 고쳐 바로잡을 수 없거나 하는 이 일들은 모두 선생님이 걱정하고 우려하는 것이다"라고 말씀하셨다.

### 아역(雅譯)

공자께서 제자들이여 "품행덕성을 고쳐 바르게 교정하고 갈고닦아 함양하지 않거나, 전수받은 학문을 연구하고 깨달아 터득한 지식이론 정보를 강론하여 가르치지 않거나, 정의로운 일의 사례를 들었지만 도리어 본받아 실행에 옮겨나갈 수 없거나, 좋지 못한 언사행동을 반복하지만 도리어 고쳐 바로잡을 수 없거나 하는 이 4가지 방면 일들은 모두 선생님이 마음졸이며 걱정하고 우려하는 것입니다"라고 말씀하셨습니다.

### 함축의미

<표-6> 함축의미 분석

| 항목 | 결론 |
|---|---|
| 품덕은 고쳐 교정하고 수양하지 않음 | 모두 선생님이 걱정하고 우려하는 것임 |
| 학문을 연구하고 습득하여 강론하지 않음 | |
| 정의로운 일을 들었지만 실행에 옮길 수 없음 | |
| 좋지 못한 언행을 하지만 고쳐 바로잡을 수 없음 | |

## 생각열기

당 시대의 지식인을 자처하면 살아가려면 어떻게 해야할까? 단순히 자신의 학문 연구, 업무 종사에 몰두하며 정진하여 성과를 내면 다 되는 것일까? 옳음과 그름의 변별(辨別), 정의와 불의의 구분, 언사와 행위의 교정(矯正) 등 문제에 직면하여 옳음의 선택, 정의의 실행, 언행의 일치에 이르고 있는지 우려하며 되돌아 볼 필요가 있지 않을까? 때문에 니콜라이 알렉세예비치 네크라소프(러시아어: Николай Алексеевич Некрасов, 1821- 1878년)는 "슬픔도 노여움도 없이 살아가는 자는 조국을 사랑하고 있지 않다"라고 말하지 않았을까?

# 제4장

— 평안하고 한가로운 주거의 결과 용모와 태도, 안색과 표정이 태연하고 여유로우며 온화하고 유쾌함

子之燕居，申申如也，夭夭如也。

zǐzhīyànjū shēnshēnrúye yāoyāorúyě

관련 편장(篇章)

子溫而厲，威而不猛，恭而安。(「述而」篇 第38章)

## 주석(注釋)

① 연(燕): 동 '안(晏)'자와 통하고 '편안하다'라는 의미임.

② 지(之): 조사 주술구조를 수식구조로 변화시키는데 '……가(이), ……께서'로 해석하며 마치 한국어의 주격조사와 유사한 쓰임임.

③ 신신(申申): 형 (용모태도)'태연하고 여유롭다', '편안하고 홀가분하다'. 현대 중국어 '泰然自若(tàiránzìruò)', '安舒(ānshū)'에 해당함.

④ 여(如): (부사접미사) '……것', 현대중국어 '……的(de)'에 해당함.

⑤ 야(也): 조사 ……이다, 고정 형식 '(是)……也'와 같다.

⑥ 요요(夭夭): 형 (안색)'온화하고 즐겁다', '온화하고 유쾌하(기쁘)다', '화기 애애하다'. 현대 중국어 '和樂(hélè)', '和悅(héyuè)'에 해당함.

### 석의(析義)

① 연거(燕居): '연(燕)'을 혹은 '안(晏)'이라 하는데 『廣韻 · 三十二霰韻』에 "'晏'은 '安(편안)', '息(쉬다)'이다(晏, 安也,息也)"[4]이라 하였다. '안(晏)' ⓗ '(상황, 환경)평온하다', '안정되다'라는 의미로 현대 중국어 '安定(āndìng)', '平靜(píngjìng)'에 해당한다. '거(居)' ⓓ '살다', '거주하다'. 현대 중국어 '住(zhù)', '居住(jūzhù)'에 해당한다. 어휘로 보면 '한가롭게 거주하며 별일 없으신 것', '집에서 한가롭게 거주하신 것', '집에서 평안하고 한가로우며 아무 일 없이 생활하신 것'. 현대 중국어 '閒居無事(xiánjūwúshì)', '在家閒居(zàijiāxiánjūshí)', '在家安閒無事的生活(zàijiāānxiánwúshì deshēnghuó)'에 해당한다.

### 문법구조(文法構造)

전체 원문은 서사성 복합 문장이다. 제1 문장 '子之燕居'는 두 마디 판단성 복합 문장의 주어이며 그 자체가 조합식 어휘결합 형태이다. '子'는 주어이고 '之'는 주술구조를 수식구조로 변화시키는 조사로 '……가(이), ……께서'로 해석하며 마치 한국어의 주격조사와 유사한 쓰임이며 '燕居'는 술어로 어휘조합 형태이다. 두 문장 중 '申申如'와 '夭夭如'는 모두 접미사 '如'를 동반한 쌍성 복합사로 술어 역할을 해낸다. 문미의 어조사 '也'는 고정형식 '(是)……也'가 생략된 형태이다.

4) 陳彭年等重修 · 林尹校訂, 『新校正切宋本廣韻』, 臺北: 黎明文化事業公司, 1990, p.408.

## 문장법 분석(文章法分析)

본문 내용은 '서(敍)—보(補)' 구조를 통한 전개이다. 전체 원문은 공자께서 편안하게 거주하신 것은 태연하고 여유롭고 온하하고 유쾌하셔서이다라고 서술한 내용이다. 제1 문장은 '서(敍)'에 속하며 '공자께서 집에서 평안하고 한가롭게 거주하며 별일 없으신 것'이라 평소 생활모습을 서술한 것이다. 제2, 제3 문장은 '보(補)'에 속하는데 다시 '보일(補一)—보이(補二)' 구조를 포함한 관계이다. 선생님 공자의 평소 생활모습을 구체적으로 보충 설명하여 '용모와 태도가 태연하고 여유로우셔서, 안색이 온화하고 유쾌하셔서 입니다'라고 보충 서술하였다.

제자들이 선생님 공자께서 평안하고 한가롭게 거주하신 것은 평소 용모(태도)와 안색에 그대로 드러난다고 그 모습을 생동하는 묘사 방식으로 서술하며 문장을 일단락짓고 있다. 여기서 기술한 문장법에 내재된 논리를 정리하면 <표-7>과 같다.

<표-7> 내재논리 분석도

| | | |
|---|---|---|
| 서(敍) | | 공자께서 집에서 평안하고 한가롭게 거주하며 별일 없으신 것은 |
| 보(補) | 보일(補一) | 용모와 태도가 태연하고 여유로우셔서 |
| | 보이(補二) | 안색이 온화하고 유쾌하셔서임 |

### 신역(信譯)

공자께서 편안하게 거주하신 것은 태연하고 여유롭고 온하하고 유쾌하셔서이다.

### 달역(達譯)

제자들이 "공자께서 집에서 평안하고 한가롭게 거주하신 것은 용모와 태도가 태연하고 여유로우셔서, 안색이 온화하고 유쾌하셔서이다"라고 서술하였다.

### 아역(雅譯)

제자들이 "선생님 공자께서 집에서 평안하고 한가롭게 거주하며 별일 없으신 것은 평소 용모와 태도가 태연하고 여유로우셔서, 안색이 온화하고 유쾌하셔서이다"라고 그 모습을 생동하게 묘사하여 서술하였다.

### 함축의미

<표-8> 함축의미 분석

공자께서 집에서 평안하고 한가롭게 거주하신 것

- 용모(태도)가 태연하고 여유로우셔서
- 안색이 온화하고 유쾌하셔서

## 생각열기

거주와 생활의 안정은 단순히 물리적인 거주지 확보를 넘어, 경제적 안정성과 심리적 안정감을 모두 포함하는 개념이라 할 수 있지 않을까? 또한 개인적인 삶의 질 뿐만 아니라 가족의 안녕을 보장하는 핵심 요소가 아닐까? 개인을 비롯한 가족 구성원이 모두 안심하고 미래를 계획할 수 있게 하며, 삶의 다양한 측면에서 긍정적인 영향을 미치는 것은 아닐까? 따라서 거주와 생활의 안정은 단기적으로 정신, 심리상의 긍정적 효과를 가져오며, 장기적으로는 삶의 목표를 계획하고 달성하는데 필수적인 기반이 되지 않을까?

# 제5장

— 신체와 그 기능이 심하게 늙고 쇠퇴하여 후일을 장담하기 어려운 때문인지, 이미 오래동안 다시 꿈속에서 존경하고 우러러 받드는 주공을 뵙지 못함

子曰: "甚矣, 吾衰也! 久矣, 吾不復夢見周公。"

zǐyuē shènyǐ wúshuāiyě jǐuyǐ wúbùfùmèngjiànzhōugōng

## 관련 편장(篇章)

子曰: "周監於二代, 郁郁乎文哉! 吾從周。" (「八佾」篇 第14章)

## 주석(注釋)

① 심(甚): 형 '심하다', '대단하다'. 현대 중국어 '極(jí)', '厲害(lìhai)'에 해당함.

② 쇠(衰): 동 '뇌쇠하다', '늙어 신체 기능이 쇠퇴하다'. 현대 중국어 '衰老(shuāilǎo)'에 해당함.

③ 구(久): 형 '오래다'. 현대 중국어 '好久(hǎojiǔ)', '很久(hěnjiǔ)'에 해당함.

④ 복(復): 부 '또', '다시'. 현대 중국어 '再(zài)'에 해당함.

⑤ 몽견(夢見): 동 '꿈속에서 보다', '꿈에서 서로 만나다'. 현대 중국어 '夢中見到(mèngzhōngjiàndào)', '在夢中看見(zàimèngzhōngkànjiàn)', '在夢中見到(zàimèngzhōngjiàndào)', '在夢中與……相見(zàimèngzhōngyǔ……xiāngjiàn)'에 해당함.

⑥ 주공(周公): 명 성은 희(姬), 이름은 단(旦), 주나라 문왕(周文王)의 아들이고 무왕(武王)의 동생이며 그 아들 성왕(成王)의 숙부(叔父)이다.

## 석의(析義)

① 불복(不復): '다시……하지 못하다', '다시……하지 못했다'라는 의미이며 현대 중국어 '不再(búzài)', '沒再(méizài)'에 해당한다.
② 주공(周公): 그 형 무왕이 붕어하였을 때 조카 성왕이 아직 나이 어려서 주공이 섭정하는데 종법을 널리 시행하고 예법 제정과 음악 제작에 힘써 문화를 대대적으로 정비하였다. 이로부터 공자께서 마음속으로 가장 받들고 우러르는 고대 성인의 한 분이 되었다.

## 문법구조(文法構造)

전체 원문은 서사성 복합 문장이다. 주어는 '子'이고 '曰'은 술어이며 "甚矣, 吾衰也! 久矣, 吾不復夢見周公"은 목적어이다. 인용부호 속 제1 문장은 태도를 표시하는 복합 단문인데 노쇠가 심함을 개탄하기 위해 주어 '吾衰'는 어휘결합 형식이고 술어 '甚'과 순서가 도치되었다. 제 2문장 역시 태도를 표시하는 복합 단문이고 주어 '吾不復夢見周公'은 어휘결합 형식으로 술어 '久'와 순서가 도치되었다.

제 1문장과 제 2문장은 보충관계로 구성된 것이다.

### 문장법 분석(文章法分析)

본문 내용은 '인(因)—과(果)' 구조를 통한 전개이다. 전체 원문은 공자께서 자신의 노쇠가 심해지기에 오래도록 다시 꿈에 주공을 만나지 못했다라고 말씀한 내용이다. 앞 문장은 '인(因)'에 속하며 공자께서 왜냐하면 당시 자신은 심하게 몸이 늙어 기능이 쇠퇴해가기 때문이라 한탄했다 말씀한 것이다. 뒤 문장은 '과(果)'에 속하며 그래서 공자 자신은 이미 오래 다시는 꿈속에서 주공과 서로 만나지 못했다라고 술회하신 것이다.

공자께서 제자들에게 당시 자신이 심하게 늙어 쇠퇴가기에 이미 오래 꿈속에서 주공을 볼 수 없었다는 아쉬움과 안타까움에 한탄하며 문장을 일단락짓고 있다. 여기서 기술한 문장법에 내재된 논리를 정리하면 <표-9>와 같다.

<표-9> 내재논리 분석도

| | |
|---|---|
| 인(因) | 공자께서 왜냐하면 선생님 자신은 심하게 몸이 늙어 기능이 쇠퇴해가기 때문에 |
| 과(果) | 그래서 선생님 자신은 이미 오래동안 다시 꿈속에서 주공을 만나지 못했다함 |

### 신역(信譯)

공자께서 "심해지는구나! 내 몸과 기력의 노쇠했기에, 오래되었지! 다시 꿈에 주공을 만나지 못한 것이"라고 말했다.

달역(達譯)

공자께서 제자들이여 "심해지는구나! 지금 선생님 신체와 그 기능의 늙고 쇠퇴함이, 오래되었구나! 아쉽게도 선생님은 이미 다시는 꿈속에서 주공을 만나지 못한지가 오래되었네!"라고 말씀하셨다.

아역(雅譯)

공자께서 제자들이여 "왜냐하면 지금 선생님의 신체와 그 기능이 심하게 늙고 쇠퇴하여 후일을 장담하기 어려운 상황에 처한 때문인지, 그래서 아쉽고 안타깝게도 선생님은 이미 오래동안 다시 꿈속에서 존경하고 우러러 받드는 주공과 서로 만나지 못하였다네!"라고 한탄하시며 말씀하셨습니다.

함축의미

<표-10> 함축의미 분석

| 공자께서 자신은 심하게 몸이 늙어가고 기능이 쇠퇴했기 때문인지 | ⇔ | 아쉽게도 자신은 이미 오래동안 다시 꿈속에서 주공을 만나지 못했음 |
|---|---|---|

생각열기

사람은 자신의 몸이 늙고 기능이 쇠퇴하면 지난날 지녔던 의욕, 열정 및 자신감 등이 식거나 잃게 되는데 자연스런 일이라 할 수 있지 않을까? 다만 육체적 한계에 부딪쳐 포기하기보다는 정신적 극복을 위한 노력에 힘써야하지 않을까? 물론 훌륭한 멘토는 성현(聖賢)이나 존경받는 위인(偉人)이겠지만 양서(良書)에 기록된 모범적 인물 형상의 위인(爲人) 즉 인륜에 충실한 사람됨, 행사(行事) 즉 공사(公私)가 분명한 일의 수행 및 그 처리, 처세(處世) 즉 '예의'로 절제하는 가운데 다른 사람과 사귀고 교류하며 함께 사회 생활했던 이타적(利他的) 길을 걸어 온 사람들이 아닐까?

# 제6장

— 도덕(진리)의 추구는 함양된 덕성을 근거로 구현한 '인 즉 사랑의 정감'에 의지하여 도덕정신을 반영한 예술적 경지와 일체를 이루어 자유롭게 노니는 방법으로 구현

子曰: "志於道, 據於德, 依於仁, 游於藝。"

zǐyuē zhìyúdào jùyúdé yīyúrén yóuyúyì

관련 편장(篇章)

曾子曰: "士不可以不弘毅, 任重而道遠。仁以爲己任, 不亦重乎? 死而後已, 不亦遠乎?" (「泰伯」篇 第7章)

"士依於德, 游於藝。" (『禮記·少儀』篇 卷第35)

"學博依, 能安詩; 學雜服, 能安藝; 興其藝, 能樂學。故君子之於學也, 藏焉, 修焉, 息焉, 游焉。" (『禮記·學記』篇 卷第36)

### 주석(注釋)

① 지(志): 동 '뜻이 있다', '뜻이 향하다', '뜻을 세워 결심하다'. 현대 중국어 '有志(yǒuzhì)', '志向(zhìxiàng)', '立志決心(lìzhìjuéxīn)'에 해당함.

② 어(於): 전치 ……에.

③ 도(道): 명 (인륜의 도리를 포함한 대자연의 총원리)도덕(진리)를 가리킴.

④ 거(據): 동 '근거하다', '의거하다'. 현대 중국어 '根據(gēnjù)', '依據(yījù)'에 해당함.

⑤ 덕(德): 명 (천부적으로 지니거나 함양한)덕성(德性).

⑥ 의(依): 동 '좇다', '따르다', '기대다', '의지하다', '……대로 하다'. 현대 중국어 '依從(yīcóng)', '依靠(yīkào)'에 해당함.

⑦ 인(仁): 명 '(유가의 최고가치 덕목)사랑의 정감'.

⑧ 유(游): 동 '한가롭게 노닐다', '놀며 휴식하다', '놀이와 휴식을 취하다'. 현대 중국어 '閑游(xiányóu)', '游憩(yóuqì)'에 해당함.

⑨ 예(藝): 명 '예술의 경지'. 중국어 '藝術之境', 현대 중국어 '藝術的境地'에 해당함.[5]

## 석의(析義)

① 도(道): '도리', '이치', '인륜의 일용에 반드시 실행해야 하는 것'. 현대 중국어 '道理(dàolǐ)', '人倫日用所當行者(rénlúnrìyòngsuǒdāngxíngzhě)'로 해석하는 학자도 있음.

② 예(藝): 위 주석과 달리 '육예(六藝)' 즉 '서(書)', '예(禮)', '악(樂)', '사(射)', '어(御)', '술(術)' 등으로 해석하는 학자들도 있음.

---

5) 이 해석은 저명한 철학자 방똥메이가 총괄한 "중국 사상 상에 있어,…… 철학적 지혜의 형성은 결코 단독적으로 성취된 것이 아니라 철학적 고도의 발전은 아무튼 예술상 고도의 정신과 배합되고 미학적 태도, 진실을 추구하는 태도와 꿰어져 한 몸을 이루어 나눌 수 없으며 장차 철학정신은 예술경지 중 곳곳에 안배된 것을 알 수 있다. 그래서 유가의 주장은 "도덕(진리)의 추구에 뜻을 두고, 천부적이거나 함양된 덕성에 의거하며, '인 즉 사랑의 정감'에 의지하여 그 본질이 구현된 예술적 경지에 한가로이 노닐며 하나된다"는 것이다. 바로 문화 총체는 반드시 고도의 형이상학(추상)적 지혜, 고도의 도덕정신을 지니는 외에 또한 마땅히 예술적 능력을 지녀 그 중을 꿰뚫어야 한다는 것이다(在中國思想上,……可見哲學智慧的形成幷非單獨成就的, 哲學的高度發展總是與藝術上的高度情神配合, 與審美的態度、求眞的態度貫串成爲一體不可分割, 將哲學情神處處安排在藝術境界中。所以儒家的主張是"志於道, 據於德, 依於仁, 游於藝"。一就是文化總體須有高度的形上學智慧, 高度的道德情神之外, 還應該有藝術能力貫穿其中, 以成就整體文化)"라는 한 단락 말씀이 바로 그 증명이라 할 수 있다.(方東美, 『原始儒家道家哲學』, 臺北: 黎明文化事業公司, 1987, p.10)

## 문법구조(文法構造)

전체 원문은 서사성 복합 문장이다. '子'는 주어이고 '曰'은 술어이며 "志於道, 據於德, 依於仁, 游於藝"는 목적어이다. 인용부호 중의 네 마디 문장은 모두 서사성 단문이고 평행관계로 구성된 장문이다. 전체 문장의 술어는 '志, 據, 依, 游'이고 '於'는 장소보어 '道, 德, 仁, 藝' 앞에 놓인 전치사이기에 그래서 모두 3글자로 조합된 문장이다. 이 가운데 "依於仁" 한마디의 '仁'을 술어 '依'의 목적어로 간주하기도 하는데 왜냐하면 목적어 앞에 '於'자를 더할 수 있기 때문이지만 오직 이 한 마디만을 다른 세 문장과 다른 구조로 볼 수는 없다 생각한다.[6]

전체 4마디 서사성 문장의 주어는 '任何人'이지만 개괄성을 띠어 생략되었다.

## 문장법 분석(文章法分析)

본문 내용은 '범(凡)—목(目)—범(凡)' 구조를 통한 전개이다. 전체 원문은 공자께서 도덕(진리)의 추구에 뜻이 있었고 함양된 덕성에 근거하며 '인 즉 사랑의 정감' 에 의지하여 도덕정신이 반영된 예술의 경지에 노닌다라고 말씀한 내용이다. 제1 문장은 '범(凡)'에 속하며 공자께서 학습, 실천 및 사고를 병행하고 수신양성을 부단히하여 도달한 도덕(진리)의 추구에 뜻이 있었다라고 말씀한 것이다. 제2, 제3 문장은 '목(目)에' 속하는

6) "'仁'只能說是'依'的止詞, 由於止詞上也可以加'於'字, 因此也變成三字句了。"(許世瑛太師,『論語二十篇句法研究』, 臺北: 臺灣開明書店, 1990, p.108)

데 다시 '목일(目一)—목이(目二)' 구조를 포함한 관계이다. 학습, 실천 및 사고를 병행하고 수신양성을 부단히하여 함양한 품행과 덕성에 근거하며 각종 덕목의 실행으로 구현한 '인(仁) 즉 사랑의 정감' 에 의지한다라고 말씀하셨다. 제 4문장은 '범(凡)'에 속하며 제1 문장으로 되돌아가 귀결하는 '인(仁) 즉 사랑의 정감'을 구현하여 도달한 도덕정신을 반영한 예술의 경지에 일체를 이루어 자유롭게 노닌다라고 말씀한 것이다.

공자께서 도덕(진리)추구로부터 덕성함양, '인'의 구현을 거쳐 도달한 도덕정신을 예술에 반영해낸 그 경지와 일체를 이루어 노닌다는 학문수양의 길을 제자들에게 일깨우며 문장을 일단락짓고 있다. 여기서 기술한 문장법에 내재된 논리를 정리하면 <표-11>과 같다.

**<표-11> 내재논리 분석도**

| 구분 | | 내용 |
|---|---|---|
| 범(凡) | | 공자께서 학문연구 및 수신양성을 통해 도달한 도덕(진리)의 추구에 뜻을 세우고 |
| 목(目) | 목일(目一) | 함양한 품행과 덕성에 근거하며 |
| | 목이(目二) | 구현한 '인(仁) 즉 사랑의 정감' 에 의지하여 |
| 범(凡) | | 도덕 정신을 반영한 예술의 경지에 일체를 이루어 자유롭게 노님 |

신역(信譯)

공자께서 "도덕(진리)의 추구에 뜻이 있었고 함양된 덕성에 근거하며 구현한 '인(仁) 즉 사랑의 정감' 에 의지하여  도덕정신을 반영한 예술의 경지에 노닌다"라고 말했다.

달역(達譯)

공자께서 제자들이여 "학문연구 및 수신양성을 통한 도덕(진리)의 추구에 뜻을 두고 함양된 덕성에 근거하며 구현한 '인(仁) 즉 사랑의 정감' 에 의지하여 도덕정신을 반영한 예술의 경지에 하나되어 자유롭게 노닌답니다"라고 말씀하셨다.

아역(雅譯)

공자께서 제자들이여 "어떤 사람이나 학문연구 및 수신양성을 통한 도덕(진리)의 추구에 뜻을 세우고 교정된 품행과 함양된 덕성에 근거하며 각종 덕목들의 실행을 거쳐 구현한 '인(仁) 즉 사랑의 정감'에 의지하여 도달한 도덕정신을 반영한 예술의 경지에 일체를 이루어 자유롭게 노닐게됩니다"라고 학문을 통한 진리 추구의 길을 일깨워 말씀하셨습니다.

## 함축의미

<표-12> 함축의미 분석

| |
|---|
| 학습, 실천 및 사고하고 수신양성을 거쳐 도달한 도덕(진리)의 추구에 뜻을 세우고 |
| ⬇ |
| • 교정되고 함양된 품행과 덕성에 근거하며<br>• 각종 덕목의 실행으로 구현한 '인(仁) 즉 사랑의 정감'에 의지하여 |
| ⬇ |
| 도달한 도덕 정신을 반영한 예술 경지와 하나되어 자유롭게 노님 |

## 생각열기

옛사람은 학습, 실천 및 사고하고 수신양성으로 덕성을 함양하며 못 미치거나 지나침 없는 중용단계를 지나 각종 덕목을 통해 최고 가치인 '인(仁) 즉 사랑의 정감'을 구현하여 추구한 도덕(진리)과 그 정신은 어떤 질서를 반영한 것일까? 이른바 '도덕정신' 즉 철학정신은 예술작품에 반영되어 그 경지(境地)에 도달할 수 있지 않았을까? 도덕정신과 예술이 일체를 이루어 그 속에서 '소요유(逍遙遊 즉 아무런 구속도 받지 않고 자유 자재로 노닐다)'하는 경지의 추구, 구현이 아니었을까?

# 제7장

— 제자가 예의를 갖추어 스승을 받든다면 즐겁게 가르치고 후진을 도아서 성취하게 해야함

子曰: “自行束脩以上, 吾未嘗無誨焉。”

zǐyuē zìxíngshùxiūyǐshàng wúwèichángwúhuìyān

관련 편장(篇章)

子貢問君子。子曰: “先行其言, 而後從之。”(「爲政」篇 第13章)

子疾病, 子路使門人爲臣。病閒, 曰: “久矣哉! 由之行詐也。……”(「子罕」篇 第11章)

子曰: “羣居終日, 言 及義, 好行小慧, 難矣哉!”(「衛靈公」篇 第18章)

互鄕難於言, 童子見, 門人惑。子曰: “與其進也, 不與其退也; 唯, 何甚! 人潔己以進, 與其潔也, 不保其往也。”(「述而」篇 第29章)

子曰: “古之大夫, 束脩之問不出竟(境)。”(『禮記·檀弓』篇 卷第8)

## 주석(注釋)

① 자(自): 부 '자동으로', '주동으로', '자원하여'. 현대중국어 '自動(zìdòng)', '主動(zhǔdòng)', '自願(zìyuàn)'에 해당함.
② 행(行): 동 '봉송하다(상대방에게 보내드리다)', '예품을 증송하다', '선물하여 올리다'. 현대 중국어 '奉送(fèngsòng)', '送禮(sònglǐ)', '送上(sòngshàng)'에 해당함.
③ 속(束): 명 (양사)한 가닥을 1정(一脡)이라 부르며 10정을 1속(束)이라 부름.
④ 수(脩): 명 (고기를 말려 제작한)육포(肉脯)라는 의미이다.
⑤ 미상(未嘗): (부정사 앞에 놓여 이중부정을 표시)결코……하지 않다,
⑥ 회(誨): 명 '(깨우쳐, 타일러)가르치다'. 현대 중국어 '教誨(jiàohuì)', '施教(shījiào)'에 해당함.

## 석의(析義)

① 속수(束脩): 말린 고기(乾肉) 포 10정(100가닥)을 1속(束)이라 하므로 '속수'라 말한다. 옛사람들은 말린 육포 10정(100가닥) 즉 1속(束)을 선생님을 처음 찾아뵐 때 예물로 했는데 지금의 학비에 해당한다.
② 이상(以上): (받아들여 가르칠)가장 기본적인 조건을 표시한다.
③ 미상무(未嘗無): (부정사 앞에 놓여 이중 부정을 표시)결코……하지 않은 적이 없다.

## 문법구조(文法構造)

전체 원문은 서사성 복합 문장이다. '子'는 주어이고 '曰'은 술어이며 "自行束脩以上, 吾未嘗無誨焉"은 목적어이다. 인용부호 속 앞 문장 "自行束脩以上"은 서사성 단문인데 주어는 개괄성을 띠어 생략되었고 '自'는 뒤 술어 '行'을 수식하는 부사어이며 '束脩以上'은 바로 '束脩之上'이

어서 어휘조합 형태의 목적어이다. 뒤 문장 "吾未嘗無誨焉" 역시 서사성 단문이며 주어는 '吾'이다. '未嘗無'는 2개의 부사어 즉 1개의 '未', 1개의 '嘗'과 부정을 표시하는 부사 '無'가 더해져 결합한 형태로 '未'는 '嘗'을, '嘗'은 '無'를 연쇄적으로 수식하는데 여기서 '無'는 현대 중국어 '不'와 같고 뒤 술어 '誨'를 수식하며 '焉'은 '之'와 같아 '自行束脩之人'을 가리킨다.

이 앞뒤 두 마디는 조건관계로 구성된 문장이다.

### 문장법 분석(文章法分析)

본문 내용은 '조건(條件)—후속결과(後果)' 구조를 통한 전개이다. 전체 원문은 공자께서 자원해서 1속의 육포 예물을 봉송한 사람이면 나는 결코 가르치지 않은 적이 없다라고 말씀한 내용이다. 앞 문장은 '조건(條件)'에 속하며 공자께서 스스로 원해서 주동으로 1속의 고기를 말려 제작한 육포 예물을 선생님 자신에게 공손히 선물한 사람이라면이라고 전제하여 말씀한 것이다. 뒤 문장은 '후속결과(後果)'에 속하며 선생님 공자 자신은 결코 학생으로 받아들여 가르치지 않은 적이 없다라고 이어진 결과를 말씀한 것이다.

공자께서 자신에게 예를 갖추어 학생으로 받아주기를 바라는 사람은 받아들여 가르치길 마다하지 않았다고 술회하는 내용으로 문장을 일단락짓고 있다. 여기서 기술한 문장법에 내재된 논리를 정리하면 <표-13>과 같다.

<표-13> 내재논리 분석도

| | |
|---|---|
| 조건<br>(條件) | 공자께서 스스로 원해서 주동으로 1속 육포 예물을 선생님을 존경하는 의미에서 공손히 선물한 사람이라면 |
| 후속결과<br>(後果) | 선생님 자신은 결코 학생으로 받아들여 가르치지 않은 적이 없음 |

신역(信譯)

공자께서 "자신이 주동으로 1속의 육포 예물을 봉송한 사람이면 나는 결코 가르치지 않은 적이 없다"라고 말했다.

달역(達譯)

공자께서 제자들이여 "자신이 주동으로 1속(10정 즉 100가닥) 육포 예물을 선생님을 존경해서 공손히 선물한 사람이라면 선생님 자신은 결코 받아들여 가르치지 않은 적이 없다"라고 말씀하셨다.

아역(雅譯)

공자께서 제자들이여 "단지 자신이 원해서 주동으로 1속(10정 즉 100가닥)의 고기를 말려 제작한 육포 예물을 첫 대면에서 선생님 자신에게 존경하는 의미로 공손히 선물한 사람이라면 바로 선생님 자신은 그를 결코 학생으로 거두어 가르쳐 깨우치게하지 않은 적이 없습니다"라고 술회하며 말씀하셨습니다.

함축의미

<표-14> 함축의미 분석

| 공자께서 주동으로 1속 육포 예물을 선생님께 존경하는 의미로 공손히 선물한 사람이라면 |
|---|
| ⬇ |
| 선생님 자신은 결코 학생으로 받아들여 가르치지 않은 적이 없음 |

## 생각열기

예의를 갖추어 공손히 선생님을 받들고 자신의 언행상 하기로한 약속을 저버리지 않으며 잘못을 고쳐 바로잡아 믿음에 부응하려 끊임없는 노력과 정진에 힘쓰고 있을까? 동시에 몸과 마음을 갈고 닦으며 품행을 단정하게, 덕성을 원만하게 함양하고 있을까? 만약 학문의 추구, 품행의 교정과 덕성의 함양을 게을리하지 않을 사람이라면 선생님은 가르치길 마다하거나 게을리할 까닭이 없지 않을까? 물론 주저없이 그리고 당연히 즐거운 마음으로 그렇다 말씀하지 않으실까?

# 제8장

— 분명히 알려 분발하고 어떻게 묻고 답할지 알며 하나로 셋을 유추케 하는 계발식 교육

子曰: "不憤, 不啓; 不悱, 不發; 擧一隅, 不以三隅反, 則不復也。"

zǐyuē bùfèn bùqǐ bùfěi bùfā jǔyīyú bùyǐsānyúfǎn zébùfùyě

관련 편장(篇章)

"力 能問, 然後語之。語之而不知, 雖舍之, 可也。" (『禮記·學記』篇 卷第36)

孟子曰: "君子深造之以道, 欲其自得之也。" (『孟子·離婁』章句下)

**주석(注釋)**

① 분(憤): 동 '분발하다', '분발해서 분명히 알기를 바라다'. 중국어 '發憤求明而得之(fāfènqiú míngérdézhī)', 현대 중국어 '發憤(fāfèn)'이나 '心裏想求明白(xīnlǐxiǎngqiúmíngbai)'에 해당함.

② 계(啓): 동 '지도하다', '일깨우다', '계발하다', '계몽하다'. 현대 중국어 '開導(kāidǎo)', '啓發(qǐfā)'에 해당함.

③ 비(悱): 동 (마음속으로 알고 있으면서)말로 표현해내지 못하다. 현대 중국어 '想說又不知道該怎麽說(xiǎngshuōyòubùzhīdàogàizěnmeshuō)'에 해당함.
④ 발(發): 동 '발언하다'. 현대 중국어 '發言(fāyán)', '發出話語來(fāchūhuàyǔlái)'에 해당함.
⑤ 거(擧): 동 '들다', '제출하다', '제시하다'. 현대 중국어 '擧出(jǔchū)', '提出(tíchū)', '提示(tíshì)'에 해당함.
⑥ 우(隅): 명 '구석', '자락', '(사물의)모서리'. 현대 중국어 '角落(jiǎoluò)', '稜角(língjiǎo)'에 해당함.
⑦ 이(以): 전치 '으로', '써서', '사용해서'. 현대 중국어 '用(yòng)', '使用(shǐyòng)'에 해당함.
⑧ 반(反): 동 '유추하다', '추론하여 서로 증명하다'. 현대 중국어 '類推(lèituī)', '反思相證(fǎnsīxiāngzhèng)'에 해당함.
⑨ 칙(則): 접사 '(若ruò)……則(zé)'는 고정형식으로 현대 중국어 '如果(rúguǒ)……, 就(jiù)'와 같아 '만약……한다면, 바로'라 해석해야 한다.
⑩ 복(復): 부 '다시'. 현대 중국어 '再(zài)'에 해당함.
⑪ 야(也): 조사 현대 중국어 '了(le)'와 같아 이미 완성된 행위동작을 표시(과거형)함.

## 석의(析義)

① 거일우(擧一隅): '4구석(모서리)을 가진 4방형의 1구석(모서리)을 들(제시하)다'라는 의미이며 현대 중국어 '擧出四個角落中一個角落(jǔchūsìgejiǎoluòzhōngyígejiǎoluò)', '提示四個稜角中一個稜角(tíshìsìgelíngjiǎozhōngyígelíngjiǎo)'에 해당한다.
② 삼우반(三隅反): 1구석(모서리)을 제외한 나머지 3구석(모서리)을 추론(유추)하여 연상해내야 한다라는 의미이다.
③ 불복(不復): '다시 가르치(일깨우)지 않다'라는 의미이며 현대 중국어 '不再敎他(búzàijiāotā)', '不再開導他(búzàikāidǎotā)'에 해당한다.

### 문법구조(文法構造)

전체 원문은 서사성 복합 문장이다. 주어는 '子'이고 술어는 '曰'이며 목적어는 "不憤, 不啓; 不悱, 不發; 擧一隅, 不以三隅反, 則不復也"이다. 인용부호 속 제1 문장 "不憤, 不啓"는 조건관계로 구성된 장문이고 제2 문장 "不悱, 不發" 역시 조건관계로 구성된 장문이며 이 두 개 문장 또한 평행관계로 구성된 더욱 긴 장문이다. 이 보다 긴 장문 중의 네 마디 단문은 모두 서사성 단문이며 단지 1개의 술어와 1개의 그것을 수식하는 부정 부사어 '不'자를 가지고 있다. 주어는 모두 개괄성을 띠어 생략되었다. 제3 문장 "擧一隅, 不以三隅反, 則不復也" 역시 조건관계로 구성된 장문인데 그것의 조건 단문은 오히려 역접관계로 구성된 장문이며 '擧一隅'와 '不以三隅反' 두 마디 모두 서사성 단문이다. 그러나 전자의 목적어 '一隅'는 술어 '擧' 앞에 놓였고 후자의 목적어 '三隅'는 도리어 전치사 '以'자를 사용하며 술어 '反'의 앞에 언급하여 서로 약간 다를 뿐이다. '則不復也'는 이 조건으로부터 생겨난 후속결과 단문이고 이 단문 머리에 접속사 '則'자가 더해졌으며 '不復也'는 서사성 단문으로 다시 분석하지 않는다. 만약 평행관계로 구성된 더욱 긴 장문에 대해 묻는다면 그것과 뒤 조건관계로 구성된 장문은 또 무슨 관계가 있을까? 그것은 바로 단지 연합관계일 뿐이라 말할 수 있다.

### 문장법 분석(文章法分析)

본문 내용은 '서(敍)—보(補)' 구조의 변화를 통한 전개이다. 전체 원문은 공자께서 학생이 분발하려하지 않으면 지도하지 않았고 말하려하지만 어떻게 말할지 모르면 발언하게하지 않았으며 한 모서리를 들지만 세 모서리로 유추하지 못한다면 바로 다시 가르치지 않았다라고 말씀한 내용이다. 제1, 제2 문장은 '서(敍)'에 속하는데 다시 2문장 모두 '조건(條件)—후속결과(後果)' 구조를 포함한 관계이다. 공자께서 선생님 자신이 학생을 가르칠 때 분발하여 분명하게 알려하지 않는다면 지도하여 일깨우지 않았고 말하려지만 또 어떻게 말해야할지 모른다면 하려는 말을 해내도록 하지 않았다라고 말씀하셨다. 제3 문장은 '보(補)'에 속하는데 '조건(條件)—후속결과(後果)' 구조를 포함하고 '조건(條件)'은 다시 '정(正)—반(反)' 역접 구조를 포함한 관계이다. 구체적인 사례로 보충하여 네 구석(모서리)을 가진 4방형의 한 구석(모서리)을 들어 제시하지만 그 나머지 세 구석(모서리)로 추론하여 연상해내지 못한다면 바로 다시 그 학생을 가르쳐 일깨우지 않았다라고 말씀하셨다.

공자께서 학생을 가르칠 때 분발하려 배우려는 의지가 없거나 자발적이지 않는데, 즉 제시한 한 부분의 특징에 매몰되어 나머지 관련 특징들을 유추해낼 수 없다면 다시 가르쳐 일깨우려하지 않았다라는 내용으로 문장을 일단락짓고 있다. 여기서 기술한 문장법에 내재된 논리를 정리하면 <표-15>와 같다.

<표-15> 내재논리 분석도

| 구분 | 항목 | | 내용 |
|---|---|---|---|
| 서(敍) | 조건(條件) | | 공자께서 학생을 가르칠 때 분발하여 분명히 그 지 식의 특징과 범위를 알려하지 않는다면 |
| | 후속결과(後果) | | 그를 지도하여 일깨우지 않았고 |
| | 조건(條件) | | 말하려지만 또 어떻게 말해야할지 모른다면 |
| | 후속결과(後果) | | 하려는 말해내도록 하지 않았으며 |
| 보(補) | 조건(條件) | 정(正) | 네 구석(모서리)을 가진 4방형의 한 구석(모서리)을 들어 제시하지만 |
| | | 반(反) | 그 나머지 세 구석(모서리)로 추론하여 연상해내지 못한다면 |
| | 후속결과(後果) | | 바로 다시 그 학생을 가르쳐 일깨우지 않았음 |

### 신역(信譯)

공자께서 "학생이 분발하려하지 않으면 지도하지 않았고 말하려하지만 어떻게 말해야할지 모르면 발언하게하지 않았으며 한 모서리를 들지만 세 모서리로 유추해내지 못한다면 바로 다시 가르치지 않았다"라고 말했다.

달역(達譯)

공자께서 제자들이여 “선생님은 학생을 가르치는데 분발하여 분명하게 알려하지 않는다면 지도하려하지 않았고 말하려하지만 또 어떻게 말해야할지 모른다면 말해내도록 하려하지 않았으며 4방형의 한 구석(모서리)을 들어 제시하지만  그 나머지 세 구석(모서리)로 유추해내지 못한다면 바로 다시 그 학생을 가르치지 않았다”라고 말씀하셨다.

아역(雅譯)

공자께서 제자들이여 “선생님 자신은 학생을 가르칠 때 분발하여 분명하게 사물의 특징 및 그 전체 면모를 알려는 굳건한 의지, 겸손한 태도와 자발적 노력이 엿보이지 않는다면 일깨워 타이르고 가르쳐 지도하지 않았으며 입안에 머금은 마음속 뜻을 말하려하지만 또 어떻게 말해야할지 모른다면 억지로 말해내도록 강요하지 않았는데, 예컨데 네 구석(모서리)을 가진 4방형의 한 구석(모서리)을 들어 들어 제시하지만 그 나머지 세 구석(모서리)으로 추론하여 연상해내지 못(마치 나무를 보고 숲을 보지 못하는 것 즉 나무에 매몰되어 숲이 눈에 들어오지 않는 것처럼)한다면 바로 선생님은 다시 그 학생을 일깨우고 타이르며 가르쳐 지도하지 않았습니다”라고 말씀하셨습니다.

## 함축의미

<표-16> 함축의미 분석

| | | |
|---|---|---|
| 학생을 가르치는데 분발하여 분명하게 알려하지 않는다면 | ⇨ | 가르쳐 지도하려하지 않았음 |
| 말하려하지만 또 어떻게 말해야할지 모른다면 | ⇨ | 말해내도록 하려하지 않았음 |
| 4방형의 한 모서리를 들어 제시하지만 그 나머지 세 모서리로 유추해내지 못한다면 | ⇨ | 바로 다시 그 학생을 가르쳐 지도하지 않았음 |

### 생각열기

계발(啓發)은 슬기나 재능, 사상 따위를 일깨워주는 것이다. 여기서 나아가 '계발식(啓發式) 교육'이란? 학습하려는 사람이 스스로 깨우쳐 알도록 의욕 고취, 동기 부여, 흥미 유발 및 질문 전략 등 간접적 방법과 수단을 통해 능동적, 자기주도적으로 추구해가게 가르치는 교육 방식이 아닐까? 그래서 공자께서 분발하지 않으면 계발해 주지 않고 더듬거리지 않으면 말하게 하지 않으며 한 가지로 세 가지를 유추해내지 못하면 가르치려 들지않으려 한 것은 아닐까? 공자 사후 출현한 그리스의 소크라테스(BC470-399)는 끊임없는 문답을 통해 상대가 자신의 잘못을 스스로 깨닫거나 질문의 대답을 찾도록 만들었던 것도 같은 맥락은 아니었을까? 그가 고안한 대화법을 산파술(maieutike)이라고 한다. 모르든지 알든지를 막론하고 깨달음을 얻는다는 것은 산모가 아이를 낳는 것과 닮아 있기 때문이라 생각했던 것은 아닐까?

# 제9장

— 상례를 지키면서도 망자와 유가족께 동정심을 발휘하기 보다 공감하는 진심

子食於有喪者之側，未嘗飽也。子於是日哭，則不歌。

zǐshíyúyǒusāngzhězhīcè wèichángbǎoyě zǐyúshìrìkū zébùgē

## 관련 편장(篇章)

"食於有喪者之側，未嘗飽也。"(『禮記·檀弓上』篇 卷第8)

"無惻隱之心，非人也；無羞惡之心，非人也；無辭讓之心，非人也；無是非之心，非人也。"(『孟子·公孫丑』章句下)

子與人歌而善，必使反之，而後和之。(「述而」篇 第32章)

"弔於人，是日不樂。……行弔之日，不飮酒食肉焉。"(『禮記·檀弓上』篇 卷第9)

## 주석(注釋)

① 사(食): 동 '밥을 먹다', '식사하다'. 현대 중국어 '吃飯(chīfàn)', '進食(jìnshí)'에 해당함.

② 상(喪): 명 '상', '장례', '장의 일'. 현대중국어 '喪事(sāngshì)', '喪禮(sānglǐ)', '喪殯(sāngbìn)'에 해당함.

③ 측(側): 명 (방위사)'신변', '옆쪽'. 현대 중국어 '身邊(shēnbiān)', '身旁(兒shēnpángr)', '旁邊(pángbiān)'에 해당함.

④ 미상(未嘗): '일찍이……한 적이 없다'. 현대 중국어 '從來沒有吃飽過(cóngláiméiyǒuchībǎoguo)'에 해당함.

⑤ 포(飽): 동 '배부르다', '배부르게 먹다'. 현대 중국어 '吃飽(chībǎo)'에 해당함.

⑥ 어(於): 전치 '在(zài)'와 같아 '……에'라 해석하며 시간사 앞에 놓여 '전치사+목적어' 구조로 뒤 술어를 수식함.

⑦ 곡(哭): 동 '소리내어 울다', '훌짝훌짝 울다', '흐느끼다'. 현대 중국어 '哭泣(kūqì)'에 해당함.

⑧ 칙(則): 부 '곧', '바로'. 현대 중국어 '就(jiù)'에 해당함.

⑨ 가(歌): 동 (명사의 동사적 사용) '노래 부르다'. 현대 중국어 '唱歌(chànggē)'에 해당하는 쓰임임.

## 석의(析義)

① 유상자(有喪者): '집에 상이 있는 사람', '집에 상을 당한 사람'이라는 의미로 해석되며 현대 중국어 '家中有喪事的人(jiāzhōngyǒusāngshìderén)'에 해당한다. '식어유상자지측(食於有喪者之側)'은 현대 중국어로 '在有喪事的人旁邊吃飯(zài yǒusāngshìderénpángbiānchīfàn)'에 해당한다.

## 문법구조(文法構造)

전체 원문은 서사성 복합 문장이다. 제1 문장은 서사성 단문인데 '子'는 주어이고 '食'은 술어이며 '於'자는 어휘조합 형태의 장소보어 '有喪者之側' 앞에 더해진 전치사이다. 이 어휘조합 '有喪者之側'의 관형어 '有喪者' 또한 어휘조합 형태이지만 그러나 그것의 관형어 '有喪'은 도리어 어휘결합 형태인데 왜냐하면 '者'는 '之家'와 같기 때문이다.

제2 문장 '未嘗飽也'는 서사성 단문인데 '未嘗'은 2개의 부사어 즉 1개의 부정을 표시하는 부사 '未', 1개의 시간을 표시하는 부사 '嘗'이 더해져 결합한 형태로 뒤 술어 '飽'를 수식하며 '也'는 문장 끝에 더해지는 어조사로 문법 기능만 해낼 뿐이다. 이와 제1 문장 사이는 시간관계로 구성된 것이다.

제3 문장 '子於是日哭'과 제4 문장 '則不歌' 역시 시간관계로부터 구성된 장문이며 그 중에 도리어 조건적 의미 안에 숨겨져 내포되었다. 이 장문 속의 앞뒤 두 마디 모두 서사성 단문이지만 그러나 제1 문장 서사성 단문 속에 시간보어 '是日'이 더 있을 따름이다. 앞 단문의 '子'는 주어이고 '於'자는 시간보어 '是日' 앞에 더해진 전치사이며 어휘조합 형태로 술어 '哭'을 수식한다. 뒤 단문 주어는 앞 단문을 이어 생략되었고 '則'은 접속사로 현대 중국어 '就'에 해당하며 '不'은 부정을 표시하는 부사어로 술어 '歌'를 수식한다.

### 문장법 분석(文章法分析)

본문 내용은 시간 '선(先)—후(後)' 구조의 변화를 통한 전개이다. 전체 원문은 공자께서 상을 당한 사람 옆에서 밥을 먹는데 결코 배부르게 먹은 적이 없었고 자신은 이 날에 소리내 울었으며 바로 다시 노래하지 않았다라고 말씀한 내용이다. 제1, 제2 문장은 '선(先)'에 속하는데 다시 '선(先)—후(後)' 구조를 포함한 관계이다. 제자들은 공자께서 친족이 죽어서 상을 치르고 있는 사람 옆에서 식사를 하지만 도리어 상례에 맞게 예의를 지켜 결코 배부르게 먹은 적이 없었다 말씀하셨다. 제3, 제4 문장은

'후(後)'에 속하는데 다시 '정(正)—반(反)' 구조를 포함한 관계이다. 제자들은 공자께서 상을 치르는 이 날에 망자를 애도하고, 유가족을 위로하며 소리내어 흐느껴 울었지만 도리어 바로 온종일 삼가며 노래를 부르지 않았다 서술하였다.

제자들은 선생님 공자께서 상례를 맞아 망자를 애도하고 유가족을 위로하며 상례에 맞게 근신하여 삼가는 예의의 지킴이로써 노력과 책임을 다하는 면모가 부각된 묘사서술로 문장을 일단락짓고 있다. 여기서 기술한 문장법에 내재된 논리를 정리하면 <표-17>과 같다.

<표-17> 내재논리 분석도

| | | |
|---|---|---|
| 선(先) | 정(正) | 공자께서 친족이 죽어서 상을 치르고 있는 사람 옆에서 식사를 하는데 |
| | 반(反) | 도리어 상례에 맞게 예의를 지켜 결코 배부르게 먹은 적이 없었음 |
| 후(後) | 정(正) | 공자께서 상을 치르는 이 날에망자를 애도하고, 유가족을 위로하며 소리내어 울었지만 |
| | 반(反) | 도리어 바로 온종일 삼가며 노래를 부르지 않았음 |

## 신역(信譯)

공자께서 상을 당한 사람 옆에서 밥을 먹었지만 결코 배부르게 먹은 적이 없었다, 공자깨서 이 날에 소리내 울었지만 바로 노래를 부르지 않았다 서술한다.

달역(達譯)

제자들은 "선생님께서 친족 상을 치르고 있는 사람 옆에서 식사를 하지만 도리어 예의를 지켜 결코 배부르게 먹은 적이 없었으며 선생님께서 이 날에 애도하고, 위로하며 소리내어 울었지만 도리어 바로 온종일 삼가며 노래를 부르지 않았다" 서술하였다.

아역(雅譯)

제자들은 "비록 선생님 공자께서 친족이 죽어서 상을 치르고 있는 사람 옆에서 식사를 하셨지만 그러나 상례에 맞게 예의를 지켜 결코 배부르게 먹은 적이 없으셨으며, 비록 선생님 공자께서 상례를 치르는 이 날에 망자의 영혼를 애도하고, 유가족의 마음을 위로하며 소리내어 흐느껴 우셨지만 그러나 바로 그 몸가짐을 삼가며 온종일 노래를 부르지 않으셨습니다"라고 서술하였습니다.

함축의미

<표-18> 함축의미 분석

| | | |
|---|---|---|
| 상을 당한 사람 옆에서 식사를 하지만 | ⇔ | 결코 배부르게 먹은 적이 없었음 |
| 상례 치르는 날에 소리내어 울었지만 | ⇔ | 바로 온종일 삼가며 노래를 부르지 않았음 |

## 생각열기

진심(眞心)은 즉 '참 마음'으로 동정(同情), 연민(憐憫)에 담긴 마음과 완전히 다른 성격과 의미를 지닌 어휘이다. 유식하고 지혜로운 사람은 오히려 말을 앞세우지 않고 무식하고 어리석은 사람은 오히려 말을 앞세운다. 게다가 후자는 과시욕을 주체하지 못하여 마음대로 떠들어대기 일쑤이다. "빈수레가 요란하다"라는 말이 바로 이를 지적한 속담이다. 사실 '진심'은 언행 이전에 진정어린 마음을 통해 느낄 수 있는 것 아닐까? 그 까닭에 노자의 『道德經』에 "도덕(진리)의 추구에 뜻을 두고 깨달아 터득하여 아는 사람은 말하지 않고 말하는 사람은 도덕(진리)를 추구에 뜻을 두고 깨달아 터득하여 알지 못한거다(知者不言, 言者不知)"라고 말했지 않았을까? '말이 그 사람을 말해준다'라는 한 마디는 결코 과장된 표현이 아니다. 따라서 세 번 생각하고 신중하게 말하며 말해야 할 때 말할 줄 아는 사람이 되려고 힘써야 하지 않을까?

# 제10장

—'예'로 절제하며 처세하지만 진퇴(進退) 시기의 적당한 범위나 정도를 아는 분별력

子謂顏淵曰: "用之則行, 舍之則藏, 唯我與爾有是夫!"
zǐwèiyányuānyuē yòngzhīzéxíng shězhīzécáng wéiěyǔěryǒushìfú

## 관련 편장(篇章)

子曰: "……天下有道則見(現), 無道則隱。"(「泰伯」篇 第13章)

子曰: "……邦有道, 則仕; 邦無道, 則可卷而懷之。"(「衛靈公」篇 第7章)

"可以仕則仕; 可以止則止; 可以久則久; 可以速則速, 孔子也。"(『孟子·公孫丑』章句上)

## 주석(注釋)

① 용(用): 동 '기용하다', '임용하다'. 현대 중국어 '기용(qǐyòng)', '임용(rènyòng)'에 해당함.

② 지(之): 대사 (1인칭)공자 자신과 (2인칭) 안연을 가리킴.

③ 칙(則): 접사 본래 고정형식은 '若(ruò)……則(zé)'로 '만약……한다면, 바로'라 해석하며 현대 중국어 '如果(rúguǒ)……, 就(jiù)'에 해당함.

④ 행(行): 동 실천하다, 실행하다.

⑤ 사(舍): 동 '사(捨)'와 같은 의미로 '버리다', '내버리다', '포기하다', '버리고 쓰지 않다'. 현대 중국어 '捨棄(shěqì)'. '捨棄不用(shěqìbúyòng)'에 해당함.

⑥ 장(藏): 동 '감추다', '숨기다', '(자신의 재능, 주장)숨기고 드러내지 않다'. 현대 중국어 '退隱藏身(tuìyīncángshēn)', '隱藏自己的才能(主張)而不露(yīncángzìjǐdecáinéngzhǔzhāngérbúlù)'에 해당함.

⑦ 이(爾): 대사 (안연을 가리킴)너, 그대.

⑧ 시(是): 대사 (이러한)뜻과 포부.

⑨ 부(夫): 조사 문말 어조사로 현대 중국어 '啊(a)'에 해당함.

## 석의(析義)

① 행(行): 벼슬길에 나가 기용되어 조정에서 자신의 정치적 주장을 실행하고 '인 즉 사랑의 정감'이 구현된 도덕(진리)에 부합하는 사회 정의를 몸을 던져 바로 세우다.

② 장(藏): 자신의 정치적 주장을 실행하고 '인 즉 사랑의 정감'이 구현된 도덕(진리)에 부합하는 사회 정의를 바로세우려는 뜻과 포부를 묻어둔 채 재능을 숨기고 물러나 몸을 숨겨 은거하다.

## 문법구조(文法構造)

전체 원문은 서사성 복합 문장이다. '子'는 주어이고 '謂'는 사역동사이며 '顏淵'은 행위동작을 받는 목적어이며 쌍 인용부호 속의 "用之則行, 舍之則藏, 唯我與爾有是夫"는 술어 '曰'의 목적어이다. 목적어는 그 자체가 유무 복합 단문인데 밝에 놓인 목적어 "用之則行"과 "舍之則藏"은 평행관계 겸 보충관계로 구성된 장문이고 '唯'는 부사어로 '只'자의 의미이며 '我與爾'는 어휘연계 형태의 주어, '有'는 술어, 형식상의 목적어는 한 글자 어휘 '是'자로 "用之則行, 舍之則藏之事"를 가리킨다. "用之則行"과 "舍之則藏"은 모두 서사성 단문으로 두 마디가 각각 조건관계로 구성된 장문이인데 주어는 개괄성을 띠어 생략된 '君主'이며 '用'과 '舍'는 한 글자 어휘의 술어, '之'는 공자 자신(1인칭)과 안연(2인칭)을 가리키는 대명사, '則'은 조건 단문의 뒤 결과 단문 머리에 놓인 접속사, '行'과 '藏'은 한 글자 어휘의 뒤 결과 단문의 술어이다. 여기에 '夫'자는 문장 끝에 놓인 어조사이며 현대 중국어 '啊'자에 해당한다.

### 문장법 분석(文章法分析)

문장 내용은 '서(敍)—보(補)' 구조의 변화를 통한 전개이다. 전체 원문은 공자께서 안연에게 출사하여 선생님 자신과 제자가 기용되면 정치적 주장을 실행하고 기용되지 않으면 정치적 주장을 숨기는데 오직 나와 그대만 이러한 뜻과 포부가 있어라고 말씀한 내용이다. 제1, 제2 문장은 '서(敍)'에 속하는데 다시 '조건(條件)—후속결과(後果)' 구조를 포함한 관계이다. 공자께서 제자 안연에게 벼슬길에 나가 기용되어 조정에서 정사에 참여할 수 있다면 자신의 정치적 주장을 실행하여 도덕(진리)에 부합하도록 사회 정의를 몸을 던져 바로세우고, 기용되지 않아 조정에서 정사에 참여할 수 없다면 자신의 정치적 주장을 실행하고 도덕(진리)에 부합하는 사회 정의를 바로세우려는 뜻과 포부를 묻어둔 채 재능을 숨기고 물러나 은거한다라고 말씀하셨다. 제3 문장은 '보(補)'에 속하며 오로지 선생님 자신과 제자 그대만이 겨우 이러한 두 상황에 처세할 뜻과 포부가 있을거야라고 말씀한 것이다.

공자께서 제자 안연과 벼슬길에 나가 기용되어 정사에 참여하느냐 여부에 따라 정치적 주장을 실행하여 도덕(진리)에 부합하는 사회정의를 바로 세우거나 아니면 그 재능을 숨기고 물러나 은거하려는 처세의 뜻과 포부를 공유하며 문장을 일단락짓고 있다. 여기서 기술한 문장법에 내재된 논리를 정리하면 <표-19>와 같다.

<표-19> 내재논리 분석도

| 구분 | 항목 | 내용 |
|---|---|---|
| 서(敍) | 조건 (條件) | 공자께서 제자 안연에게 "벼슬길에 나가 기용되어 조정의 정사에 참여할 수 있다면 |
| | 후속결과(後果) | 자신의 정치적 주장을 실행하여 도덕(진리)에 부합한 사회 정의를 바로세우며 |
| | 조건 (條件) | 기용되지 않아 조정의 정사에 참여할 수 없다면 |
| | 후속결과(後果) | 자신의 정치적 주장을 실행하여 도덕(진리)에 부합한 사회 정의를 바로세우는 뜻과 포부를 숨긴 채 물러남 |
| 보(補) | | 오로지 선생님과 제자 그대만 겨우 이렇게 처세할 뜻과 포부가 있을꺼라함 |

### 신역(信譯)

공자께서 안연에게 "출사하여 선생님 자신과 제자가 기용되면 정치적 주장을 실행하고 기용되지 않으면 정치적 주장을 숨기는데 오직 나와 그대만 이러한 뜻과 포부가 있을꺼야"라고 말했다.

달역(達譯)

공자께서 제자 안연에게 "벼슬길에 나가 기용되어 조정의 정사에 참여할 수 있다면 자신의 정치적 주장을 실행하여 도덕(진리)에 부합한 사회 정의를 바로세우며, 기용되지 않아 조정의 정사에 참여할 수 없다면 자신의 정치적 주장을 실행하여 도덕(진리)에 부합한 사회 정의를 바로세우려는 뜻과 포부를 숨긴 채 은거하는데, 오로지 선생님과 제자 그대만이 이렇게 처세할 뜻과 포부가 있을꺼야"라고 말씀하셨다.

아역(雅譯)

공자께서 제자 안연에게 "만약 벼슬길에 나가 기용되어 조정에서 정사에 참여할 수 있다면 자신의 정치적 주장을 실행하여 '인 즉 사랑의 정감'이 구현된 도덕(진리)에 부합하도록 사회 정의를 몸을 던져 바로세우고, 만약 기용되지 않아 조정에서 정사에 참여할 수 없다면 자신의 정치적 주장을 실행하여 '인 즉 사랑의 정감'이 구현된 도덕(진리)에 부합하는 사회 정의를 바로세우려는 뜻, 포부 및 그 자신의 재능을 숨기고 물러나 은거하려는데 오로지 선생님 자신과 제자 그대만이 겨우 이러한 두 상황에 적절하게 처세할 뜻과 포부가 있을 거야"라고 공유하며 일러 말씀하셨습니다.

## 함축의미

<표-20> 함축의미 분석

| 내용 | | 함축의미 |
|---|---|---|
| • 벼슬에 나가 선생님 자신과 제자가 기용되면 정치적 주장을 실행하여 도덕(진리)에 부합한 사회 정의를 바로세움 | = | 오직 선생님과 제자 그대만이 이렇게 처세할 뜻과 포부가 있음 |
| • 기용되지 않으면 정치적 주장을 실행하여 도덕(진리)에 부합한 사회 정의를 바로세우는 바람을 숨긴 채 물러남 | | |

## 생각열기

분수(分守)란? 분수의 '분(分)'은 자신의 몫이라는 의미이며 '수(守)'는 (고집하여)지키다라는 의미이다. 자신의 처지, 신분, 조건과 환경 등을 적절히 고려하여 분수에 맞게 스스로 만족할 줄 아는 지혜가 늘 즐겁고 행복한 생활을 영위하게 할 수 있게 하지 않을까? 그래서 노자의 『道德經』에 "오직 적절한 범위나 정도 즉 분수에 맞게 만족을 알아야 모욕을 당하지 않고 적절한 범위나 정도의 분수에 맞게 멈출줄 알아야 위태롭지 않아 오래도록 삶을 영위할 수 있다(知足不辱, 知止不殆, 可以長久)"라고 말했지 않았을까?

# 제11장

— 무모한 용기보다 실전에 직면한 후 두려워하기도, 치밀하게 꾀하여 승리해내 성공하기도 한 사람과 동행할 것임

子路曰: "子行三軍則誰與?" 子曰: "暴虎馮河, 死而無悔者, 吾不與也; 必也, 臨事而懼, 好謀而成者也。"

zǐlùyuē zǐxíngsānjūnzéshuíyǔ zǐyuē bàohǔpínghé sǐérwúhuǐzhě wúbùyǔyě bìyělín shìérjù hàomóuérchéngzhěyě

## 관련 편장(篇章)

子曰: "由也, 好勇過我, 無所取材。" (「公冶長」篇 第7章)

子曰: "由也。……好勇不好學, 其蔽也亂。" (「陽貨」篇 第8章)

## 주석(注釋)

① 행(行): 동 '통솔하여 행진시키다'. '통솔하다', '통솔하여 거느리다', '출동시키다'. 현대 중국어 '率行(shuàixíng)'. '統率(tǒngshuài)', '統領(tǒnglǐng)'에 해당함.

② 삼군(三軍): 명 고대 삼군은 중군(中軍), 좌군(左軍), 우군(右軍)을 가리키고 12,500명을 일(一軍)이라 불렀으며 큰나라(大國)은 삼군(三軍)으로 편제되었음. '삼군'은 군대의 범칭이기도 함.

③ 칙(則): 접사 (조건을 표시하는 장문의 뒤 단문 문두에 놓임)'바로'로 해석하며 고정형식은 '若(ruò)……則(zé)'으로 현대 중국어 '如果(rú)……就(jiù)'에 해당함.
④ 여(與): 동 '같이 가다', '함께 가다'. 현대 중국어 '偕行(xiéxíng)', '一塊儿去(yíkuàirqù)', '一同去(yìtóngqù)'에 해당함.
⑤ 폭호(暴虎): 동 '빈손 로 호랑이와 싸우다', '맨손으로 호랑이와 격투하다'. 현대 중국어 '徒手搏虎(túshǒubóhǔ)'에 해당함.
⑥ 풍하(馮河): 동 '도섭하다', '강을 걸어서 건너다', '도보로 강을 건너다'. '徒涉(túshè)', '徒步涉水(tubùshèshuǐ)'에 해당함,
⑦ 회(悔): 동 '후회하다', '후회하고 원망스러워하다', '후회하고 깨닫다'. 현대 중국어 '後悔(hòuhuǐ)', '悔恨(huǐhèn)', '悔悟(huǐwù)'에 해당함.
⑧ 임(臨): '(그 장소에 직접)가다', '(어떤 일에)부닥치다', '(어떤 일에)직면하다'. 현대 중국어 '身臨(shēnlín)', '面對某一事情(miànduimǒuyíshìqing)'에 해당함.
⑨ 이(而): 접사 '후에', '그런 후'. 현대 중국어 '而後(érhòu)', '然後(ránhòu)'에 해당함.
⑩ 구(懼): 동 '겁내다', '두려워하다', '두려운 마음이 들(을 느끼)다'. 현대 중국어 '懼怕(jùpà)', '感到恐懼之心(gǎndàokǒngjùzhīxīn)'에 해당함.
⑪ 호(好): 형 '……을 잘하다', '……에 능숙하다'. 중국어 '善於(shànyú)', '做好(zuòhǎo)'에 해당함.
⑫ 모(謀): 동 '모사하다', '일을 꾀하다'. 현대 중국어 '謀事(móushì)', '計謀(jìmóu)'에 해당함.
⑬ 성(成): 명 '성공한 사람', 현대 중국어 '成功的人(chénggōngderén)'에 해당함.

## 석의(析義)

① 행삼군(行三軍): 큰나라에서 중군, 좌군, 우군 37,500명을 통솔하여 행진시켜 출정(出征)하다.
② 폭호(暴虎): 손 안에 병기(兵器)가 없이 맨손으로 호랑와 격투를 벌이다. 『爾雅·釋訓』에 "'폭호'는 맨손으로 호랑이와 격투하다이다"[7]라고 하였고 아래 사인

7) "暴虎, 徒搏也。"(『爾雅』, 十三經注疏本, 臺北: 藝文印書館, 1986, p,60)

(舍人)의『注 』에 "빈 손으로 잡는 것이다"[8]라고 하였다.

③ 풍하(馮河): '건널 수단인 배가 없이 걸어서(도보로) 강을 건너다'라고 해석하며 일찍이『周易・泰卦爻辭'를 '泰卦・爻辭』에 "도보로 강을 건너다"[9]라거나『詩經・小雅・小旻』시에 "감히 걸어서 강을 건너지 못한다"[10]라한 2차례 기록이 보인다.『爾雅・釋訓』에 "'풍하'는 도보로 강을 건너는 것이다"[11]라 하였고 아래 이순(李巡)의『注』에 "배가 없이 물을 건너는 것을 '도섭'이라 말한다"[12]라고 하였다.

④ 구(懼): '두려운 마음이 들어(마음을 느껴) 감히 적을 얕잡아 보지 못하다'라는 보다 폭넓은 의미로 현대 중국어 '感到恐懼之心, 不敢輕敵(gǎndàokǒngjùzhīxīn bùgǎnqīngdí)'에 해당한다.

⑤ 성(成): '성공한 사람이 비로소 선생님 자신과 동행할(같이 갈) 사람이다'라고 해석해야하며 중국어 '與孔子同行之人(yǔkǒngzǐtóngxíngzhīrén)', 현대 중국어 '和他一同去的人啊(hétāyìtóngqùderén)'에 해당한다.

## 문법구조(文法構造)

전체 원문은 서사성 복합 문장이며 두 마디 복합 장문이 연계된 대화 형식의 구성이다.

첫째 번 문장 "子路曰: '子行三軍則誰與'"는 서사성 복합 장문이다. '子路'는 주어이고 '曰'은 술어이며 '子行三軍則誰與'는 목적어이다. 목적어는 그 자체가 시간 선후관계로 구성된 장문이 그 가운데 조건관계의 의미를 숨겨 내포하고 있기도 한 것이다. '子行三軍'은 서사성 단문인데

8) "空手執也."(위의 책에 보임)

9) "用馮河."(『周易』, 十三經注疏本, 臺北: 藝文印書館, 1986, p,)

10) "不敢馮河."(『詩經』, 十三經注疏本, 臺北: 藝文印書館, 1986, p,)

11) "馮河, 徒涉也."(위의 주7의 책에 보임)

12) "無舟而渡水曰徒涉." (위의 주7의 책에 보임)

'子'는 주어, '行'은 술어 '三軍'은 목적어이고 '則'은 조건관계 뒤 후속결과를 표시하는 문장 머리에 놓이는 접속사로 현대 중국어 '就'에 해당하며 '誰與'역시 서사성 단문이다. 그 주어는 '子'이지만 위 단문에 이어 생략되었고 '誰'는 의문대명사로 목적어이며 술어 '與'자 앞에 언급되었다. 따라서 이 '與'자는 어조사 '歟'자와 통용될 수 없다는 사실을 주지할 필요가 있다.

둘째 번 문장 "子曰: '暴虎馮河, 死而無悔者, 吾不與也; 必也, 臨事而懼, 好謀而成者也'"는서사성 복합 장문인데 왜냐하면 '子'가 주어이고 '曰'이 술어이며 인용부호 속 각 구가 모두 목적어이기 때문이다. 제1 문장은 판단성 장문으로 주어 "暴虎馮河, 死而無悔者"는 어휘조합인데 왜냐하면 '者'는 '之人'과 같기 때문이지만 그것에 더해진 어휘는 도리어 태도를 표시하는 장문이다. 주어 '暴虎馮河'는 2개의 어휘결합 형태가 합성된 어휘 연계이고 술어 '死而無悔'는 태도를 표시하는 단문과 태도를 표시하는 장문이 역접관계로 구성된 장문으로해서 역할을 담당케 한 것이며 '死'는 술어이고 '而'는 접속사로 현대 중국어 '可是', '但是'에 해당하며 '無悔'는 '不悔'와 같은 어휘결합 형태로 뒤 단문의 술어이다. 이 한 마디 판단성 복합 문장의 술어 '吾不與'는 서사성 단문이고 자체 술어 '與'자 뒤에 대명사 목적어 '之'자가 생략되었으며 '暴虎馮河, 死而無悔之人'을 가리킨다. 제2 문장 "必也, 臨事而懼, 好謀而成者也"는 판단성 장문인데 주어는 '與孔子同行之人'이며 생략하고 언급하지 않았다. '必'은 부사어이고 왜내하면 그것을 중시했기 때문에 뒤에 '也'자를 더했으며 어투가 여기에서 한 번 멈추게 한다. "臨事而懼, 好謀而成者"는 어휘조합 형태로 술어를 충당하는데 왜냐하면 '者'는 '之人'과 같으며 중심어이기 때문에 더해진 관형어 '臨事而懼, 好謀而成'은 1개의 시간관계로 구성된 장문이고 1개의 목적관계로 구성된 장문과 다시 연합관계로 다른 1개의 장문을 구성해서 임무를 맡게 하였다. '臨事'와 '好謀'는 서사성 단문이고 '而'는 접속사로 현대 중국어 '然後'와 같으며 '懼'와 '成'은 태도를 표시하는 장문의 술어이다. 이들 술어의 주어는 모두 '人'이며 생략하고 언급하지 않았다.

### 문장법 분석(文章法分析)

본문 내용은 '문(問)—답(答)' 구조의 변화를 통한 전개이다. 전체 원문은 자로가 선생님께서 삼군을 행진시켜 움직인다면 누구와 동행하시렵니까 물으니 선생님께서 맨손으로 호랑이와 결투하거나 배가 없이 걸어 강을 건너지만 죽어도 그러나 후회하지 않는 사람과 자신은 그들과 동행하지 않겠고 반드시 일에 직면하지만 두려워하기도, 일을 꾀하기에 능숙하지만 성공하기도 한 사람과 동행할 것이다라고 대답한 내용이다. 첫째 번 문장은 '문(問)'에 속하는데 다시 '조건(條件)—후속결과(後果)' 구조를 포함한 관계이다. 자로가 공자께 선생님이 큰 나라에서 중군, 좌군, 우군 삼군의 군대를 통솔하여 행진시켜 출정하신다면 바로 누구와 동행하시려는지 물었다라고 말했다. 둘째 번 문장은 '답(答)'에 속하는데 제1 문장은 '조건(條件)—후속결과(後果)' 구조를 포함하고 '조건(條件)'은 다시 '조건일(條件一)—조건이(條件二)' 구조와 '정(正)—반(反)' 구조를 포함한 관계이다. 공자께서 자로에게 자신의 용기에 기대 맨손으로 호랑이와 격투를 벌이다, 배가 없이 걸어서 강을 건너다 죽을 지라도 후회하지 않는 사람, 그러한 사람과 동행하지 않을 것이다라고 대답하셨다. 제2 문장은 '조건(條件)—후속결과(後果)' 구조를 포함하고 '조건(條件)'은 '선후일(先後一)—선후이(先後二)' 구조를 포함한 관계이다. 공자께서는 반드시 어떤 일에 직면한 후에 두려운 마음이 들어 감히 적을 얕잡아 보지 않고 일을 계획하여 꾀하기에 능숙한 그런 후에 성공한 사람이다라고 말씀하셨다.

제자 자로가 단지 자신의 용기에 기대 선생님 공자께서 큰 나라의 군대를 통솔하여 행진시켜 출정한다면 누구와 동행할 것인지 물으니 일에 직면하여 적을 얕잡아 보지 않고 능숙하게 일을 계획하고 꾀해서 성공한 사람과 동행할 것이라 비유적으로 일깨우며 문장을 일단락짓고 있다. 여기서 기술한 문장법에 내재된 논리를 정리하면 <표-21>과 같다.

### <표-21> 내재논리 분석도

- 문(問)
  - 조건(條件): 자로가 공자께 선생님께서 삼군 군대를 통솔해서 행진하여 출정한다면
  - 후속결과(後果): 누구와 같이 가시렵니까?
- 답(答)
  - 조건(條件)
    - 조건 일(條件一): 공자께서 자로에게 맨손으로 호랑이와 격투를 벌이거나
    - 조건 이(條件二): 배가 없이 걸어서 강을 건너거나
    - 정(正): 비록 죽을지라도
    - 반(反): 그러나 후회하지 않는 사람
  - 후속결과(後果): 선생님은 그러한 사람과 같이 가지 않을 것임
  - 조건(條件)
    - 선(先): 반드시 어떤 일에 직면한
    - 후(後): 그런 후에 두려운 마음이 들어(마음을 느껴) 감히 적을 얕잡아 보지 않고
    - 선(先): 일을 계획하여 꾀하기에 능숙한
    - 후(後): 그런 후에 성공한 사람이
  - 후속결과(後果): (이 비로소 선생님과 동행할 사람)임

### 신역(信譯)

자로가 공자께 "선생님께서 삼군을 행진시켜 출정한다면 누구와 동행하시렵니까?" 물었다. 공자께서 "손으로 호랑이와 결투하거나 배가 없이 걸어 강을 건너다나 죽을지라도 후회하지 않는 사람, 자신은 그들과 동행하지 않을 것이며 반드시 일에 직면한 후 두려워하기도, 일을 꾀하여 능숙한 후 성공하기도 한 사람이다"라고 대답했다.

### 달역(達譯)

자로가 "공자께 큰 나라(대국)에서 중군, 좌군, 우군 삼군 군대를 통솔하여 행진시켜 출정(出征)하시면 누구와 동행하시려는지?"라고 물었다. 공자께서 "자로에게 자신의 용기에 기대 맨손으로 호랑이와 격투를 벌이거나, 배가 없이 걸어서 강을 건너다가 죽을지라도 후회하지 않는 사람, 선생님은 그러한 사람과 동행하지 않을 것이며. 반드시 어떤 일에 직면한 후에 두려운 마음이 들어 적을 얕잡아 보지 않고 일을 도모하여 꾀하기에 능숙한 후에 성공한 사람이다"라고 대답하셨다.

### 아역(雅譯)

제자 자로가 선생님 공자께 "만약 선생님이 큰 나라(대국)에서 중군, 좌군, 우군 삼군 37,500명의 군대를 통솔하여 행진시켜 출정(出征)하신다면 바로 누구와 동행하시렵니까?"라고 여쭈었다. 선생님 공자께서 제자 자로에게 "오직 자신의 용기에 기대 싸울 수단인 병기(兵器)도 없이 빈 손으로 호랑이와 격투를 벌이거나, 건널 수단인 선박(船舶)도 없이 걸어서(도보로) 강을 건너다가 죽을지라도 후회하지 않는 사람, 선생님은 그러한(손 안에 병기(兵器)가 없이 빈 손으로 호랑이와 격투를 벌이거나, 건널 수 단인 배가 없이 걸어서 강을 건너다가 죽을지라도 후회하지 않는) 사람과 동행하지 않을 것이며, 반드시 어떤 일에 직면한 그런 후에 두려운 마음이 들어(마음을 느껴) 감히 적을 얕잡아 보지 않고 일을 치밀하게 도모하여 꾀하기에 능숙한 그런 후에 성공한 사람이 (비로소 선생님과 동행할 사람)입니다"라고 말씀하셨습니다.

함축의미

<표-22> 함축의미 분석

| | | |
|---|---|---|
| 자로가 공자님께 선생님은 큰 나라의 군대를 행진치켜 출정한다면 누구와 동행하시려는지? | ≠ | 공자님께서 자로에게 맨손으로 호랑이와 결투하거나 배 없이 걸어서 강을 건너다가 죽더라도 후회없는 사람과 동행하지 않음 |
| | = | 반드시 어떤 일에 직면한 후 두려워하며 적을 얕잡아보지 않고 일을 도모하고 꾀함에 능숙한 후 성공하는 사람과 비로소 동행함 |

## 생각열기

분별력(分別力)이란? 한자 어휘를 직역하면 '구분하여 변별하는 힘'인데 구체적으로 '서로 다른 사물이나 일을 구분하여 변별하는 능력', '세상 물정이나 사리에 대한 옳고 그름을 판단하는 능력' 등을 의미하지 않을까? 간단히 부연하면 '사실과 거짓을 구별하는 능력', '오류와 정확함을 가르는 능력', '옳고 그름을 판단하는 능력'이라 말할 수 있지 않을까? 그것을 기르는 방법은 감정과 이치가 연계된 정보 사이에서 중심을 잡고 상황 파악, 감정 제어 및 균형적 시각과 판단력 등을 유지하는 것이다. 분별력은 삶의 다양한 순간에 객관적이고 올바르며 이성적 결정을 가능케 하는 까닭에 사회적 신뢰와 자기 존엄을 지키는 핵심적 역할을 해낼 수 있지 않을까?

# 제12장

— 인정과 도의를 위배하지 않고, 부유함이 추구하여 얻어질 수 있다면 하찮은 일도 마다하지 않고 할 수 있음

子曰: "富而可求也, 雖執鞭之士, 吾亦爲之; 如不可求, 從吾所好。"

zǐyuē fùérkěqiúyě suízhíbiānzhīshì wúyìwéizhī rúbùkěqiú cóngwúsuǒhào

관련 편장(篇章)

子曰: "富與貴, 是人之所欲也, 不以其道得之, 不處也; 貧與賤, 是人之所惡也, 不以其道 得之, 不去也。君子去仁, 惡乎成名? 君子無終食之間違仁, 造次必於是, 顚沛必於是。" (「里仁」篇 第5章)

子曰: "飯疏食、飮水, 曲肱而枕之, 樂亦在其中矣! 不義而富且貴, 於我如浮雲。" (「述而」 篇 第16章)

子曰: "……邦無道, 富且貴焉, 恥也。" (「泰伯」篇 第13章)

## 주석(注釋)

① 부(富): 명 '부', '재산', '재물이 풍부함'. 현대 중국어 '財富(cáifù)'에 해당함.

② 이(而): 접사 '여(如)'와 상통하고 가설관계를 표시하는 접속사로 '가령……하더라

도(일지라도, 할지라도)', '설령……하더라도(일지라도, 할지라도)'라 해석하며 현대 중국어 '卽如(jírú)'에 해당함.

③ 구(求): 동 '(구차하게, 변변찮게)구하다, 구하여 얻다'. 현대 중국어 '求得(qiú dé)', '苟且求得(gǒuqiěqiúdé)'에 해당함.

④ 수(雖): 접사 '설령(설사)……하더라도(할지라도)'라고 해석하고 본래 고정형식은 '雖(suī)……亦(yì)'이며 현대 중국어 '縱然(zòngrán, 縱使zòngshǐ)……也(yě)'에 해당함.

⑤ 집(執): 동 잡다, 쥐다.

⑥ 편(鞭): 명 (가죽을 꼬아 만든)채찍.

⑦ 위(爲): 동 '하다', '종사하다'. 현대 중국어 '幹(gàn)', '做(zuò)'에 해당함.

⑧ 지(之): 대사 그것, 그일, 손에 채찍을 들고 길을 비키라 외치는 일이나 출입문을 지키며 질서를 유지하는 임시직 하급 관리의 일을 가리킴.

⑨ 종(從): 동 (뜻, 생각, 의견이나 지시에) '따르다'. 현대 중국어 '依從(yīcóng)'에 해당함.

⑩ 호(好): 동 '애호하다', 현대 중국어 '愛好(àihào)'에 해당함.

## 석의(析義)

① 이(而): '여(如)'자 의미와 서로 통하기에 '부이가구야(富而可求也)'에서 '이(而)'자를 사용하였고 뒤 '여불가구(如不可求)'는 곧 '여(如)'자를 사용하였다. 이에 초순(焦循)의 『論語補疏』에 "'이(而)'자와 '여(如)'는 서로 통하므로 '이가구(而可求)'는 바로 '여가구(如可求)'다"[13]라고 하였고 유보남(劉寶楠) 『論語正義』에서 "『史記·伯夷列傳』에 인용한 '부귀여가구(富貴如可求)' 이것은 『古論語』에서 나오고 '부귀'로 연계된 문장이며 '이(而)'와 '여(如)'의 의미는 통하는 것이다"[14]라고 하였다. 이들의 주석이 타당하다 여겨 이를 따른다.

② 집편지사(執鞭之士): 명 '채찍을 쥔 하급의 임시 직무 관리'라는 의미이며 현대

---

13) "而與如通, 而可求, 卽如可求。"((黃懷信主撰, 『論語彙校集釋』上冊, 上海: 上海古籍出版社, 2008, p.24에서 인용)

14) "『史記·伯夷列傳』引'富貴如可求', 此出『古論』, 以'富貴'連文, '而'與'如'義通也。"(劉寶楠, 『論語正義』(上), 臺北: 文史哲出版社, 1990, p,262)

중국어 '拿着皮鞭呼叫讓路的差使(názhepíbiānhūjiàorànglùdechāishǐ)'에 해당한다. 이에 관한 2종류 해석이 있는데 한 종류는『周禮 · 秋官 · 狼氏』에 근거하면 고대 천자, 제후가 출입할 때 하급 임시직 관리 2명에서 8명이 수레 앞에서 손에 가죽 채찍을 쥐고 길가는 사람들에게 길을 양보하도록 외치는 사람을 가리킨다는 것이다. 다른 한 종류는『周禮 · 地官 · 司市』조문에 근거하면 시장에서 출입문을 지키는 임시직으로 역시 손에 가죽 채찍을 쥐고 질서를 유지하는 사람을 가리킨다는 것이다.

## 문법구조(文法構造)

전체 원문은 서사성 복합 문장이다. '子'는 주어이고 '曰'은 술어이며 "富而可求也, 雖執鞭之士, 吾亦爲之; 如不可求, 從吾所好"는 목적어이다.

첫째 번 문장은 "富而可求也, 雖執鞭之士, 吾亦爲之"이며 조건관계로 구성된 장문이다. 제1 문장 "富而可求也"는 태도를 표시하는 장문인데 '富'는 한 글자 어휘 형태의 주어이고 '可求'는 어휘결합 형태의 술어이며 그 중간에 더해진 '而'자는 마땅히 그것을 조건 단문 속의 접속사로 간주해야 하는데 현대 중국어 '卽使'에 해당한다. 술어는 특정 언어환경 아래 조합된 관계로 구성된 장문인데 그 관계 속의 단문 '執鞭之士'는 판단을 표시하는 단문의 술어이고 그것 자체가 어휘조합 형태이며 '雖'는 문두에 흔히 더해져 가설관계를 표시하는 접속사로 현대 중국어의 '縱然'에 해당한다. 뒤 후속결과 단문 '吾亦爲之'는 서사성 단문이고 '吾'는 주어, '亦'은 앞 단문 접속사 '雖'와 연계된 뒤 단문 접속사, '之'는 술어 '爲'의 목적어이다. 여기서 '之'는 인칭대명사로 '執鞭之士'를 가리킨다.

둘째 번 문장 "如不可求, 從吾所好"는 조건관계로 구성된 장문인데 이 조건관계 장문의 문두에 더해진 접속사는 '如'이고 술어 '不可求'는 어휘결합 형태이며 주어는 '富'이지만 위 문장을 이어 생략되었다. 사실 단문 '從吾所好'는 서사성 문장이고 '從'은 술어, '吾所好'는 목적어이며 그 자체가 어휘조합 형태이다. '吾'는 뒤 중심어 '所好'를 수식하는 관형어이며 그 자체는 접두사 '所'가 이끄는 연음 복합어휘이다.

인용부호 중의 첫째 번 문장과 둘째 번 무장은 보충관계로 구성된 것이다.

### 문장법 분석(文章法分析)

본문 내용은 '서(敍)—보(補)' 구조의 변화를 통한 전개이다. 전체 원문은 공자께서 재산이 구해질 수 있다면 설사 채찍을 쥐고 일(종사)하는 임시직 관리라하더라도 자신도 그 일을 하겠으며, 만약 구하여 얻을 수 없다면 자신의 뜻에 따라 애호하는 일을 하겠다라고 말씀한 내용이다. 첫째 번 문장은 '서(敍)'에 속하는데 '조건(條件)—가설(假設)—후속결과(後果)' 구조를 포함한 관계이다. 공자께서 재물이 풍족한 부유함이 추구하여 얻어질 수 있다면 설사 천자, 제후가 출입할 때 수레 앞에 걸으면서 손에 가죽 채찍을 쥐고 길가는 사람들에게 길을 양보하도록 외치는 관리의 일이나 시장 출입구에서 감시와 감독하는 역시 손에 가죽 채찍을 쥐고 질서를 유지하는 관리의 일이라하더라도 자신도 그 일을 하시겠다라고 말씀하셨다, 둘째 번 문장은 '보(補)'에 속하는데 다시 '조건(條件)—후속결과(後果)' 구조를 포함한 관계이다. 공자께서 재물이 풍족한 부유함이 추구하여 얻어질 수 없다면 자신의 뜻에 따라서 애호하는 일을 하겠다라고 말씀하셨다.

공자께서 재산 많은 부유함이 올바르게 구해지는 것이라면 아무리 미천한 신분의 일이라 하더라도 종사하겠지만 바르지 않게 구해지는 것이라면 자신의 뜻에 따라 애호하는 일을 하겠다라고 정당한 물욕 추구의 길에 대한 내용으로 문장을 일단락짓고 있다. 여기서 기술한 문장법에 내재된 논리를 정리하면 <표-23>과 같다.

**<표-23> 내재논리 분석도**

| | | |
|---|---|---|
| 서(敍) | 조건(條件) | 공자께서 재물이 풍족한 부유함이 추구하여 얻어질 수 있다면 |
| | 가설(假設) | 가죽 채찍을 쥐고 길을 열도록 외치거나 시장 입구에서 질서를 유지하는 하급의 임시 관리 일이라하더라도 |
| | 후속결과(後果) | 자신도 그 일을 하시겠다함 |
| 보(補) | 조건(條件) | 공자께서 재물이 풍족한 부유함이 추구하여 얻어질 수 없다면 |
| | 후속결과(後果) | 자신의 뜻(생각)에 따라서 애호하는 일을 하겠다함 |

### 신역(信譯)

공자께서 "부유함이 추구될 수 있다면 설사 채찍을 쥐고 일(종사)하는 미천한 신분의 관리라하더라도 자신도 그것을 하겠으며, 부유함이 추구하여 얻을 수 없다면 자신의 뜻에 따라 애호하는 일을 하겠다"라고 말했다.

달역(達譯)

공자께서 "제자들이여 재물이 풍족한 부유함이 추구해하여 얻어질 수 있다면 설사 천자, 제후가 출입할 때 수레에 앞서 걸으면서 손에 가죽 채찍을 쥐고 길가는 사람들에게 길을 열도록 외치거나 시장 출입구에 서서 감시와 감독하면서 역시 손에 가죽 채찍을 쥐고 질서 유지하는 관리의 일이라도 자신도 그 일을 하겠으며, 재물이 풍족한 부유함이 추구하여 얻어질 수 없다면 자신의 뜻에 따라서 애호하는 일을 하겠다"라고 말씀하셨다.

아역(雅譯)

공자께서 "제자들이여 만약 재물이 풍족한 부유함이 추구하여 얻어질 수 있는 것이라면 설사 천자, 제후가 출입하며 행차할 때 (2명에서 8명이) 수레 앞을 걸으면서 손에 가죽 채찍을 쥔 채 길가는 사람들에게 길을 양보하도록 외치는 하급 임시직 관리의 일이나 시장 출입구에 서서 감시와 감독하면서 역시 손에 가죽 채찍을 쥔 채 질서 유지하는 하급 임시직 관리의 일이라하더라도 바로 선생님 자신도 그 (천자, 제후가 출입하며 행차할 때 수레에 앞서 걸으며 손에 가죽 채찍을 쥔 채 길가는 사람들에게 길을 양보하도록 외치거나 시장 출입구에 서서 감시와 감독하면서 역시 손에 가죽 채찍을 쥔 채 질서 유지하는 하급 임시직 관리의) 일을 하겠으며, 만약 재물이 풍족한 부유함이 추구하여 얻어질 수 없는 것이라면 바로 선생님 자신의 뜻(생각)에 따라서 하기 좋아하는 일을 하겠습니다"라고 말씀하셨습니다.

### 함축의미

<표-24> 함축의미 분석

| 부유함이 추구하여 얻어질 수 있다면 | ⇔ | 부유함이 추구하여 얻어질 수 없다면 |
|---|---|---|
| ⬇ | | ⬇ |
| • 채찍을 쥐고 종사하는 미천한 신분의 하급 임시직 관리의 일<br>• 자신도 그 일을 함 | | • 자신의 뜻(생각)에 따라서 애호하는 일을 함 |

## 생각열기

인정(人情)과 도의(道義)란 어떤 의미의 개념일까? 이 두 종류는 서로 다른 개념이다. 그럼 이 두 종류 개념은 어떻게 다를까?

먼저, 인정(人情)은 개인의 감정적 느낌으로 사람 간의 따뜻한 정에 대한 감수성을 넘어 상대방의 입장에서 생각하는 공감을 의미하며 그 존재에 가치를 부여하는 바로미터이다.

다음, 도의(道義)는 인간의 도덕적 행동 기준으로 그 본질과 삶의 원리, 방식을 평가하는 바로미터이다.

결국 인정(人情)과 도의(道義)는 인간의 본질에 입각한 개인적 존재 가치와 윤리적 행동 기준을 설명하는 핵심 개념이 아닐까? 비록 모두 인간의 삶과 사회에서 중요한 역할을 하지만, '인정'은 개인의 감정적 연결을 강조하고, '도의'는 윤리적 행동 기준을 강조하지 않을까?

# 제13장

— 신중하게 보아야 할 '재계(齋戒)', '전쟁(戰爭)', '질병(疾病)' 등 일 세 가지

子曰: "子之所愼, 齊(齋)、戰、疾。"

zǐyuē zǐzhīsuǒshèn zhāi zhàn jí

## 관련 편장(篇章)

祭如在, 祭神如神在。子曰: "吾不與祭如不祭。"(「八佾」篇 第12章)

子曰: "齊(齋)必有明衣, 布。齊(齋)必變食, 居必遷坐。"(「鄕黨」篇 第7章)

子路曰: "子行三軍則誰與?" 子曰: "……, 臨事而懼, 好謀而成者也。"(「述而」篇 第11章)

## 주석(注釋)

① 신(愼): 부 '신중하다', '조심하다', '삼가고 조심하다'. 현대 중국어 '愼重(shènzhòng)', '小心(xiǎoxīn)', '謹愼(jǐnshèn)'에 해당함.

② 제(齊): 동 '재(齋)'와 같아 '몸가짐을 가지런히하다', '재개하다', '심신을 정결하고 고요하게하다'. 현대 중국어 '齋戒(zhāijiè)'에 해당함.

③ 전(戰): 명 전쟁(戰爭).

④ 질(疾): 명 질병(疾病).

### 석의(析義)

① 제(齊): 옛 사람들은 제사 전에 목욕재계(沐浴齋戒)하여 먼저 몸과 마음을 청결히하고 고요히하였다. 이로써 사악한 생각과 기운을 떨쳐 멀리하거나, 음식을 깨끗하고 정갈하게하거나, 생각을 맑고 분명하게 하거나, 뜻과 염두를 정성스럽고 바르게하거나, 언행을 삼가고 장중하게 하는 등으로 신명에 대해 경건함을 표시하는 일을 가리킨다.

### 문법구조(文法構造)

전체 원문은 판단성 단문이다. '子之所愼'은 어휘조합 형태의 주어이고 '子'는 관형어, '之'는 구조조사(현대 중국어 '的'에 해당), '所愼'은 접미사 '所'를 동반한 연음 복합어휘의 중심어이다. '齊(齋)、戰、疾'은 3개의 한 글자 어휘로 구성된 어휘연계 형태로 술어이고 주어와 술어 사이 접속사는 생략되었으며 문장 끝에도 판단성 단문에 흔히 사용하는 문말 어조사 '也'자를 더하지 않았다.

### 문장법 분석(文章法分析)

본문 내용은 총괄후 분술하는 '범(凡)—목(目)' 구조의 변화를 통한 전개이다. 전체 원문은 공자께서 신중하신 것은 재개, 전쟁, 질병 3가지 일이다라고 말씀한 내용이다. 제1 문장은 '범(凡)'에 속하며 공자께서 조심하고 삼가며 신중하게 접급해야 할 것이라고 그 일들을 총괄적으로 전제하여 말씀한 것이다. 제2 문장은 '목(目)'에 속하는데 다시 '목일(目一)—

목이(目二)—목삼(目三)' 구조를 포함한 관계이다. 공자께서 전제한 조심하고 삼가며 신중하게 접근한 것은 바로 재개, 전쟁, 질병 등 3가지이다라고 구분하여 서술하였다.

제자들이 선생님 공자께서 조심하고 삼가며 신중하게 접근하셨던 재개, 전쟁, 질병 등 3가지 문제점을 기술하여 경계한 내용으로 문장을 일단락짓고 있다. 여기서 기술한 문장법에 내재된 논리를 정리하면 <표-25>와 같다.

<표-25> 내재논리 분석도

| 구분 | 항목 | 내용 |
| --- | --- | --- |
| 범(凡) | | 공자께서 조심하고 삼가며 신중하게 접급 및 유념하신 문제들은 |
| 목(目) | 목일(目一) | 바로 몸과 마음을 청정하고 고요하게 유지하며 부정한 일을 금하는 재계 |
| | 목이(目二) | 국가나 정치집단 사이에 이해가 충돌하며 무력이나 폭력을 사용하는 전쟁 |
| | 목삼(目三) | 병원체가 매개체를 통해 감염을 일으키며 확산하는 질병 등 3가지임 |

### 신역(信譯)

공자께서 신중하신 것은 재개, 전쟁, 질병 3가지 일이다.

달역(達譯)

제자들이 선생님 공자께서 조심하고 신중하게 접근하며 유념하신 것은 바로 몸과 마음의 재계, 국가나 정치집단의 전쟁, 병원체 감염 확산의 질병 등 3가지 일이다라고 서술하였다.

아역(雅譯)

공문 제자들이 선생님 공자께서 항상 삼가고 조심하며 신중하게 접근 및 유념하신 문제는 다름 아닌 바로 몸과 마음을 청정하고 고요하게 유지하며 부정한 일을 금하는 재계(齋戒), 국가나 정치집단 사이에 이해가 충돌하며 무력이나 폭력을 사용하는 전쟁(戰爭), 병원체가 매개를 통해 감염되며 빠르게 널리 전파확산하는 질병(疾病) 등 3가지 일입니다라고 서술하였습니다.

함축의미

<표-26> 함축의미 분석

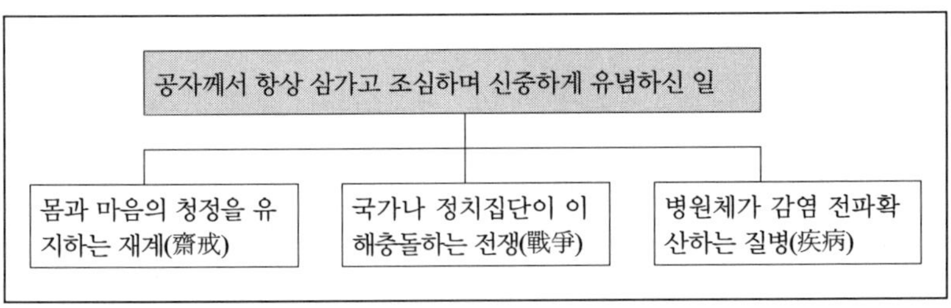

## 생각열기

전쟁(戰爭)과 질병(疾病)은 역사적으로 깊은 관련이 있다. 전쟁은 인류가 마주하는 큰 재앙으로 그 과정에 죽고 다치는 일 뿐만 아니라 전염병의 창궐(猖獗)을 불러와 2차 사망 피해를 초래하는 주요 원인이라 말할 수 있지 않을까? 전쟁 중 전염병이 발생하는 경로는 열악한 위생 상태에서 병사들 간의 밀접 접촉을 피할 수 없는 상황일 것이다. 즉 대규모 군대 이동, 협소한 병영 생활 등이 전엽병 확산을 쉽게 하며 배급된 음식, 오염된 식수 등이 전염병 전파를 촉진할 수 있다.

전쟁을 피할 수 있다면 전염병의 확산을 효과적으로 막을 수 있게 하지 않을까? 그 까닭에 공자께서 신중해야할 3가지 일의 2가지로 업급하지 않으셨을까?

# 제14장

— 성정(性情)을 진실하게 반영하여 연주한 음악의 감화력은 깊고 두터움

子在齊聞韶, 三月不知肉味。曰: “不圖爲樂之至於斯也!”

zǐzàiqíwénsháo sānyuèbùzhīròuwèi yuē bùtúwéilèzhīzhìyúsīyě

## 관련 편장(篇章)

子謂“韶, 盡美矣, 又盡善也。”謂“武, 盡美矣, 未盡善也。”(「八佾」篇 第25章)

葉公問孔子於子路, 子路不對。子曰: “女奚不曰: ‘其爲人也, 發憤忘食, 樂以忘憂, 不知老之將至云爾?’”(「述而」篇 第19章)

## 주석(注釋)

① 제(齊): 명 춘추전국시대 제나라.

② 문(聞): 동 듣다. 현대 중국어 ‘聽到(tīngdào)’, ‘聽到了(tīngdàole)’에 해당함.

③ 소(韶): 명 본래 우순(虞舜)이 제작한 악곡의 명칭을 가리킴.

④ 삼월(三月): 명 ‘3개월’이라기 보다는 ‘수 개월’, ‘여러 달’로 해석해야 함.

⑤ 부지(不知): ‘알지 못하다’라는 의미이지만 여기서 ‘잃어버리다’, ‘맛을 느끼지 못하다’라고 해석해야 함.

⑥ 육미(肉味): 명 ‘고기의 맛(감미, 풍미, 달콤함)’, ‘고기의 고소하고 달콤함이 느껴

져 식욕을 당기는 맛(풍미)'. 현대 중국어 '肉的甘味(ròudegānwèi)', '肉的滋味兒(ròudezīwèir)'에 해당함.

⑦ 부도(不圖): '헤아리지못하다', '생각지 못하다'. 현대 중국어 '不料(búliào)', '沒想到(méixiǎngdào)', '想不到(xiǎngbudào)'에 해당함.

⑧ 위악(爲樂): 명 연주하는「소(韶)」악곡(장).

⑨ 사(斯): 대사 '여러 달이나 고기의 고소하고 달콤함이 식욕을 자극하며 입맛을 당기는 풍미마저 알지 못하였(잊어버렸)다(三月不知肉味)'는 정도(경지)를 가리킴.

## 석의(析義)

① 소(韶): 동 여기서 '순임금께서 제작하였다는「소(韶)」악장을 연주하다'라는 의미이다.

② 삼월(三月): '삼(三)'자는 허수(虛數)로 '많다'라는 의미인데 '삼월'은 아주 오랜 시간을 형용하기에 '수 개월', '여러 달'이라 해석해야 하며 현대 중국어 '好幾個月(hǎojǐgeyuè)', '長時間(chángshíjiān)', '很長時間(hěnchángshíjiān)', '好長期間(hǎochángqījiān)'에 해당한다.

③ "자재제문소(子在齊聞韶), 삼월부지육미(三月不知肉味)": 이 두마디 문장의 끊어 읽기와 관련하여 정약용(丁若鏞)의『論語古今注 · 引證』에서 "……공자께서 그곳에 이르러「소(韶)」악장을 여러 달 듣고 고기 맛을 잃어버리므로 즐거움은 단지 자신만의 즐거움이 아니었다. 또한 다른 사람을 즐겁게함으로 단지 자신만이 바른 것이 아니며, 또한 다른 사람을 바르게하는 것이다. 여기서 즐거움은 즐거움이 이에 이르게 하지 않는 것이다"[15]라고 하였다. 일본 사람(日人) 다케조에 고코(竹添光鴻たけぞえ こうこう)의『論語會箋』에 "子在齊, 聞韶三月, 不知肉味"[16]로 끊어 읽기 하였다. 정약용과 다케조에 고코 모두 위 구

15) "……孔子至彼, 聞韶三月, 不知肉味, 故樂非獨以自樂也。又以樂人, 非獨以自正也, 又以正人缺矣哉。於此樂者, 不圖爲樂至於此修篇文."(丁若鏞,『與猶堂全書』, 韓國文集總刊本, 서울: 民族文化推進會, 1993, pp.261-262)

16) 원문에 대한 다케조에 고코(竹添光鴻)의 끊어 읽기는 왕희원(王熙元)의『論語通釋』(上)에서 인용한 것이다.(王熙元,『論語通釋』(上), 臺北: 學生書局, 1988, p.355)

'聞韶'와 '三月'을 연음하여 끊어 읽기한 반면에 사마천(司馬遷)의 『史記・孔子世家』[17] 이후 송나라 범조우(范祖禹)[18] 및 주희(朱熹)의 『注』 등은 '三月' 2글자를 '不知肉味'와 연음하여 끊어 읽기 하였는데 후자의 구두점(句讀點) 찍기가 의미에 부합하고 타당하다 생각하며 이를 따른다.

④ 부지육미(不知肉味): 고도로 정신과 마음을 몰입, 집중하고 그 가운데 깊이 빠져들어 고기의 고소하고 달콤함이 식욕을 자극하며 입맛을 당기는 풍미마저 알지 못하였(잊어버렸)다는 의미이다.

⑤ 위악(爲樂): 여기서 제나라 악공(樂工)들이 연주하는 「소(韶)」악(악곡, 악장)을 가리킨다.

## 문법구조(文法構造)

전체 원문은 서사성 복합 문장이다. 제1 문장은 서사성 단문이다. '子'는 주어이고 '在'는 전치사, '齊'는 장소목적어, '聞'은 술어이며 '韶'는 목적어이다. 제2 문장 역시 서사성 단문이다. 주어는 '子'이지만 앞 문장에 이어 생략되었고 '三月'은 시간보어이며 이를 사용해서 '不知肉味'가 얼마나 오랜 시간인지 설명하기 위한 것으로 그 앞에 전치사를 더하지 않았다. '不'는 부정을 표시하는 부사어이고 '知'는 술어이며 '肉味'는 어휘

---

17) "與齊太師語樂, 聞韶音, 學之三月, 不知肉味(제나라 태사와 음악을 담론하는데 순임금이 제작한 「소」음악을 듣고 이를 여러 달 한 마음으로 집중하여 배우며 심취한 나머지 고기의 감미로운 풍미를 잊어버렸다)."(沈川龜太郎, 『史記會注考證』, 臺北: 洪氏出版社, 1986, p.746)

18) "范氏曰: '韶盡美又盡善, 樂之無以加此也。故學之三月, 不知肉味, 而歎美之如此。誠之至, 感之深也(「소」음악이 아름다움을 다하고 훌륭함을 다하기도하여 이를 즐기는데 이와 같은 것이 없었다. 그러므로 이를 여러 달 배우고 고기의 감미로운 풍미를 잊어버렸으며 아름다움을 감탄하기에 이와 같았다. 진심이 지극하고 느낌이 인상깊었다)。'"

조합 형태의 목적어이다. 제3 문장은 서사성 복합 장문이다. 인용부호 중의 한 마디 "不圖爲樂之至於斯也"는 술어 '曰'의 목적어이며 자체 역시 서사성 복합 장문이다. '爲樂之至於斯'는 조합식 어휘결합 형태이고 술어 '圖'의 목적어이며 앞에 부정을 표시하는 부사어 '不'가 더해졌다. 그런데 이 조합식 어휘결합 형태는 태도를 표시하는 문장으로부터 전용변화해서 이루어진 것인데 주어 '爲樂'은 어휘결합 형태이고 '之'자는 주어와 술어 사이에 더해진 주격조사로 조합식 어휘결합 형태를 구성하는 중요한 표식이며 술어 '至於斯' 역시 어휘결합 형태이다. '曰'의 주어는 '子'이고 '圖'의 주어는 '我'이며 모두 생략되었다.

### 문장법 분석(文章法分析)

본문 내용은 '인(因)—과(果)' 구조의 변화를 통한 전개이다. 전체 원문은 공자께서 제나라에서 '소(韶)' 악장을 들었는데 수 개월이 지났지만 고기의 감미로운 풍미를 맛보아내지 못해서 연주한 '소(韶)' 악장 이러한 경지에 도달했는지를 헤아리지 못했다라고 말씀한 내용이다. 제1, 제2 문장은 '인(因)'에 속하는데 시간 '선(先)—후(後)' 구조를 포함하며 '후(後)'는 다시 '정(正)—반(反)' 구조를 포함하는 관계이다. 제자들이 선생님 공자께서 제나라에서 악공들이 연주한 순임금께서 제작하였다는「소(韶)」악장 들으셨는데 수 개월의 시간이 지났지만 도리어 고기의 고소하고 감미로운 풍미마저 맛보아내지 못하(잃어버리)게 하였다라고 서술했다. 제3 문장은 '과(果)'에 속하며 제나라에서 악공들이 연주하는 '소(韶)' 악장이 고기의 고소하고 감미로운 맛마저 알아내지 못하(잃어버리)게 하는 경지에 도달한 것인지 생각하지 못했다라고 술회한 것이다.

제자들이 선생님 공자께서 제나라에서 '소(韶)' 악장을 듣고 수 개월의 시간이 지났지만 도리어 고기의 감미로운 맛마저 잃어버리게 해서 연주한 '소(韶)' 악장이 이러한 경지에 도달했는지 생각지 못했다라고 서술한 내용으로 문장을 일단락짓고 있다. 여기서 기술한 문장법에 내재된 논리를 정리하면 <표-27>과 같다.

<표-27> 내재논리 분석도

| | | | |
|---|---|---|---|
| 인(因) | 선(先) | | 공자께서 제나라에서 악공들이 연주하는 '소(韶)' 악장을 들었는데 |
| | 후(後) | 정(正) | 비록 수 개월의 시간이 지났지만 |
| | | 반(反) | 그러나 고기의 감미로운 풍미마저 맛보아내지 못하(잃어버리리)게 하였는데 |
| 과(果) | | | 그래서 제나라 악공들이 연주한 '소(韶)' 악장이 그러한 경지에 도달 한 것인지를 생각하지 못했다 말씀함 |

신역(信譯)

공자께서 제나라에서 '소(韶)' 악장을 들었는데 수 개월 동안 고기의 감미로운 맛마저 모르게 해서 "연주한 '소(韶)' 악장 그러한 경지에 도달했는지를 생각하지 못했다"라고 서술했다.

### 달역(達譯)

제자들이 선생님이 제나라에서 악공들이 연주한「소(韶)」악장 들으셨는데 수 개월의 시간이 지났지만 도리어 고기의 고소하고 감미로운 맛마저 모르(잃어버리)게 하는데, 그래서 선생님께서 "제나라에서 악공들이 연주하는 '소(韶)' 악장이 이러한 맛마저 모르(잃어버리)게 하는 경지에 도달한 것인지 생각하지 못했다"라고 말씀하셨다 서술하였다.

### 아역(雅譯)

제자들이 왜냐하면 선생님 공자께서 제나라에서 악공들이 연주한 순임금께서 제작하였다는「소(韶)」악장 들으셨는데 비록 수 개월의 시간이 지났지만 그러나 여전히 고기의 고소하고 달콤함이 식욕을 자극하며 입맛을 당기는 풍미마저 맛보아내지 못하(잃어버리)게 하는데, 그래서 선생님 공자께서 "자신은 제나라에서 악공들이 연주한 '소(韶)' 악장이 이러한 고기의 고소하고 감미로운 풍미마저 맛보아내지 못하(잃어버리)게 하는 경지에 도달한 것인지 미처 헤아려 생각하지 못하였네!"라고 말씀하셨다 서술하였다.

### 함축의미

<표-28> 함축의미 분석

| | | |
|---|---|---|
| • 공자께서 제나라에서「소(韶)」악장을 들음<br>— 수 개월이 지났음<br>— 여전히 고기의 감미로운 맛마저 잃어버림 | ⇨ | 공자 자신은「소(韶)」악장이 그러한 경지에 도달했는지 미처 생각하지 못함 |

## 생각열기

음악의 감화력(感化力)은 그것이 사람의 감정에 좋은 영향을 주어 생각이나 감정으로 하여 바람직하게 변화하도록 하는 힘, 또는 사람이 음악의 영향으로 감동을 받아 긍적적인 감정을 유발하게 변화하도록 하는 힘을 의미하지 않을까? 음악은 사람의 감정을 깊게 자극하고 변화시키는데, 왜냐하면 자율신경계에 직접적인 영향을 미쳐 뇌의 보상 시스템이 활성화되어서 도파민과 같은 신경 전달 물질을 분비하기 때문이다. 이러한 생리적 변화가 바로 사람이 음악을 통해 감정을 느끼는 기본적인 메커니즘이다. 예컨데, 빠르고 경쾌한 음악은 활력을 주고 기분을 좋게 하며, 느리고 서정적인 음악은 편안하여 안정되게 하는 것은 아닐까?

# 제15장

— 최고의 가치인 '인(仁) 즉 사랑의 정감'이 구현된 양위(讓位)를 숭상(崇尙)함

冉有曰: "夫子爲衛君乎?" 子貢曰: "諾, 吾將問之。" 入曰: "伯夷叔齊何人也?" 曰: "古之賢人也。" 曰: "怨乎?" 曰: "求仁而得仁, 又何怨?" 出曰: "夫子不爲也。"

rǎnyǒuyuē fūzǐwèiwèijūnhū zǐgòngyuē nuò wújiāngwènzhī rùyuē bóyíshúqíhérén yě yuē gǔzhīxiánrényě yuē yuànhū yuē qiúrénérdérén yòuhéyuàn chūyuē fūzǐ bùwèiyě

관련 편장(篇章)

子曰: "伯夷、叔齊不念舊惡, 怨是用希。" (「公冶長」篇 第23章)

子曰: "不降其志, 不辱其身, 伯夷、叔齊與?" (「微子」篇 第8章)

**주석(注釋)**

① 위(爲): 동 '돕다', '찬성하다'. 여기서 '찬성하며 돕다'로 해석해야 함. 현대 중국어 '幇助(bāngzhù)', '贊助(zànzhù)'에 해당함.

② 위군(衛君): 명 당시 위나라 군주 (군왕)으로 위령공(衛靈公)의 손자 첩(輒)을 가리킴.

③ 낙(諾): 동 (응답을 표시)'응답하다', '승낙하다', '윤허하다', '그래'. 현대 중국어 '好吧(hǎo ba)', '是啊(shìa)'에 해당함.

④ 백이(伯夷)、숙제(叔齊): 명 고죽국(孤竹國) 군주(왕)의 두 아들로 서로 군주자리를 양보하여 공자의 추종을 받았는데 필자의『새로 읽는 논어 심층 분석』

⑤ 책「공야장(公冶長)」편 '주석(注釋)' 및 '석의(析義)'를 참고하기 바람.

⑥ 원(怨): 동 '원망하다', '원망을 품다', '원망하며 미워하다', '원망을 품고 후회하다'. 현대 중국어 '埋怨(máiyuàn)', '抱怨(bàoyuàn)', '怨恨(yuànhèn)', '悔恨(huǐhèn)'에 해당함.

## 석의(析義)

① 위군(衞君): 위령공(衞靈公)의 세자 괴외(蒯聵)의 아들이다. 괴외가 위령공의 부인 남자(南子)에게 죄짓고 미움을 사 위령공에 의해 국경밖으로 축출되어 진(晉)나라로 망명한다. 훗날 위령공이 죽자 위나라 조정에서 아들 괴외를 군주(왕)으로 추대한다. 즈음하여 진나라 대부 조앙(趙鞅)이 군대를 거느리고 괴외를 귀국시킴과 아울러 이를 빙자하여 위나라를 침략하였다. 위나라는 진나라 군대를 막아냈고 자연스레 괴외의 귀국을 거절하기도 하였는데 이 일은 노(魯)나라 애공(哀公) 6년에 발생하였다. 애공 6년 공자께서 초나라로부터 위나라로 되돌아가 첩(輒)의 예우(禮遇)를 받았는데 당시 위나라 사람들은 괴외가 군주(왕)인 아버지께 죄짓고 미움을 사지만 왜냐하면 첩은 위령공의 적손(嫡孫)이기 때문에 마땅히 나라의 군주로 세워야 했었다.

② 구인이득인(求仁而得仁): 공자께서 백이, 숙제 두 사람이 서로 겸손하게 군주자리를 양보한 것은 오로지 자신들의 심념과 의지의 발로이며 이런 일은 '인(仁) 즉 사랑의 정감'이라는 덕성을 함양한 후 최고 가치를 구현한 사람만이 감히 해낼 수 있는 귀감(龜鑑 즉 본보기)이라 여기신 것이다. 백이와 숙제, 그들이 실천한 이 귀감은 바로 '인'을 추구한 것이며 최후에 뜻하는 소신대로 '인'을 실현한 것이라 할 수 있다.

## 문법구조(文法構造)

전체 원문은 서사성 복합 문장이다. 첫째 번 문장은 서사성 복합 장문이다. '冉有'는 주어이고 '曰'은 술어이며 "夫子爲衛君乎?"는 목적어이다. 목적어는 그 자체가 서사성 단문인데 '夫子'는 주어이고 '爲'는 제4(去)성으로 읽는 '幇助'라는 의미의 술어이며 '衛君'은 목적어이다. 문장 끝에 의문 어투의 조사 '乎'가 더해졌다.

둘째 번 문장 역시 서사성 복합 장문이다. '子貢'은 주어이고 '曰'은 술어이며 "諾, 吾將問之"는 목적어이다. '諾'은 단지 호응하여 대답하는 어휘이며 자체로 한 마디 문장을 이룬다. '吾將問之'는 서사성 단문인데 '吾'는 주어이고 '將'은 부사어로 뒤 술어 '問'을 수식하며 '之'는 인칭대명사로 현대 중국어 '他'에 해당하여 공자를 가리킨다.

셋째 번 문장 역시 서사성 복합 장문이다. 주어는 '子貢'이지만 앞 문장에 이어 생략되었고 '入'은 동사로 뒤 술어 '曰' 앞에 사용하여 다중 술어 형태로 행위동작의 방식을 제한하며 "伯夷、叔齊何人也"는 목적어이다. '伯夷、叔齊'는 어휘연계 형태의 주어이며 '何人'은 어휘조합 형태의 술어이기 때문에 이 한 마디는 판단성 단문이다.

넷째 번 문장 역시 서사성 복합 장문이다. 주어는 '夫子'이지만 앞 문장에 이어 생략되었고 '曰'은 술어이며 "古之賢人也"는 목적어이다. 목적어는 그 자체가 판단성 단문인데 주어 '伯夷、叔齊'는 생략되었고 술어 '古之賢人'은 어휘조합 형태이며 '也'는 문장 끝에 더해진 어조사이다.

다섯째 번 문장은 서사성 복합 장문이다. 주어는 '子貢'이지만 앞 문장에 이어 생략되었고 '曰'은 술어이며 '怨乎'는 목적어이다. '怨乎'는 태도를 표시하는 단문이며 그 주어 '伯夷、叔齊'도 생략되었다. 술어는 단지 한 글자 어휘 '怨'이고 이 태도를 표시하는 단문이 의문구이기에 그래서 문장 끝에 어조사 '乎'자를 더하였으며 현대 중국어 '嗎(ma)'에 해당한다.

여섯째 번 문장 역시 서사성 복합 장문이다. 주어는 '夫子'이지만 앞 문장에 이어 생략되었고 '曰'은 술어이며 "求仁而得仁, 又何怨"은 목적어이다. 이 한 마디 서사성 복합 문장의 목적어는 추론관계로 구성된 장문이고 앞 장문은 두 마디 서사성 단문이 연합관계로 구성된 것이며 뒤 단문 '又何怨' 역시 서사성 단문이다. '又'는 술어 '怨'을 수시하는 부사어이며 '何'는 의문대명사로 목적어를 충당한것이어서 술어 '怨' 앞에 놓았다. '求仁'과 '得仁' 및 '又何怨'의 주어는 '伯夷、叔齊'이며 생략하였다.

일곱째 문장 역시 서사성 복합 장문이다. 주어는 '子貢'이지만 앞 문장에 이어 생략되었고 '出'은 동사로 뒤 술어 '曰' 앞에 사용하여 다중 술어 형태로 행위동작의 방식을 제한하며 "夫子不爲也"는 목적어이다. '夫子不爲'는 판단성 단문인데 '夫子'는 주어 '不爲'는 어휘결합 형태의 술어이며 '爲'자 뒤에 목적어 '衛君'이 생략되었다.

### 문장법 분석(文章法分析)

본문 내용은 '문(問)—답(答)—문(問)—답(答)' 구조의 변화를 통한 전개이다. 전체 원문은 염유가 "선생님께서 위나라 군주를 도울까요?"라고 물으니 자공이 "승낙했는지 내가 장차 그것을 물어볼게"라고 대답하며 들어가 뵙고 선생님께 "백이, 숙제는 어떠한 사람입니까?"여쭈니 선생님께서 "고대의 현인이다"대답하시어 자공이 다시 "양위하고 은거한 일을원망하고 후회했습니까?"여쭈니 선생님께서 "'인'을 추구하고 '인'을 실현하였다"대답하셨다. 그래서 자공이 물러나와 염유에게 "선생님께서 위나라 군주를 돕지 않을 것이다"라고 대답한 내용이다. 첫째 번 문장은 '문(問)'에 속하며 염유가 자공에게 "우리 선생님께서 위나라 군주 첩(輒)이 죄짓고 위령공에 의해 국경 밖으로 추방되어 진나라로 도망쳤던 군부(君父) 괴외(蒯聵)가 위령공이 죽은 후 진나라에서 돌려보내지는 것을 막고 자리다툼한 일에 찬성하며 도우실까?"라고 물으셨다는 것이다. 둘째 번 문장 모두 '답(答)'에 속하며 자공이 염유에게 찬성하여 도우실지를 승낙하셨는지 내가 장차 그 사실을 물어보려한다라고 대답하셨다는 것이다. 셋째, 넷째, 다섯째, 여섯째 번 문장은 '문(問)—답(答)—문(問)—답(答)'에 속하며 그 중에 마지막 '답(答)'은 다시 '추론(推論)—결과(結果)' 구조를 포함한 관계이다. 제자 자공이 집안으로 들어가 선생님께 "백이, 숙제는 어떤 사람들입니까?"라고 물으니 선생님께서 "백이, 숙제는 고대의 현인이었다"라고 대답하시어 다시 제자 자공이 선생님께 "그들은 서로 고죽국 군주자리를 양보하고 떠나 은거한 일을 원망하고 후회한 것입니까?"라고 물으니 선생님께서 제자 자공에게 "그들이 서로 고죽국 군주자리를 양보하고 떠나 은거한 일은 '인(仁) 즉 사랑의 정감'을 추구하여 '인(仁) 즉 사랑의 정감'을 실현해낸 것인데 또 어떻게 원망하며 후회하였을까?"라고 대답하셨다. 일곱째 번 문장은 '답(答)'에 속하며 제자 자공이 집안에서 나와 염유에게 "선생님께서는 위나라 군주 첩(輒)이 죄짓고 위령공에 의해 국경 밖으로 쫓겨난 군부(君父) 괴외(蒯聵)가 위령공이 죽은 후 진나라에서 돌려보내지는 것을 막고 자리다툼한 일에 찬성하며 돕지 않으실 것이다"라고 대답해 주셨다는 것이다.

제자 염유와 자공이 선생님께서 위나라 군주 첩(輒)이 위령공이 죽은 후 쫓겨나 진나라로 도망쳤던 군부(君父) 괴외(蒯聵)와 자리다툼한 일을 찬성하며 도울지 물은 결과 '인(仁)'의 추구하여 실현하는 사례에 대조된다는 의향처럼 선생님께서 위나라 군주 첩(輒)을 찬성하며 돕지 않을 것이라 말했다. 여기서 설문(設問), 비유(譬喩) 방식의 수사법을 통해 문답한 내용으로 문장을 일단락짓고 있다. 여기서 기술한 문장법에 내재된 논리를 정리하면 <표-29>와 같다.

**<표-29> 내재논리 분석도**

| 구분 | | | 내용 |
|---|---|---|---|
| 문(問) | | | 염유가 자공에게 "선생님께서 위나라 군주 첩(輒)이 그 부친 괴외(蒯聵)의 귀국을 막고 자리다툼한 일에 찬성하며 도우실까?"물음 |
| 답(答) | | | 자공이 염유에게 "찬성하며 돕는다 승낙하셨는지 내가 장차 그 여부를 선생님께 여쭈어보려했다"라고 대답 |
| 문(問) | 문(問) | | 자공이 집안으로 들어가 선생님께 "백이, 숙제는 어떤 사람들입니까?"라고 여쭘 |
| | 답(答) | | 선생님께서 제자 자공에게 "백이, 숙제는 고대의 현인이었다"라고 대답함 |
| | 문(問) | | 자공이 선생님께 "그들은 서로 군주자리를 양보하고 떠나 은거한 일을 원망하며 후회했습니까?"라 여쭘 |
| | 답(答) | 추론(推論) | 선생님께서 자공에게 "그들은 '인(仁)'을 추구하여 '인(仁)'을 실현해낸 것인데 |
| | | 결과(果) | 또 어떻게 원망하며 후회했을까?"라고 대답 |
| 답(答) | | | 자공이 나와 염유에게 "선생님께서 위나라 군주 첩이 그 부친의 귀국을 막고 자리다툼한 일을 찬성하지도 돕지도 않을 것이다" 대답 |

### 신역(信譯)

염유가 "선생님께서 위나라 군주를 도울까요?"라고 물었다. 자공이 "승낙했는지 나도 장차 그것을 물어보려했다"라고 대답했다. 들어가 뵙고 선생님께 "백이, 숙제는 어떠한 사람입니까?"라고 여쭈었다. 선생님께서 "고대의 현인이었다"라고 대답하셨다. 자공이 다시 "그들은 서로 군주자리를 양위하고 은거한 일을 원망하며 후회했습니까?"라고 여쭈었다. 선생님께서 "'인'을 추구하여 '인'을 실현하였다"라고 대답했다. 자공이 물러나와 염유에게 "선생님께서 위나라 군주를 돕지 않을 것이다"라고 대답했다.

### 달역(達譯)

염유가 자공에게 "선생님께서 위나라 군주 첩(輒)이 죄짓고 국경 밖으로 쫓겨나 진나라로 도망쳤던 군부(君父) 괴외(蒯聵)가 위령공이 죽은 후 진나라에서 돌려보내지는 것을 막고 자리다툼한 일에 찬성하며 도우실까?"라고 물었다. 자공이 염유에게 "찬성하며 돕는다 승낙하셨는지 나도 장차 그 여부를 선생님께 물으려했다"라고 대답하였다. 제자 자공이 안으로 들어가 선생님께 "백이, 숙제는 어떤 사람들입니까?"라고 여쭈었다. 선생님께서 제자 자공에게 "백이, 숙제는 고대의 현인이었다"라고 대답하셨다. 다시 제자 자공이 선생님께 "그들은 서로 고죽국 군주자리를 양보하고 떠나 은거한 일을 원망하며 후회했습니까?"라고 여쭈었다. 선생님께서 제자 자공에게 "그들이 서로 고죽국 군주자리를 양보하고 은

거한 일은 '인(仁)'을 추구하여 '인(仁)'을 실현한 것이라면 또한 어떻게 원망하며 후회했겠는가?"라고 대답하셨다. 자공이 밖으로 나와 염유에게 "선생님께서는 위나라 군주 첩(輒)이 죄짓고 국경 밖으로 쫓겨난 군부(君父) 괴외(蒯聵)가 위령공이 죽은 후 진나라로부터 돌아오려는 것을 막고 자리다툼한 일에 찬성하지도 돕지도 않을 것이다"라고 대답하였다.

아역(雅譯)

학우 염유가 학우 자공에게 "우리 선생님께서 위나라 군주 첩(輒)이 위령공 부인 남자에게 죄짓고 미움을 산 까닭에 위령공에 의해 국경 밖으로 쫓겨나 진나라로 도망간 군부(君父) 괴외(蒯聵)는 위령공이 죽은 후 진나라 대부 조앙(趙鞅)이 군을 이끌고 그를 돌려보내려 위나라를 참략하지만 위나라 측에서 진나라 군대를 막아내며 부자가 서로 자리다툼한 처신에 찬성하며 도우실까?"라고 물었습니다. 학우 자공이 학우 염유에게 "찬성하며 돕는다 승낙하셨는지 내가 장차 그 사실 여부을 선생님께 여쭈려했다"라고 대답하였습니다. 제자 자공이 집안으로 들어가 선생님 공자께 "백이, 숙제 이 두사람은 어떤 사람들입니까?"라고 여쭈었습니다. 선생님 공자께서 제자 자공에게 "백이, 숙제 이 두 사람은 고대의 재능 있고 지혜로워 사리에 밝으며 덕성이 함양된 사람들이었습니다"라고 대답하셨습니다. 다시 제자 자공이 선생님 공자께 "그들 백이, 숙제 두 사람은 서로 겸손하게 고죽국 군주자리를 양보하고 나라를 떠나 은거한 일을 원망하고 후회했습니까?"라고 여쭈었습니다. 선생님 공자께서 제자 자공에게 "그들 백이, 숙제 두 사람이 서로 고죽국 군주자리를 양보하고 나라를 떠나 은거한 일은 '인(仁) 즉 사랑의 정감'이란 최고의 덕목을 추구하여 '인(仁) 즉 사랑의 정감'이란 최고의 덕목을 실현해낸 것인데 또한 어떻게 원망을 품고 후회했겠습니까?"라고 대답하셨습니다. 제자 자공이 선생님의 집안으로부터 나와 학우 염유에게 "선생님께서는 위나라 군주 첩(輒)이 죄짓고 위령공에 의해 국경 밖으로 쫓겨나 진나라로 도망간 군부(君父) 괴외(蒯聵)를 위령공이 죽은 후 진나라 대부 조앙(趙鞅)이 군을 이끌고 그를 돌려보내려 위나라를 침략하지만 위나라에서 진나라 군대를 막아내며 부자가 서로 자리다툼한 처신에 찬성하지도 돕지도 않을것입니다"라고 대답해 주셨다.

### 함축의미

<표-30> 함축의미 분석

| | | |
|---|---|---|
| 염유가 자공에게 선생님께서 위나라 군주 첩(輒)을 도우실까 물음 | ⇨ | 자공이 선생님께서 승낙하셨는지 여부를 여쭈어보려했음<br>① 자공이 백이, 숙제는 어떤 사람들이었는지 물음<br>② 자공이 백이, 숙제가 군주자리를 양위하고 은거한 일 원망하며 후회했는지 물음 |
| | | ⬇ |
| | | 자공이 안으로 들어가 선생님께 여쭘<br>① 선생님께서 고대의 현인이었다 대답함<br>② 선생님께서 백이, 숙제는 '인'을 추구해서 실현해냈는데 또 어떤 원망하며 후회했겠는가 반문하여 대답함 |
| | | ⬇ |
| | ⇦ | 자공이 밖으로 나와 염유에게 대답해줌<br>선생님께서 위나라 군주 첩(輒)을 돕지 않을 것이라 대답 |

### 생각열기

"인(仁)을 추구하여 인(仁)을 얻다(求仁得仁)"(『論語·述而』篇)라는 한 마디는 "최고 가치의 덕목인 '인(仁) 즉 사랑의 정감'을 추구하여 그 적용 대상, 범위가 다른 명칭(名稱) 덕목인 '양(讓) 즉 양위(讓位)'를 실행해가 마침내 최고 가치의 덕목인 '인(仁) 즉 사랑의 정감'을 구현해냈다"라는 의미가 아닐까? 이 한마디는 공자께서 '인(仁) 즉 사랑의 정감'을 구현한 덕성(德性)과 삶의 진정한 의미를 강조한 말이 아닐까? '인(仁) 즉 사랑의 정감' 구현이 인간을 인간답게 하는 본질(本質)이며 이를 통해 안간다운 삶을 살아가길 바라신 것은 아닐까? 또 이러한 '인(仁) 즉 사랑의 정감' 구현을 통해 인간관계의 품격을 높이고 공동체 사회에 긍정적 영향을 미치는 삶을 추구하도록 권장하신 것은 아닐까?

# 제16장

— 가난하고 소박한 삶을 받아들여 안주하며 학문수양으로 도덕(진리)을 추구해 가길 즐김

子曰: “飯疏食、飮水, 曲肱而枕之, 樂亦在其中矣! 不義而富且貴, 於我如浮雲。”

zǐyuē fànshūsì yǐnshuǐ qǔgōngérzhènzhī lèyìzàiqízhōngyǐ bùyìérfùqiěguì yúěrúfú yún

## 관련 편장(篇章)

子曰: “賢哉, 回也! 一簞食, 一瓢飮, 在陋巷, 人不堪其憂, 回也不改其樂。賢哉, 回也!” (「雍也」篇 第10章)

子曰: “貧而無怨, 難; 富而無驕, 易。” (「憲問」篇 第11章)

## 주석(注釋)

① 반(飯): 동 (……을)먹다, 중국어 ‘吃之(chīzhī)’에 해당함.

② 소식(疏食): 명 ‘거친(검소한) 밥’, ‘거칠고 조잡한 밥’, ‘거친양식으로 지은 밥’. 현대 중국어 ‘粗食(cushí)’, ‘粗糙的飯(cūcāodefàn)’, ‘粗糧做的飯(cūliángzuòdefàn)’에 해당함.

③ 음(飮): 동 ‘마시다’, ‘들이키다’. 현대 중국어 ‘喝(hē)’에 해당함.

④ 수(水): 명 '맑은 물', '찬 물'. 현대 중국어 '淸水(qīngshuǐ)', '冷水(lěngshuǐ)'에 해당함.

⑤ 곡(曲): 동 '구부리다', '접다'. 현대 중국어 '彎着(wānzhe)'에 해당함.

⑥ 굉(肱): 팔 즉 팔꿈치 아래 부분을 가리킴.

⑦ 이(而): 접사 그리고.

⑧ 침(枕): 동 (명사로부터 도사로 전용)'베개로하다'. 현대 중국어 '當枕頭(dāngzhèntou)', '做枕頭(zuòzhèntou)'에 해당함.

⑨ 지(之): 대사 '구부린 팔', '접힌 팔'. 현대 중국어 '彎曲了的手臂(wānqǔledeshǒubì)', '彎着胳膊(wānzhegēbo)'에 해당함.

⑩ 의(義): 정의롭다.

⑪ 이(而): 접사 ……으로해서, 따라서.

⑫ 부(富): 형 '부유하다', '재산이 많다'. 현대 중국어 '富裕(fùyù)'에 해당함.

⑬ 귀(貴): 형 '고귀하다', '지위가 높다'. 현대 중국어 '高貴(gāoguì)'에 해당함.

⑭ 어(於): 전치 '(……에게)있어', '……에 대해 말하면'. 중국어 '於我觀之(yǔwǒguānzhī)', 현대 중국어 '對(duì)……來說(láishuō)'에 해당함.

⑮ 여(如): 동 '……와 같다', '마치……과 같다'. 현대 중국어 '好像(hǎoxiàng)……一樣(yíyang)'에 해당함.

⑯ 부운(浮雲): 명 뜬 구름, 즉 모이거나 흩어짐이 일정하지 않은 부귀를 가리킴.

### 석의(析義)

① 소식(疏食): 정요전(程瑤田)의 『通藝錄九穀考』에 근거하면 고대에는 도(稻), 량(粱), 서(黍), 직(稷) 등이 주식이었는데 이 가운데 도(稻), 량(粱), 서(黍) 등을 세량(細糧)이라 불렀고 직(稷)을 조량(粗糧)이라 불렀다 한다.

② 수(水): 고대에 흔히 '탕(湯)'과 '수(水)'를 상대적으로 언급하였는데 전자는 '더운 물(熱水rèshuǐ)'을 가리키고 후자는 '차가운 물(冷水)'를 가리켰다.

③ 곡굉(曲肱): 팔 즉 팔꿈치 아래 하완(下腕)을 구부려 베개로 삼다.

## 문법구조(文法構造)

전체 원문은 서사성 복합 문장이다. 인용부호 속의 "飯疏食、飮水, 曲肱而枕之, 樂亦在其中矣! 不義而富且貴, 於我如浮雲"은 술어 '曰'의 목적어이다. 제1 문장과 제2 문장 모두 서사성 단문인데 주어는 '我'이지만 생략되었고 술어 '飯'과 '飮'의 목적어는 '疏食'과 '水'이다. 제3 문장 "曲肱而枕之"는 두 마디의 서사성 단문이 시간 선후관계로 구성된 장문이다. 앞 제1, 제2 문장과도 시간 선후관계이다. '曲肱'과 '枕之'의 주어 '我' 역시 생략되었고 '曲'과 '枕'는 술어, '肱'과 '之'는 목적어이고 그 사이에 접속사 '而'가 더해졌으며 '之'는 '曲肱'을 가리키는 대명사로 현대 중국어 '彎曲了的那個手臂'에 해당한다. 제4 문장 " 樂亦在其中矣"는 서사성 단문인데 '樂'은 주어이고 '亦'은 '卽'자, '就'자의 의미로 쓰인 부사어로 뒤 술어 '在'를 수식하고 '其中'은 어휘조합 형태의 장소보어이며 그 앞에 전치사 '於'자를 더하지 않아서 '在'자가 전치사의 역할을 겸하고 있다. 문장 끝에 사용된 '矣'자 이 어조사는 '已然(yǐrán)'이란 어투를 표시하가 위한 것이다. 그래서 이 한마디를 현대 중국어로 변역하면 '樂趣卻就已經在這裏面(lèqùquèjiùyǐjīngzàizhèlǐmiàn)'라 말할 수 있다. 제5 문장 "不義而富且貴, 於我如浮雲"은 역접관계로 구성된 장문이다. 앞 한 마디는 태도를 표시하는 장문이며 주어는 '人'이지만 개괄성을 띠어 생략되었다. '不義'는 어휘결합 형태인데 부사어로 사용해서 '富且貴'를 수식하는 것이고 중간에 접속사 '而'를 써서 연결접속했다. 술어 속의 한정어 '富且貴'는 어휘연계 형태이고 2개의 형용사가 접속사 '且'를 사용해서 그것들을 연계시켜냈다. 뒤 한 마디 "於我如浮雲"은 조건관계로 구성된 장문이다. '於我'는 '於我觀之', '對我來說'의 생략된 형태이고 여기서 '於'는 전치사이며 '我'자는 장소보어로 관점을 표시한다. 원래 형태 '於我觀之'에서 '觀之'를 생략한 까닭에 '於我'는 곧 한 마디 단문이 되었으며 '我'는 곧 '於'의 장소목적으로 변하였다. 이어진 한 마디 '如浮雲'은 준판단성 단문인데 주어 "不義而富且貴"는 앞 문장에 이어 생략되었고 '如'는 준접속사이며 '浮雲'은 어휘조합 형태의 술어이다.

제5 문장과 앞 제1, 제2, 제3, 제4 문장은 보충관계로 구성된 것이라 말할 수 있다.

## 문장법 분석(文章法分析)

본문 내용은 '서(敍)—보(補)' 구조의 변화를 통한 전개이다. 전체 원문은 공자께서 거친 양식의 밥을 먹고 맑은 물을 마시며 팔을 구부려 베개 삼아 잠자는데 즐거움은 곧 그 중에 있다. 정의롭지 않음에 따라서 재산 많아 부유하거나 명예지위가 고귀하지만 내게서 보면 마치 뜬 구름 같은 거다라고 말씀한 내용이다. 제1, 제2, 제3, 제4 문장은 '서(敍)'에 속하는데 그 중에 제1, 제2 문장과 제3 문장은 시간 '선(先)—후(後)' 구조를 포함하고 '선(先)'은 '사례일(事例一)—사례이(事例二)' 구조, '후(後)'는 '사례삼(事例三)' 구조를 포함하며 제4 문장은 앞 세 사례로부터 도출한 '결론(結論)' 구조를 포함한 관계이다. 공자께서 거친 양식으로 지은 밥을 먹고, 맑고 차가운 물을 마시며 구부려 접은 팔(뚝)을 베개 삼아 잠을 자는데 검소하게 생활하는 즐거움은 바로 이미 그 중에 있으며 그러하다라고 말씀하셨다. 제5 문장은 '보(補)'에 속하며 정의롭지 않은 방법과 수단에 따라서 재산이 풍부해져 부유로워지고 또한 명예와 지위를 얻어 고귀해지더라도 도리어 내게서 보면 이것은 마치 하늘에서 떠다니는 구름 같은 겁니다라고 말씀한 것이다.

공자께서 자신이 추구하는 검소하고 청빈한 삶의 궤적을 통해 스스로의 삶을 관조하고  제자들에게 고귀한 삶이 무엇인지, 그 뜻과 취지 및 정신이 무엇인지를 기술하여 교훈을 주는 내용으로 문장을 일단락짓고 있다. 여기서 기술한 문장법에 내재된 논리를 정리하면 <표-31>과 같다.

<표-31> 내재논리 분석도

| | | | |
|---|---|---|---|
| 서(敍) | 선(先) | 사례일(事例一) | 공자께서 거칠고 조잡한 양식으로 지은 밥을 먹고 |
| | | 사례이(事例二) | 맑고 차가운 물을 마시며 |
| | 후(後) | 사례삼(事例三) | 구부려 접은 팔(뚝)을 베개 삼아 잠을 자는데 |
| | 결과(果) | 검소하고 청빈하게 생활하는 즐거움은 바로 그 중에 있으며 이미 그러함 | |
| 보(補) | 인(因) | 사람들이 정의롭지 않은 방법과 수단으로해서 | |
| | 과(果) | 따라서 재산이 풍부해져 부유로워지고 또한 명예와 지위를 얻어 고귀해지더라도 | |
| | 정(正) | 그러나 선생님으로해서 보면 | |
| | 반(反) | 이것들은 마치 하늘에서 정처없이 이리저리 떠다니는 구름 같은 것임 | |

신역(信譯)

공자께서 "거친 양식의 밥을 먹고 맑은 물을 마시며 팔을 구부려 베개 삼아 잠자는데 즐거움은 곧 그 중에 있다. 정의롭지 않음에 따라서 재산 많아 부유하거나 명예지위가 고귀하지만 내게서 보면 마치 뜬 구름 같은 거다"라고 말했다.

달역(達譯)

공자께서 "자신이 거친 한 양식으로 지은 밥을 먹고, 맑고 차가운 물을 마시며 구부려 접은 팔(뚝)을 베개 삼아 잠을 자는데 검소하게 생활하는 즐거움은 바로 이미 그 중에 있으며 그러하다. 사람들이 정의롭지 않은 방법과 수단에 따라서 재산이 풍부해져 부유해지고 또한 명예와 지위를 얻어 고귀해지더라도 도리어 선생님에게서 보면 이것들은 마치 하늘에서 떠다니는 구름 같은 겁니다"라고 말씀하셨다.

아역(雅譯)

공자께서 제자들이여 "선생님이 거칠고 조잡한 양식 기장(직稷)으로 지은 밥을 먹고, 맑고 차가운 물을 마시며 구부려 접은 팔(뚝)을 베개 삼아 잠에 드는데 검소(儉素)하고 청빈(淸貧)하게 생활하는 즐거움은 바로 그(거칠고 조잡한 양식 기장으로 지은 밥을 먹고, 맑고 차가운 물을 마시며 구부려 접은 팔(뚝)을 베개 삼아 잠에 드는) 가운데 있으며 이미 그러합니다. 왜냐하면 다른 사람들이 정의롭고 합리적이 않은 방법과 수단이어서 따라서 재산이 풍부해져 부유로워지고 또한 명예와 지위를 얻어 고귀해지더라도 그러나 선생님에게서 보면(선생님으로해서 말하면) 이(정의롭고 합리적이 않은 방법과 수단이어서 따라서 재산이 풍부해져 부유하기도 또한 명예와 지위를 얻어 고귀하기도 한)것들은 마치 하늘에서 정처없이 이리저리 떠다니는 구름 같은 것이랍니다"라고 고귀한 삶의 추구에 대해 말씀해주셨습니다.

함축의미

<표-32> 함축의미 분석

| | | |
|---|---|---|
| 공자님께서<br>• 거친 양식으로 지은 밥을 먹음<br>• 맑으며 차가운 물을 마심<br>• 구부려 팔을 베개 삼아 잠을 이룸 | ⇔ | • 정의롭지 않은 병법과 수단으로해서 부유롭고 또한 고귀함 |
| ⬆ | | ⬆ |
| • 즐거움이 이 중에 있음 | | • 자신에게서 보면 바로 뜬구름 같음 |

## 생각열기

물질적 가난과 정신적 풍요는 사실 서로 다른 차원의 행복을 의미하지 않을까? 즉 물질적 가난 속에서도 정신적 만족감을 느끼는 사람이 있기도, 물질적 풍요 속에서도 정신적 공허감을 느끼는 사람이 있기도 할 것이다. 물질적 가난이 항상 불행으로 어어지며, 물질적 풍요가 항상 행복으로 이어지는 것일까? 꼭 그렇지는 않을 것이다. 가난한 나라 사람들의 행복지수가 오히려 부유한 나라 사람들의 행복지수보다 높게 나타나는 통계가 이를 증명하지 않을까? 사실 행복의 핵심은 물질적 요소와 정신적 요소의 균형을 이루는 것이라고 볼 수 있다. 그 균형점은 바로 진정한 행복을 위해 물질적 안정감과 더불어 정신적 충족감이 필요하다는 점이지 않을까?

# 제17장

— 인륜 도리의 체득을 넘어 우주대자연 도리를 체득을 위한 위대한 여정(첫 걸음)

子曰: "加我數年, 五十以學『易』, 可以無大過矣!"
zǐyuē jiāěshùnián wúshíyǐxué『yì』 keyǐwúdàguòyǐ

관련 편장(篇章)

子曰: "吾十有五而志於學; 三十而立; 四十而不惑; 五十而知天命; 六十而耳順, 七十易從心所欲, 不踰矩。"(「爲政」篇 第4章)
子曰: "'予欲無言。' 子貢曰: '予如不言, 則小子何述焉?' 子曰: '天何焉哉? 四時行焉, 百物生言, 天何焉哉?'"(「陽貨」篇 第19章)

## 주석(注釋)

① 가(加): 동 '더하다', '다시 더하다', '증가하다'. 현대 중국어 '多活(duōhuó)', '再加(zàijiā)', '增加(zēngjiā)'에 해당함.
② 수(數): 명 '(어림 수를 표시하는 수사)몇', '얼마'. 현대 중국어 '幾(jǐ)', '多少(duōshao)'에 해당함.
③ 이(以): (시간 한계 표시)전치사로 '……로', '……로 해서'.

④ 오십(五十): 명 (수사)50세, 오십 살 때를 가리킴.
⑤ 학(學): 동 학습하다, 학습, 실천(연습), 사고하여 장악하다.
⑥ 역(易): 명『易經』을 가리키며『周易』이라 부르기도 한다.
⑦ 대과(大過): 명 '과실', '큰 착오', '지나친 잘못'. 현대 중국어 '過失(guòshī)', '大錯誤(dàcuòwù)', '大的過錯(dàdeguòcuò)'에 해당함.
⑧ 의(矣): 조사 (문장 끝에 더해지는)이미 완성된 행위동작을 표시하는 어투의 조사이며 현대 중국어 '了(le)'에 해당함.

## 석의(析義)

① 가(加): 대체로 누적되어 여럿을 이루는 것을 일컫는 것이다. 중국어 '凡是累積而成數稱加(fánshilèijīérchéngshùchēngjiā)'에 해당함.
② 역(易): 전해지길 고대에 복희 씨(伏羲氏)로부터 팔괘가 그려졌고 후에 주문왕(周文王)이 괘사(卦辭), 효사(爻辭)를 지었으며 공자께서 다시 십익(十翼)을 지어서 본 경의 의미를 해석한 것이라 하였다. 이를 사용해서 '(거북 배껍질로) 점치다(占卜zhānbǔ)'거나, '(시초로) 점치다(占筮zhānshì)'라 한 근거 서적이었다.

## 문법구조(文法構造)

전체 원문은 서사성 복합 문장이다. 인용부호 속 문장의 주어는 '子'이고 '曰'은 술어이며 "加我數年, 五十以學『易』, 可以無大過矣"는 목적어이다. 제1 문장은 서사성 단문인데 주어는 '上天'이지만 술어 앞에 더하지 않았고 '我'는 술어 '加'의 동작을 받는 대상인 간접목적어이며 '數年'은 어휘조합 형태의 직접목적어이다. 제2 문장 역시 서사성 단문인데 주어는 '我'이지만 생략되었고 '五十'은 시간 부사어, '以'는 시간 한계를 표시하는 전치사이며 이를 이용해서 단계로 나아가는 부사어이다. 제1 문장과 제2 문장 두 마디 사이는 목적관계로 구성된 것이다. 제3 문장 "可以無大過矣"는 유무관계로 구성된 단문인데 주어는 '我'이지만 역시 생략되었고 '可'는 조동사로 부사어이며 그 뒤에 한 개의 전치사 '以'자를 더하였다. '無'는 술어이고 '大過'는 어휘조합 형태의 목적어이며 문장 끝에 '矣'자를 사용하여 '無大過'의 가능성을 지닌 어투를 표시한 까닭에 그래서 '也'자를 사용하지 않은 것이다. 이 제3 문장과 앞 제1, 제2 문장은 조건관계의 구성이다.

만약 고문『魯論語』에 '易'자를 '亦'자라 하는데 그것은 바로 "加我數年, 五十以學, 亦可以無大過矣"로 구두점을 찍어 끊어 읽기해야 한다. 게다가 '亦'자는 '或許(huòxǔ)'의 의미이고 부사어로 사용되었기에 더욱 잘 제3 문장의 문장 끝에 '矣'자를 사용한 이유를 설명할 수 있다. 해당 문법 분석은 문장과 문장 간의 관계 모두 앞에서 분석한 것과 같고 단지 '學'자 뒤 목적어가 개괄성을 띠어 생략된 것으로 보아야 할 것이다.

### 문장법 분석(文章法分析)

본문 내용은 '원인(因)—결과(果)' 구조의 변화를 통한 전개이다. 전체 원문은 공자께서 자신에게 몇 년이 더해져 오십 살 때로『역경』을 학습하였기에 크게 잘못하는 일이 없을 수 있었다라고 말씀한 내용이다. 제1, 제2 문장은 '원인(因)'에 속하는데 다시 '이유(理由)—목적(目的)' 구조를 포함한 관계이다. 공자가 하늘(대자연)이 더 살게 몇 년을 더해 늘려주시어 50살에 이른 때로 『역경』을 학습해서 통달하여 인생계와 자연계의 변화의 도리(이치)를 깨달아 터득할 수 있었기에라고 조건을 전제하여 말씀하셨다. 제3 문장은 '결과(果)'에 속하며 전제한 조건에 따라 이렇게 바로 큰 잘못으로 하여 없게 할 수 있었다라고 이어진 결과를 말씀한 것이다.

공자께서 50대에 들어서 원시 자연과학적 텍스트인 『역경』을 학습하여 통달하시어 인생 및 우주대자연의 변화원리를 체득한 때문에 큰 잘못을 범하지 않을 수 있었다하셨다. 이렇게 그 효과를 제자들에게 일깨워 부단히 학습수양에 정진하도록 권면하는 내용으로 문장을 일단락짓고 있다. 여기서 기술한 문장법에 내재된 논리를 정리하면 <표-33>과 같다.

<표-33> 내재논리 분석도

| | | |
|---|---|---|
| 원인(因) | 이유(理由) | 상제께서 더 살게 몇 년을 더해 늘려주시어 |
| | 목적(目的) | 50살에 이른 때로 『역경』을 학습해서 통달하여 인생계와 대자연계도리(이치)를 체득한 때문에 |
| 결과(果) | 유무(有無) | 이렇게 바로 별 큰 잘못으로 하여 없게 할 수 있었음 |

신역(信譯)

공자께서 "자신에게 몇 년이 더해져 오십 살때로 『역경』을 학습하였기에 크게 잘못하는 일이 없을 수 있었다라고 말했다.

## 달역(達譯)

공자께서 "제자들이여 하늘(대자연)이 더 살게 몇 년을 더해 늘려주어 50살에 이른 때로『역경』을 학습해서 통달하여 인생계와 대자연계의 생성, 소멸의 도리(이치)를 깨달아 터득할 수 있었기 에 이렇게 바로 큰 잘못한 일이 없게 할 수 있었다"라고 말씀하셨다.

## 아역(雅譯)

공자께서 "제자들이여 왜냐하면 하늘(우주대자연)이 더 살게 몇 년을 더해 늘려주어 50살에 이른 때로『역경』을 학습하고 끊임없이 응용면을 넓히며 통달하여 인생계와 대자연계의 생성, 발전, 변화, 소멸의 도리(이치)를 깨달아 터득할 수 있었기 때문에 그래서 이렇게 바로 별 큰 잘못을 범하는 일이 없게 할 수 있었습니다"라고 학습, 수양을 통한 도덕(진리) 추구에 정진하도록 권면하시어 말씀하셨습니다.

## 함축의미

<표-34> 함축의미 분석

| 상제께서 더 살게 몇 년을 늘려주심 | 50살에 때로『역경』을 학습하였기 때문에 |
|---|---|
| 이렇게 바로 큰 잘못으로 해서 없게 할 수 있었음 | |

## 생각열기

'덤으로 사는 인생에 대한 감은(感恩)'은 앞으로 살아갈 삶을 겸허하고 절실한 마음으로 대하게 하지 않을까? 주어진 하루의 사소란 일, 순간들이 모두 감사하며 소중히 할 것들이지 않을까? 간단히 말해, 덤으로 사는 인생에 대한 감사는 필수이다. 감사한 인생을 위해 무언가 자신을, 모두를 위해 의미 있는 일을 해야하지 않을까? 그리고 그 과정의 순간들 속에서 기쁨과 행복을 찾으려 노력해야 하지 않을까?

'덤으로 사는 인생'이라는 마음과 자세로 겸허하고 진실하게 하루, 하루를 살아갈 수 있길 바라며……

# 제18장

— '고아하고 바른 말'은 의미전달, 의사소통, 교수·학습의 유효하고 중요한 수단

子所雅言，『詩』、『書』、執禮，皆雅言也。

zǐsuǒyǎyán shī shū zhílǐ jiēyǎyányě

### 관련 편장(篇章)

"譬之越人安越，楚人安楚，君子安雅。"(『荀子·榮辱』篇)

### 주석(注釋)

① 아언(雅言): 명 '아름답고 올바른 언어', '올바른 발음의 아름다운 말'. 현대 중국어 '雅正的語言', '雅音正言', '由雅音所言'에 해당함.

② 시(詩): 명 공자께서 활동하시던 당시에 단지『詩』라 불렀지만『詩經』을 가리킴.

③ 서(書): 명 공자께서 활동하시던 당시에 단지『書』라 불렀지만『書經』을 가리킴.

④ 집(執): 동 '실행하다', '집행하다'. 현대 중국어 '實行(shíxíng)', '執行(zhíxíng)', '執守實行(zhíshǒushíxíng)'에 해당함.

## 석의(析義)

① 아언(雅言): 대체로 역대 학계에 2가지 해석이 있었다. 하나는 '올바른 발음의 아름다운 언어(雅音正言)'를 가리키는 것인데 하안(何晏)의 『論語集解』에서 공안국(孔安國)의 『注 』를 인용하여 "고아한 발음 바른 말"[19]이라고 하였고 또한 정현(鄭玄)의 『注』를 인용하여 "선왕들의 전범(본보기)를 읽을 때는 반드시 그 발음을 올바르게 말해낸 그런 후에 그 뜻이 완전해지는데……예의는 말로 낭송하는 것이 아니므로 고수한다 말한다 "[20]라고 하였다. 유보남(劉寶楠)의 『論語正義』에서 유태공(劉台拱)의 『論語騈枝』를 인용하여 '雅'는 곧 '夏'이기에 '아언'은 바로 주나라 서도(西都)의 '올바른 발음의 말(정음正音)'이라 생각하였다.[21] 다른 하나는 '아음'이 곧 '상언(常言)'이라 여기는데 예를 들면 주희(朱熹)의 『論語集注』에 "'아'는 '상'이다. ……시는 성정을 다스리는 것이고, 서는 정사를 이치에 맞게하는 것이며 예는 절제된 형식을 조심하는 것인데 모두 일용의 실제에 들어맞아야 하므로 일상의 말이다"[22]라고 하였다. 전자의 해석이 비교적 타당하여 이를 따른다. 일찍이 은상(殷商) 시대(BC1600~1046)부터 '중원아음(中原雅音)'을 고수하였고 전국시대(BC403~221)까지 줄곧

19) "雅言, 正言也。"(黃懷信主撰, 『論語彙校集釋』上冊, 上海: 古籍出版社, 2006, p.612)

20) "讀先王典法, 必正言其音, 然後義全,……禮不誦, 故言執。"(『論語』, 十三經注疏本, 臺北: 藝文印書館, 1986, p.62)

21) "又「儒效篇」云: (一)'居楚而楚, 居越而越, 居夏而夏, 是非天性也, 積靡使然也。'然則「雅」、「夏」古字通。謹『案』: 「騈枝」發明鄭義, 至爲確矣。周室西都, 當以西都音爲正。"(劉寶楠, 『論語正義』(上), 臺北: 文史哲出版社, p.270)

22) "雅, 常也。……詩以理情性, 書以道政事, 禮以謹節文, 皆切於日用之實, 故常言之。"(朱熹, 『點校四書章句集注』, 臺北: 長安出版社, 1990, p.97)

이어져 백가쟁명(百家爭鳴)의 필수적 토대가 되었으며 모두 '고아한 발음의 말이 시정에 널리 유입되어 사용하였다(雅音入市)'의 공통어 바람이 있었다는 사실로 증명된다 할 수 있다.

② 시(詩): 『詩經』의 당시 명칭이며 주나라 왕기(王畿) 그리고 열국에서 유행하던 민가(民歌)를 채집하여 정리하거나 악부관청 관리들이 모방한 민가 풍의 작품 및 사대부들이 지은 작품을 수록한 시가총집(詩歌總集)인데 공자의 정리를 거쳐 그 학단의 교과교재로 사용되었다 한다.

③ 서(書): 『書經』의 당시 명칭이며 고대 제왕 요(堯), 순(舜), 우(禹), 탕(湯), 문왕(文王), 무왕(武王) 등에 이르기까지 국가를 다스리고 정사를 돌보는 내용을 실은 역사 기록이다.

### 문법구조(文法構造)

전체 원문은 서사성 복합 문장이다. 첫째 번 문장 "子所雅言, 詩、書、執禮"는 판단성 단문이다. 주어 '子所雅言'은 어휘조합 형태이고 '子'는 관형어이며 '所雅言'은 접두사 '所'가 이끄는 연음 복합어휘로 이 어휘조합 형태의 중심어이다. 술어 '詩、書、執禮'는 2개의 한 글자 어휘 '詩'와 '書' 및 1개의 어휘결합 형태 '執禮' 등이 하나로 어휘가 연계되어 있다. 만약 정현(鄭玄)의 『注』에 따라 '雅言'은 '正言'이라 해석하면 '子所雅言'은 '子所說的正言'의 의미이고 '詩、書、執禮'는 '誦詩、讀書、行禮的時候'의 의미이다, 그러나 만약 주희(朱熹)의 『注』에 따라 '雅言'은 '常言(卽常說的話)'이라 해석하면 '詩、書、執禮'는 '詩經、書經、執禮時的一擧一動'의 의미이다.

둘째 번 문장 "皆雅言也"는 판단성 단문인데 주어는 '詩、書、執禮'로 앞 문장에 이어 생략되었고 술어 '雅言'은 '正言'이라 말하든지 혹은 '常言'이라 말하든지 모두 어휘조합 형태이며 '正言'은 '周室西都的正言'이라면 '常言'은 '常說的話'(상용어)이다. '皆'는 부사어인데 복합어휘를 도리어 생략하고 말하지 않았고 강조하기 위한 목적으로 앞 두 마디 만으로는 여전히 의미전달이 부족하다 여겨서 다시 1개의 판단성 문장을 이끌어 보충하였다. 따라서 첫째 번 문장과 둘째 번 문장은 보충관계로 구성된 것이다.

### 문장법 분석(文章法分析)

본문 내용은 '서(敍)—보(補)' 구조의 변화를 통한 전개이다. 전체 원문은 공자께서 정확한 어음으로 전달한 것이 시가를 낭송하고 역사를 열독하며 예의를 지켜 실행함인데 모두 정확한 어음이었다라고 말씀한 내용이다. 첫째 번 문장은 '서(敍)'에 속하는데 '범(凡)—목(目)' 구조를 포함하며 '목(目)'은 다시 '목일(目一)—목이(目二)—목삼(目三)' 구조를 포함한 관계이다. 공자께서 아름답고 정확한 어음으로 전달한 것은『시경(詩經)』의 시가를 낭송하고『서경(書經)』의 역사를 열독하며 예의를 지켜 실행하는 일이라 말씀하셨다. 둘째 번 문장은 '보(補)'에 속하며 이것들은 모두 아름답고 정확한 어음(語音)을 채용하였다 말씀한 것이다.

제자들이 선생님 공자께서 아름답고 정확한 어음으로 전달한 것은 전적(典籍)의 낭송, 열독과 교수학습 그리고 예의를 지켜 실행하는 일이셨다고 강조하여 서술한 내용으로 문장을 일단락짓고 있다. 여기서 기술한 문장법에 내재된 논리를 정리하면 <표-35>와 같다.

<표-35> 내재논리 분석도

| | | | |
|---|---|---|---|
| 서(敍) | 범(凡) | | 공자께서 운치있어 아름답고 바르며 정확한 어음으로 전달한 것은 |
| | 목(目) | 목일(目一) | 『시경(詩經)』의 시가를 낭송하고 |
| | | 목이(目二) | 『서경(書經)』의 역사를 열독하며 |
| | | 목삼(目三) | 예의를 지켜 실행하는 일들인데 |
| 보(補) | | | 이 일들은 모두 운치있어 아름답고 바르며 정확한 어음(語音)을 채용한 것이었음 |

신역(信譯)

공자께서 아름답고 정확한 어음으로 한 것은 시경을 낭송하고 서경을 열독하며 예의를 지켜 실행한 일들인데 모두 아름답고 정확한 어음이었다라고 말했다.

### 달역(達譯)

제자들이 선생님 공자께서 아름답고 정확한 어음으로 전달한 것은『시경(詩經)』의 시가를 낭송하고『서경(書經)』의 역사를 열독하며 예의를 지켜 실행하는 일들인데 이 일들은 모두 아름답고 정확한 어음이었다라고 하신 말씀을 서술하였다.

### 아역(雅譯)

제자들이 선생님 공자께서 운치있어 아름답고 올바르며 정확한 어음(語音)으로 표현 전달한 것은『시경(詩經)』의 시가를 낭송하고『서경(書經)』의 역사를 열독하며 예의를 지켜 실행하는 일들인데, 이 일들(『시경(詩經)』의 시가를 낭송하고『서경(書經)』의 역사를 열독하며 예의를 지켜 실행하는 일)은 모두 운치있어 아름답고 올바르며 정확한 어음(語音)을 채용한 것이었습니다라고 서술한 말씀을 기술하였다.

### 함축의미

<표-36> 함축의미 분석

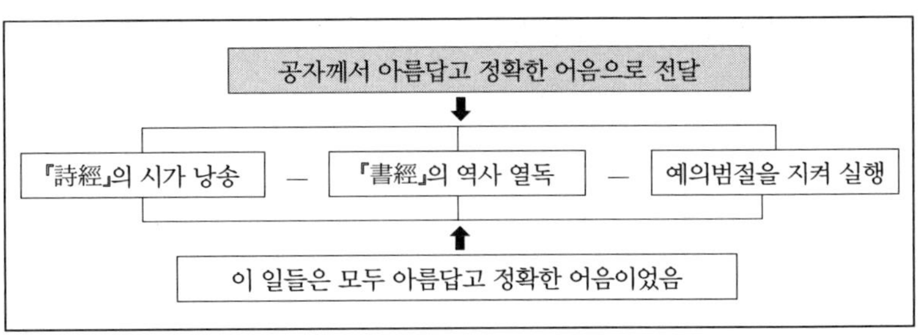

## 생각열기

'고아(高雅)하고 바른 말'이란? 이 말은 '고아한 말'과 '바른 말'의 합성어이다. 전자는 높은 품격과 우아함을 지니게 표현한 말이라는 의미이며 후자는 문맥에 따라 올바르게 표현한 말이라는 의미이지 않을까? 이 두 개념은 언어상에서 표현의 의도에 따라 적절하거나 올바른 표현을 사용, 유지할 수 있도록 중요한 역할을 하지 않을까? 따라서 한때 '바르고 고운 말을 사용하자'라는 권장 표어가 등장하지 않았을까? '바르고 고운 말'로 말하고 쓰여진 글은  독자들이 읽고 본받아 올바른 언어 습관을 형성할 수 있게 도울 것이다.

# 제19장

— 학문수양에 힘써 도덕(진리)추구하는데 분발하고 즐기며 온 마음과 힘을 다 기울여야함

葉公問孔子於子路，子路不對。子曰：“女奚不曰：‘其爲人也，發憤忘食，樂以忘憂，不知老之將至云爾?’”

shègōngwènkǒngzǐyúzǐlù zǐlùbùduì zǐyuē rǔxībùyuē qíwéirényě fāfènwàngshílèyǐwàngyōu bùzhīlǎozhījiāngzhìyúněr

관련 편장(篇章)

子曰：“若聖與仁，則吾豈敢? 抑謂之不厭，誨人不倦，則可謂云爾已矣!”(「述而」篇 第34章)

顔淵喟然歎曰：“仰之彌高，鑽之彌堅；瞻之在前，忽焉在後。夫子循循然善誘人，博我以文，約我以禮。欲罷 能，旣竭吾才，如有所立，卓爾。雖欲從之，末由也已!”(「子罕」篇 10第章)

## 주석(注釋)

① 섭공(葉公): 명 이 사람의 성은 심(沈), 이름은 제량(諸梁), 자는 자고(子高)이며 초(楚)나라 섭현(葉縣)의 현윤(縣尹)을 지냈음.

② 대(對): 동 '대답하다', '화답하다', '회답하다'. 현대 중국어 '答復(dáfù)', '回答(huídá)', '回應(huíyìng)'에 해당함.

③ 해(奚): 대사 (의문대명사)'하(何)'자에 해당하고 '왜', '어째서'라고 해석함. 현대 중국어 '爲什麽(wèishénme)', '怎麽(zěnme)'에 해당함.

④ 기(其): 대사 (인칭대명사)공자 자신, 선생님 자신을 가리킴.

⑤ 위인(爲人): 명 사람됨, 사람됨됨이, 사람이 언행처신을 올바르게 함.

⑥ 발분(發憤): 동 '분발하다', '분발하여 학문수양을 통해 도덕(진리)를 추구하다'. 중국어 '急於求知而自我發憤(jíyúqiúzhīérzìwǒfāfèn)', '自我發憤在務學求道上(zìwǒfāfènzàiwùxuéqiúdàoshàng)'에 해당함.

⑦ 망식(忘食): 동 '밥도 잊어버리다', '밥 먹는 것을 잊어버리다', '식사하는 것을 잊어버리다', '밥 조차도 잊어버리다'. 현대 중국어 '忘記吃飯(wàngjìchīfàn)', '忘記了吃飯(àngjìlechīfàn)', '連飯都忘了吃(liánfàndōuwànglechī)', '連吃飯也忘掉(liánchīfànyěwàngdiào)'에 해당함.

⑧ 낙(樂): '(학문에 힘써 도덕을 추구해 감에) 깊이 빠져들어 즐기다', '(학문에 힘써 도덕을 추구해 감에) 마음속 깊이 도취하여 즐기다', '(학문에 힘써 도덕을 추구해 감)을 즐기다', '기꺼이(학문에 힘써 도덕을 추구)하다'. 현대 중국어 '被務學求道陶醉了(bèiwù xuéqiúdào táozuìle)', '樂於務學求道(lèyúwùxuéqiúdào)'에 해당함.

⑨ 망우(忘憂): 동 '근심걱정을 잊어버리다', '(모든)근심걱정 조차도 잊어버리다'. 현대 중국어 '忘記了憂愁(wàngjì leyōuqiú)', '連一切憂愁也忘掉(liányíqièyōuqiúyě wàngdiào)', '連一切憂愁的事都忘了(liányíqièyōuqiúdeshìdōuwàngle)'에 해당함.

⑩ 노(老): 형 '늙다', '노쇠하다', '늙어 기력이 쇠약하고 기능이 쇠퇴하다'. 현대 중국어 '衰老(shuāilǎo)', '年老而衰退(niánlǎoérshuāituì)'에 해당함.

⑪ 장(將): 동 '(곧)장차……하려하다'. 현대 중국어 '將要(jiāngyào)', '快(kuài)……了(le)'에 해당함.

⑫ 지(至): '이르다', '도달하다'. 현대 중국어 '到來(dàolái)', '來臨(láilín)'에 해당함.

⑬ 운이(云爾): '단지……할 따름(뿐)이다'. 현대 중국어 '不過如此(búguòrúcǐ)', '罷了(bàle)', '而已(éryǐ)'에 해당함.

### 석의(析義)

① 섭공(葉公): 섭(葉)은 지명으로 공자께서 주유하시던 당시 초나라에 속했으며 지금의 하남성(河南省) 섭현(葉縣)이남 30리 밖에 옛 섭성(葉城)이 있다. 초나라 군주(君主)를 왕(王)이라 불렀던 때문에 현윤(縣尹)을 공(公)이라 불렀다.『左傳』의 정공(定公), 애공(哀公) 2년 조문에 섭공에 관한 기록이 실려있다.
② 발분망식(發憤忘食): 스스로 분발하여 학습, 실천 및 사고하고 수신양성을 통해 덕성을 함양하며 중용의 단계를 거쳐 최고가치의 덕목인 '인(仁) 즉 사랑의 정감'이 구현된 도덕(진리)를 추구한 나머지 밥을 먹는 것 조차도 잊어버리다.
③ 운이(云爾):『穀梁傳·隱公元年』에 "부모의 품안에서 얻어 이를 표출하였을 뿐이다(猶曰取之其母之懷中而發之云爾)"라고 하였는데『論語』본 장구와 같은 쓰임의 용례이다.

### 문법구조(文法構造)

전체 원문은 서사성 복합 문장이다. 제1 문장은 서사성 단문인데 '葉公'은 주어, '問'은 술어, '孔子'는 '孔子爲人'을 의미하는 목적어이고 '於'는 전치사로 현대 중국어 '向'자 혹은 '對'자에 해당하며 '子路'는 간접목적어이다. 제2 문장 역시 서사성 단문인데 '子路'는 주어이고 '不'는 부정을 표시하는 부사어로 뒤 한 글자 어휘의 술어 '對'를 수식하며 목적어 '孔子爲人'은 생략하고 언급하지 않았다. 제3 문장은 서사성 복합 문장이다. '子'는 주어이고 '曰'은 술어이며 "女奚不曰: '其爲人也, 發憤忘食, 樂以忘憂, 不知老之將至云爾'"는 목적어이다. 인용부호 속 문장 역시 서사성 복합 문장인데 '女'는 주어이며 '奚'는 원인을 표시하는 보어인데 왜냐하면 전치사를 더하지 않았기 때문에 그래서 그것을 부사어로 간주하기도 한다. "其爲人也, ……云爾"는 술어 '曰'의 목적어이며 그 자체가 태도를 표시하는 장문이다. '其爲人'은 어휘조합 형태의 주어이고 '其'는 현대 중국어 '他(的)'에 해당하는 관형어이고, '爲人'은 술어로 결합식 의미연계 복합어휘이며 '也'자는 주어 뒤에 더해져 사역 어투를 표시한다. 술어는 연합관계로 구성된 복문인데 앞 문장 '發憤忘食'은 두 마디 서사성 단문이고 시간관계로 구성된 장문이며 '發'과 '忘'은 술어, '憤'과 '食'은 목적어이다. 이 문장의 주어는 '孔子'이지만 언급하지 않았다. 뒤 문장 '樂以忘食' 역시 시간관계로 구성된 장문이고 '樂'은 태도를 표시하는 술어, '以'는 전치사, '忘食'은 술목구조의 서사성 단문이며 '樂' 의 주어와 목적어, '忘'의 주어는 '孔子'이지만 언급하지 않았다. 마지막 문장은 서사성 장문인데 '不'는 부정을 표시하는 부사어로 뒤 술어 '知'를 수식하고 '老之將至'는 조합식 어휘결합 형태를 채택한 서사성 단문이며 술어 '知'의 목적어이다. '云爾'는 본래 '說如此'라는 의미의 어휘결합 형태이지만 훗날 결합식 의미연계 복합어휘로 변해서 문장 끝 어조사로 쓰이며 현대 중국어 '罷了'에 해당하는 것이다.

### 문장법 분석(文章法分析)

본문 내용은 '문(問)—답(答)—문(問)' 구조의 변화를 통한 전개이다. 전체 원문은 섭공이 자로에게 공자에 대해 물으니 자로가 대답하지 않는데 공자께서 너는 왜 그 사람됨이 도덕(진리)을 추구하기에 분발한 후 밥 먹는 것을 잊어버리고 그것으로 빠져 즐기신 후 근심을 잊어버리기에 노쇠함이 곧 오려는 것을 알지 못할 뿐이라 말하지 않았느냐?라고 말씀한 내용이다. 제1 문장은 '문(問)'에 속하며 섭공이 자로에게 공자의 언행, 처세 등 사람됨에 대해 물었다라고 말씀한 것이다. 제2 문장은 '답(答)'에 속하며 자로가 공자의 언행, 체세 등 사람됨에 대해 대답하지 않았다라고 말씀한 것이다. 제3 문장은 '문(問)'에 속하는데 앞뒤 2마디와 마지막 1마디의 '원인(因)—결과(果)' 구조를 포함하며 앞뒤 2마디 '원인(因)'은 다시 각기 '조건(條件)—후속결과(後果)' 구조를 포함한 관계이다. 공자께서 자로에게 그대는 어째서 그 (언행, 처신이 올바른) 사람됨이 학습, 실천 및 사고하고 수신양성을 통해 덕성을 함양하며 중용의 단계를 거쳐 최고 가치인 '인 즉 사랑의 정감'을 구현한 도덕(진리) 추구에 분발한 후 밥을 먹는 것도 잊어버리기도 그(학습, 실천 및 사고하고 수신양성을 통해 추구한 도덕진리)것으로 빠져들어 즐기신 후 모든 근심걱정도 잊어버리기도 하기에 아직 선생님 자신의 신체적, 정신적 노쇠함이 장차 다가올 것을 모를 뿐이다라고 말하지 않았는가?라고 반문하셨다.

초나라 섭공이 자로에게 선생님 공자의 사람됨됨이를 물으니 대답하지 않았는데 이에 공자께서 자로에게 선생님께서 학문에 힘써 도덕(진리)을 추구하신 후 밥을 먹는 것도 잊으시고 그것으로 빠져들어 즐기신 후 모든 근심을 잊으시기에 늙어 신체적, 정신적 쇠퇴함이 장차 다가올 것을 모를 뿐이라 대답하지 않았다. 이에 대해 설문(設問) 방식의 수사법을 통해 반문하신 내용으로 문장을 일단락짓고 있다. 여기서 기술한 문장법에 내재된 논리를 정리하면 <표-37>과 같다.

<표-37> 내재논리 분석도

| 구분 | | | 내용 |
|---|---|---|---|
| 문(問) | | | 초나라 섭공이 자로에게 선생님 공자의 (언행, 처세 등) 사람됨에 대해 물음 |
| 답(答) | | | 자로가 선생님 공자의 (언행, 처세 등) 사람됨에 대해 대답하지 않음 |
| 문(問) | 원인(因) | 선(先) | 공자께서 자로에게 그대는 어째서 선생님 사람됨이 학문에 힘써 도덕을 추구한 후 |
| | | 후(後) | 밥을 먹는 것조차 잊어버리게 분발하고 |
| | | 선(先) | 학문에 힘써 도덕을 추구함으로 빠져 즐기신 후 |
| | | 후(後) | 모든 근심걱정을 잊어버리시기 때문에 |
| | 결과(果) | | 그래서 나이들어 늙어 체력적, 정신적 쇠퇴함이 장차 다가오는 것을 알지 못할 뿐이라 말하지 않았느냐? 말씀함 |

신역(信譯)

섭공이 자로에게 공자에 대해 물으니 자로가 대답하지 않았다. 공자께서 "그대는 왜 그 사람됨이 도덕(진리)을 추구하기에 분발한 후 밥 먹는 것을 잊어버리고 그것으로 도취되어 즐기신 후 근심을 잊어버린 까닭에 노쇠함이 곧 이르려는 것을 알지 못할 뿐이라고 말하지 않았느냐?"라고 말했다.

달역(達譯)

초나라 섭공이 자로에게 선생님 공자의 언행, 처세 등 사람됨에 대해 물으니 자로가 선생님 공자의 언행, 처세 등 사람됨에 대해 대답하지 않았다. 공자께서 자로에게 "그대는 어째서 그 사람됨이 학문에 힘써 도덕(진리) 추구하는데 분발한 후 밥을 먹는 것 조차도 잊어버리기도 그(학문에 힘써 도덕(진리) 추구하)것으로 빠져들어 즐기신 후 모든 근심걱정도 잊어버리기도 하기에 아직 선생님 자신의 신체적, 정신적 노쇠함이 장차 다가올 것을 모를 뿐입니다 대답하지 않았는가?"라고 물으셨다.

아역(雅譯)

초나라 섭현의 현윤 섭공 즉 심제량(沈諸梁)이 자로에게 선생님 공자의 언행, 위인(爲人), 행사(行事), 처세(處世) 등에 대해 물으니 자로가 선생님 공자의 언행, 위인(爲人), 행사(行事), 처세(處世) 등에 대해 대답하지 않았습니다. 선생님 공자께서 제자 자로에게 "그대는 어째서 그 (언행, 위인(爲人), 행사(行事), 처세(處世) 등이 왜냐하면 학습, 실천 및 사고하고 수신양성을 통해 덕성을 함양하며 중용의 단계를 거쳐 최고 가치인 '인 즉 사랑의 정감'을 구현해내 도달한 도덕(진리) 추구에 분발하신 후 밥을 먹는 것도 잊어버리기도 그(학습, 실천 및 사고하고 수신양성을 통해 덕성을 함양하며 중용의 단계를 거쳐 최고 가치인 '인 즉 사랑의 정감'을 구현해내 도달한 도덕진리를 추구하)것으로 깊이 빠져들어 즐기신 후 모든 근심걱정도 잊어버리기도 하기 때문에 그래서 아직도 선생님 자신이 나이들고 늙어 신체가 쇠약하고 정신, 의지, 능력 및 기능의 쇠퇴가 도래하려는 것을 모르실 뿐입니다(나이들고 늙었지만 신체적, 정신적으로 아무런 문제가 없어서 여전히 왕성하게 활동할 수 있으십니다) 대답하지 않았습니까?"라고 반어법적으로 물으셨습니다.

### 함축의미

<표-38> 함축의미 분석

| 섭공이 자로에게 공자의 사람됨을 물음 | ⇨ | 자로가 대답하지 않음 | ⬅ | 공자께서 "자로 그대는 왜 그 사람됨이 도덕(진리)을 추구하기에 분발한 후 밥 먹는 것을 잊어버리고 그것으로 도취되어 즐기신 후 근심을 잊어버린 까닭에 노쇠함이 곧 이르려는 것을 알지 못할 뿐이라고 말하지 않았느냐?" 물음 |
|---|---|---|---|---|

### 생각열기

"도덕(진리)의 추구에 매진하여 세월 가는 걸 잊다"라는 말이 있다. 도덕(진리)의 본질 즉 최고 가치를 구현하여 도덕(진리)를 추구하는 과정에서의 고뇌와 감정을 토론한 표현이 아닐까? 간단히 말해면 세월과 인생에 대한 관조에서 온 심오하고 철학적인 깊은 뜻을 지닌 상징적 표현이라 할 수 있다. 사실 '도덕(진리)과 그 정신적 가치를 추구하는 것은 인간의 본질적인 욕구이지 않을까? 이에 대한 원초적 물음은 아마도 "나는 누구인가?", "나는 지금 무엇을 하고 있는가?"로부터 시작되어야 하지 않을까? 왜냐하면 도덕(진리)이 바로 '자아'와 인류 및 우주대자연의 관계를 연결하는 중요한 요소이기 때문은 아닐까?

(날마다 새로운) 오늘 같은 어제, (날마다 새로운) 오늘 같은 내일, 뒤 돌아본 소중한 삶 속에 아쉬움과 미련의 여운을 남기지 않도록 자신과의 약속, 양심을 지켜가길……

# 제20장

— 평범한 시작에서 남다름을 추구해가는 마음 자세와 진취적 태도

子曰: "我非生而知之者, 好古敏以求之者也。"

zǐyuē ěfēishēngérzhīzhīzhě, hàogǔmǐnyǐqiúzhīzhěyě

관련 편장(篇章)

孔子曰: "生而知之者, 上也。學而知之者, 次也。因而知之, 又其次也。困而 學, 民斯爲下矣。"(「季氏」篇 第9章)

子曰: 子曰: "述而不作, 信而好古, 竊比我於老彭。"(「述而篇」第1章)

子入大廟, 每事問。(「八佾」篇 第15章)

入大廟, 每事問。(「鄕黨」篇 第19章)

"或生而知之, 或學而知之, 或困而知之, 及其知之一也。"(『禮記·中庸』篇)

주석(注釋)

① 생(生): 명 형 '태어나면서', '선천적으로', '자연적적으로', '천부의 성질', '타고난 자질'. 현대 중국어 '生來(shēnglái)', '天生(tiānshēng)', '天資(tiānzī)', '與生具來(yǔshēngjùlái)'에 해당함.

② 이(而): 접사 그래서, ……로 해서, ……하면서.
③ 호(好): 형 '애호하다', '좋아하다'. 현대 중국어 '愛好(àihào)'에 해당함.
④ 고(古): 고대의 학술사상적 최고가치, 도덕정신 및 도리(이치) 그리고 각종 의식 형태, 문물제도 등을 망라한 문화를 가리킨다.
⑤ 민(敏): 형 '분발 노력하다', '부지런히 힘쓰다', '힘써 노력하다'. 현대 중국어 '奮勉(fèn miǎn)', '勤勉(qínmiǎn)', '黽勉(mǐnmiǎn)'에 해당함.
⑥ 구(求): 동 '추구하다', '구하여 얻다'. 현대 중국어 '追求(zhuīqiú)', '求得(qiúdé)'에 해당함.

### 석의(析義)

① 호고(好古): 고대의 학술사상적 가치, 정신과 문물제도을 좋아하다.
② 민이구지(敏以求之): 분발 노력하여 좋아하는 고대의 학술사성적 최고가치, 도덕정신과 문물제도를 추구하여 깨달아 터득하다.

### 문법구조(文法構造)

전체 원문은 서사성 복합 문장이다. '子'는 주어이고 '曰'은 술어이며 "我非生而知之者, 好古敏以求之者也"는 목적어이다. 인용부호 속 두 마디는 대립적인 관계로 구성된 장문이다.

첫째 번 문장은 부정을 표시하는 판단성 장문인데 '我'는 주어이고 '非'는 부정 표시 접속사(술어)로 현대 중국어 '不是'에 해당하며 '生而知之者'는 어휘조합 형태의 술어이다. '生而知之'는 한 마디 서사성 단문 '生'과 다른 한 마디 서사성 단문 '知之'가 시간관계로 구성된 장문의 관형어가 뒤 중심어 '者'를 수식하고 '者'는 '之人'과 같으며 본 문장 술어 '生'과

'之'의 주어는 '我'이지만 생략되었다.

둘째 번 문장은 긍정 의미의 판단성 장문인데 주어는 '我'이지만 앞 문장에 이어 생략되었고 긍정 표시 접속사도 생략되었으며 그것은 바로 현대 중국어 '而是'에 해당할 것이다. "好古敏以求之者"는 어휘조합 형태의 술어이고 '好古敏以求之'는 한 마디 서사성 단문 '好古'와 다른 한 마디 서사성 단문 '敏以求之'가 연합관계로 구성된 장문의 관형어가 뒤 중심어 '者'를 수식하며 '者'는 역시 '之人'과 같다. '好'는 술어, '古'는 목적어이고 '敏'은 부사어로 뒤 술어 '求'를 수식하며 중간에 전치사 '以'가 더해졌다. '之'는 대명사로 '古'를 가리킨다. 이 두 마디 서사성 단문의 주어는 '我'이지만 생략되었다.

### 문장법 분석(文章法分析)

본문 내용은 '반(反)—정(正)' 구조의 변화를 통한 전개이다. 전체 원문은 공자께서 자신은 태어나면서 아는 사람이 아니라 옛 것을 좋아하기에 옛 것을 분발하여 추구하는 사람이다라고 말씀한 내용이다. 첫째 번 한 마디는 '반(反)'에 속하는데 다시 시간 '선(先)—후(後)' 구조를 포함한 관계이다, 공자께서 제자들에게 자신은 타고난 자질로 해서 이미 최고 가치가 구현된 도덕(진리)를 알고 있는 사람이 아니다라고 말씀하셨다. 둘째 번 문장은 '정(正)'에 속하는데 다시 '원인(因)—결과(果)' 구조를 포함한 관계이다. 공자께서 그것(고대의 학술사상적 가치, 정신 및 문물제도를 좋아하기 때문에 분발해서 고대의 학술사상적 가치, 정신, 도리 및 문물제도)

을 추구하여 체득하기로 노력한 사람이다라고 말씀하셨다.

공자께서 자신은 태어나면서부터 최고 가치가 구현된 도덕(진리)를 알았던 사람이 아니라 고대의 학술사상적 가치, 정신 및 문물제도를 좋아하기에 분발해서 추구하고 체득하려 노력한 사람이다라며 권학(勸學)하는 내용으로 문장을 일단락짓고 있다. 여기서 기술한 문장법에 내재된 논리를 정리하면 <표-39>와 같다.

<표-39> 내재논리 분석도

| | | |
|---|---|---|
| 반(反) | 선(先) | 공자께서 제자들에게 자신은 선천적 자질로 타고나서 |
| | 후(後) | 최고 가치가 구현된 도덕(진리)를 알았던 사람이 아님 |
| 정(正) | 원인(因) | 고대의 학술사상적 가치, 정신 및 문물제도를 좋아하기 때문에 |
| | 결과(果) | 그래서 분발해서 그것들을 추구하여 체득하기로 노력한 사람임 |

### 신역(信譯)

공자께서 "자신은 선천적으로 태어나면서 이미 알았던 사람이 아니라 옛 것을 좋아하기에 옛 것을 분발하여 추구하는 사람이다"라고 말했다.

### 달역(達譯)

공자께서 제자들이여 "선생님은 선천적으로 태어나면서 이미 최고 가치가 구현된 도덕(진리)를 알고 있는 사람이 아니라 고대의 학술사상적 가치, 정신 및 문물제도를 좋아하였기에 분발해서 그것을 추구하여 체득하기로 노력한 사람이다"라고 말씀하셨다.

### 아역(雅譯)

공자께서 제자들이여 "선생님 자신은 천부적인 자질을 타고나서 이미 최고 가치가 구현된 도덕(진리)를 알고 있는 사람이 아니라 선생님 자신은 고대의 학술사상적 가치, 정신 및 도리 그리고 각종 문물제도 등 문화를 좋아하기 때문에 그래서 분발하여 그것들을(고대의 학술사상적 가치, 정신 및 도리 그리고 각종 의식형태와 문물제도 등 문화를) 추구하며 체득하기로 노력한 사람입니다"라고 학문, 수양에 힘써 도덕(진리)을 추구해가길 권하며 말씀하셨습니다.

### 함축의미

<표-40> 함축의미 분석

| | ≠ |
|---|---|
| 공자 자신은 타고나면서 | 고대의 가치, 정신 및 문물제도를 좋아하기에 |
| 이미 알았던 사람이 아님 | 분발해서 그것들을 추구하고 체득하려 노력한 사람임 |

## 생각열기

'평범함에서 남다름을 지향하는 삶'이란? 무엇보다 변화를 주저하지 않고 평범함을 거부하며 높은 이상의 추구를 위해 매진하는 삶이 아닐까? 즉 오늘이란 현실에 안주하지 않고 새로운 삶을 향해 나아가길 두려워하지 않기에 비범한 사람들은 남다른 인생의 터닝포인트를 만들어낸 것이다. 비범함은 날마다 새로운 오늘이 쌓여 만들어진다. 날마다 새로운 오늘의 반복, 꾸준함은 당신을 끝까지 데려갈 유일한 힘이 아닐까? 왜냐하면 평범함에서 비범함으로 가기 위해 필요한 것이 두려움을 극복하고 견디는 내구력이기 때문은 아닐까? 그래서 옛 사람들은 평범한 삶에서 출발 도덕(진리)를 추구에 뜻을 두고 학문, 수양을 병행하며 날마다 새로운 오늘을 꾸준히 반복하여 비범한 삶으로 귀결하려 노력하지 않았을까?

# 제21장

— 올바른 도리에 따라 가르치고 상식적 이치에 부합하지 않은 일을 언급하지 않음

子不語：怪、力、亂、神。

zǐbùyǔ guài lì luàn shén

관련 편장(篇章)

樊遲問知。子曰：“務民之義，敬鬼神而遠之，可謂知矣。”(「雍也」篇 第21章)

季路問事鬼神。子曰：“未能事人，焉能事鬼。”(「先秦」篇 第12章)

“崔子弑齊君，陳文子有馬十乘，棄而違之。至於他邦，則曰：‘猶吾大夫崔子也。’違之。之一邦，則又曰：‘猶吾大夫崔子也。’違之。何如?”子曰：“清矣。””(「公冶長」篇 第19-2章)

孔子謂季氏八佾舞於庭：“是可忍也，孰不可忍也?”(「八佾」篇 第1章)

三家者以雍徹。子曰：“‘相維辟公，天子穆穆。’奚取於三家之堂?”(「八佾」篇 第2章)

## 주석(注釋)

① 어(語): 동 '말하다', '강론하다', '이야기하다'. 현대 중국어 '講(jiǎng)', '談(tán)', '講論(jiǎnglùn)', '談論(tánlùn)'에 해당함.

② 괴(怪): 명 '괴이한 사물', '괴이한 물건과 일'. 현대 중국어 '怪物(guàiwù)', '怪事(guàishì)', '怪異的事物(guàiyìdeshìwù)'에 해당함.

③ 역(力): 명 '사람을 초과하는 용기와 힘', '사람을 초월하는 위력'. 현대 중국어 '過人的勇力(guòréndeyǒnglì)', '超人的威力(chāoréndewēilì)'에 해당함.

④ 난(亂): 명 '질서를 어지럽히는 일', '모반(반란)을 일으키는 일'. 중국어 '悖亂之事(bèiluàn zhīshì)', '叛亂之事(pànluànzhīshì)'에 해당함.

⑤ 신(神): 명'귀신을 미신하는 일', '귀신을 맹목적으로 신봉(숭배)하는 일'. 현대 중국어 '迷信鬼神的事(míxìnguǐshéndeshì)', '盲目崇拜鬼神的事(mángmùchóngbàiguǐshéndeshì)'에 해당함.

## 석의(析義)

① 괴(怪): 일반적이지 않는 사물을 가리키는데 예를 들면 고서에 언급된 괴이한 나무와 돌, 산과 물의 요정 등 유형의 사물이다.

② 역(力): 일반적인 사람과 구분되는데, 예를 들면 고서에 기록된 힘센 장사가 땅을 움직인다거나, 힘은 산을 뽑는 다거나 기개는 세상을  덮는 유형의 인물이다.

③ 난(亂): 사회 질서를 어지럽히거나 반역을 저지르는 사례인데 예를 들면 자식이 부모를 죽이거나, 신하가 군주를 시해하거나, 가까운 친척 간에 음행을 저지르거나, 윤리와 상식를 파괴하는 일 등이다.

④ 신(神): 귀신에 빠져 맹신하는 사례인데 예를 들면 귀신이 재앙을 내린다거나, 다른 사람이 꿈에 나타나 부탁하거나 알려주(현몽하)는 일 등이다.

### 문법구조(文法構造)

전체 원문은 서사성 단문이다. '子'는 주어이고 '不'는 부정을 표시하는 부사어로 뒤 술어 '語'를 수식하며 '怪、力、亂、信'은 어휘연계 형태의 목적어이다.

### 문장법 분석(文章法分析)

본문 내용은 '범(凡)—목(目)' 구조의 변화를 통한 전개이다. 전체 원문은 공자께서 괴이한 일, 초인적인 용력, 질서를 어지럽는 일, 귀신을 맹신하는 일 등을 강론하지 않았다라고 서술한 내용이다. 앞 한 마디는 '凡(凡)'에 속하며 공자께서 강론하시지 않으셨다라고 총괄하여 서술한 것이다. 뒤 한마디는 '목(目)'에 속하는데 다시 '목일(目一)—목이(目二)—목삼(目三)—목사(目四)' 구조를 포함한 관계이다. 제자들이 공자께서 괴이한 물건과 일, 사람의 능력을 초과한 위력의 힘, 질서를 어지럽히거나 반란을 도모하는 일, 맹목적으로 귀신을 신봉하는 일 등 4가지 사례(를 강론하지 않으셨다)라고 분술하였다.

제자들이 선생님 공자께서 여태껏 괴이한 사물, 초인적인 용력, 문란하거나 음란한 일, 맹목적인 귀신 숭배 등에 관해 강론하지 않으셨다라고 그 교수·학습 내용, 범위 유지해야할 진실성, 객관성에 대해 서술하며 문장을 일단락짓고 있다. 여기서 기술한 문장법에 내재된 논리를 정리하면 <표-41>과 같다.

<표-41> 내재논리 분석도

| 구분 | 세목 | 내용 |
|---|---|---|
| 범(凡) | | 선생님 공자께서 강론하시지 않으심 |
| 목(目) | 목일(目一) | 괴이한 물건과 일 |
| | 목이(目二) | 사람의 능력을 초과하는 용기와 힘 |
| | 목삼(目三) | 질서를 어지럽히거나 반란을 획책하는 일 |
| | 목사(目四) | 귀신에 미혹되어 맹목적으로 신봉하는 일 |

신역(信譯)

공자께서 괴이한 사물, 초인적인 용력, 문란하거나 음란한 일, 맹목적인 귀신 숭배하는 일 등을 강론하지 않았다.

달역(達譯)

제자들이 공자께서 괴이한 사물, 초인적인 용력, 질서를 어지럽히거나 반란을 획책하는 일, 맹목적으로 귀신을 숭배하는 일 등을 강론하지 않으셨다라고 서술하였다.

## 아역(雅譯)

제자들이 선생님 공자께서 괴이한 물건과 일, 사람의 능력을 초과한 용기와 힘, 사회질서를 어지럽히거나 국가체제를 전복하려 반란을 도모하는 일, 미혹되어 맹목적으로 귀신을 신봉하는 일 등 4가지를 강론하지 않으셨습니다라고 떠올리며 서술하였습니다.

## 함축의미

<표-42> 함축의미 분석

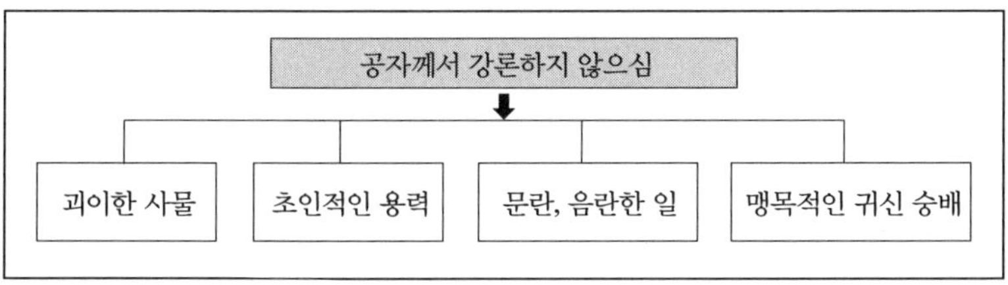


## 생각열기

객관적, 합리적, 구체적이며 상식과 정의에 입각한 명제라면 담론하지만 비합리적, 주간적, 추상적이며 비상식과 불의에 입각한 명제라면 담론하지 말아야 하지 않을까?

# 제22장

— 다른 사람을 거울이나 모범 삼아 본받기도, 바로잡기도 하며 노력하여 향상을 꾀해야함

子曰: “三人行, 必有我師焉, 擇其善者而從之, 其不善者而改之。”

zǐyuē sānrénxíng bìyǒuěshīyān zéqíshànzhěércóngzhī qíbùshàn zhěérgǎizhī

관련 편장(篇章)

子曰: “見賢, 思齊焉; 見不賢, 而內自省也。”(「里仁」篇 第17章)

“獨學而無友, 則孤陋而寡聞。……敎也者, 長善而救其失者也。”(『禮記·學記』篇 卷第36)

“師也者所以學爲君也, 是故擇師不可不愼也。”(『禮記·學記』篇 卷第36)

“善人者, 不善人之師; 不善人者, 善人之資。不貴其師, 不愛其資, 雖智大迷, 是謂要妙。”(『道德經』第27章)

## 주석(注釋)

① 삼(三): 명 (수사)허수(虛數)로 '몇', '얼마'라는 의미임. 현대 중국어 '幾(jǐ)', '多少(duōshao)'에 해당함.

② 행(行): 동 '걷다', '길을 가다(걷다)'. 현대 중국어 '行走(xíngzǒu)', '走路(zǒulù)'에 해당함.

③ 필(必): 부 '기필코', '반드시'. 현대 중국어 '必定(bìdìng)', '一定(yídìng)'에 해당함.

④ 사(師): 명 (존중하며)'본받기로 한 사람', '스승 삼을 만한 사람'. 현대 중국어 '取法(qǔfǎ)', '師法(shīfǎ)', '效法(xiàofǎ)'에 해당함.

⑤ 택(擇): 동 '가리다', '고르다', '선택하다'. 현대 중국어 '擇取(zéqǔ)', '選取(xuǎnqǔ)', '選擇(xuǎnzé)'에 해당함.

⑥ 선자(善者): 명 '장점', '좋은 점', '훌륭한 점'. 현대 중국어 '長處(chángchù)', '優點(yōu diǎn)', '好的地方(hǎodedìfang)', '善良的地方(shàn liángdedìfang)'에 해당함.

⑦ 이(而): 접사 '……한 후', '그런 후'. 현대 중국어 '而後(érhòu)', '然後(ránhòu)'에 해당함.

⑧ 종(從): 동 '좇다', '따르다', '본받다'. 현대 중국어 '跟從(gēncóng)', '跟隨(gēnsuí)', '效法(xiàofǎ)'에 해당함.

⑨ 지(之): 대사 선자(善者)의 선(善)을 가리키며 '장점', '좋은 점', '훌륭한 점'으로 해석할 수 있음.

⑩ 불선자(不善者): 명 '결점', '단점', '좋지 않은 점'. 현대 중국어 '短處(duǎnchù)', '缺點(quē diǎn)', '不好的地方(bùhǎodedifang)'에 해당함.

⑪ 개(改): 동 '고치다', '개선하다', '바로잡다'. 현대 중국어 '改(gǎi)', '改善(gǎishàn)', '改正(gǎizhèng)', '糾正(jiūzhèng)'에 해당함.

⑫ 지(之): 대사 불선자(不善者)의 '불선(不善)'을 가리키며 '결점', '단점', '좋지 않은 점'으로 해석할 수 있음.

## 석의(析義)

① 삼인행(三人行): '몇 사람이 함께 길을 가(걷)다'라 해석하며 현대 중국어 '幾個人同行(jǐ geréntóngxíng)', '幾個人在一起走路(jǐgerénzàiyìqǐzǒulù)', '幾個人同在

路上行走(jǐgeréntóng zàilùshàngxíngzǒu)'에 해당한다.

② 선자(善者): 여기서 '者'는 중국어 '之人(zhīrén)' 즉 현대 중국어 '的人(derén)'에 해당하기에 '선자'는 '장점을 지닌 사람', '우수한 사람', '착하고 좋은 사람' 등으로 해석할 수 있다.

③ 불선자(不善者): '선자(善者)'와 반대로 '단점을 지닌 사람', '결점을 지닌 사람', '착하지도 좋지도 못한 사람' 등으로 해석할 수 있다.

## 문법구조(文法構造)

전체 원문은 서사성 복합 문장이다. '子'는 주어이고 '曰'은 술어이며 "三人行, 必有我師焉, 擇其善者而從之, 其不善者而改之"는 목적어이다. 인용부호 속 첫째 번 문장 "三人行, 必有我師焉"은 시간관계로 구성된 장문이다. 제1 문장 "三人行"은 서사성 단문인데 '三'은 관형어로 뒤 중심어 '人'을 수시하는 어휘조합 형태의 주어이며 '行'은 술어이다. 제2 문장 "必有我師焉"은 주어가 없는 유무관계 단문인데 '必'은 뒤 술어 '有'를 수식하는 부사어이고 '我師'는 어휘조합 형태의 목적어이며 '焉'은 '於是'의 합성체로 '是'는 '三人'을 가리키는 장소보어이다. 왜냐하면 '於是'를 사용하지 않고 '焉'을 사용한 때문이며 이 '焉'자는 바로 문장 끝 어조사를 겸하여 사용하였다.

둘째 번 문장 "擇其善者而從之" 역시 두 마디 서사성 단문이 시간 선후관계로 구성된 장문인데 '揮'는 술어이고 '其善者'는 어휘조합 형태의 목적어이며 '善者' 또한 어휘조합 형태의 중심어로 앞 관형어 '其'의 수식을 받는다. '而'는 '而後' 혹은 '然後'에 해당하는 접속사이고 '從'은 술어, '之'는 대명사로 '善者'의 '善'을 가리키는 목적어이며 이 두 마디 서사성 단문의 주어는 모두 '我'이지만 생략되었다.

셋째 번 문장 "其不善者而改之" 역시 두 마디 서사성 단문이 시간 선후관계로 구성된 장문이다. 단지 '其不善者' 앞에 술어 '擇'자를 생략하였을 뿐이며 나머지 문장 구조는 둘째 번 문장과 완전히 같기에 더 이상 분석하지 않는다. '改之'의 '改'는 술어이며 '之'자는 대명사로 '不善者'의 '不善'을 가리키는 목적어이다.

둘째, 셋째 번 문장과 첫째 번 문장은 보충관계이며 둘째 번 문장과 셋째 번 문장은 연합관계이다.

### 문장법 분석(文章法分析)

본문 내용은 '서(敍)—보(補)' 구조의 변화를 통한 전개이다. 전체 원문은 공자께서 몇 사람들이 동행하면 반드시 내가 스승삼을 사람들이 있기 마련인데 그들의 장점을 가려 그것을 취하고 그들의 단점을 가려 그것을 고쳐 개선하거나 바로잡는다라고 말씀한 내용이다. 첫째 번 문장은 '서(敍)'에 속하는 데 다시 '조건(條件)—후속결과(後果)' 구조를 포함한 관계이다. 공자께서 몇 사람이 함께 길을 걸어가면 반드시 선생님 자신이 본받아 스승삼을 만한 사람이 그 가운데 있기 마련이다라고 말씀하셨다. '둘째 번, 셋째 번 문장은 '보(補)'에 속하는데 모두 시간 '선(先)—후(後)' 구조를 포함한 관계이다. 공자께서 그들의 좋은 장점을 가려 취하고 그런 후 좋은 장점을 본받아 따르며, 그들의 나쁜 단점을 가려 취하고 그런 후 나쁜 단점을 고쳐 개선하거나 바로잡는다라고 말씀하셨다.

공자께서 제자들에게 몇 사람과 함께 길을 가면 반드시 자신이 스승삼을 만한 사람들이 있는데 그들의 장점을 본받아 취하고 단점을 고쳐 개선하거나 바로잡는다라고 자기 객관화를 위한 본보기와 거울의 필요성을 강조하는 내용으로 문장을 일단락짓고 있다. 여기서 기술한 문장법에 내재된 논리를 정리하면 <표-43>과 같다.

<표-43> 내재논리 분석도

| 구분 | 항목 | 내용 |
|---|---|---|
| 서(敍) | 조건(條件) | 몇 사람들이 함께 길을 걸어가면 |
| | 후속결과(後果) | 반드시 본받아 스승삼을 만한 사람들이 있음 |
| 보(補) | 선(先) | 그들의 장점을 선택하여 취하고 |
| | 후(後) | 그런 후 장점을 본받아 따름 |
| | 선(先) | 그들의 단점을 선택하여 취하며 |
| | 후(後) | 그런 후 단점을 고쳐 개선하거나 바로잡음 |

신역(信譯)

공자께서 "몇 사람들과 동행하면 반드시 내가 스승삼을 사람들이 그 중에 있다. 그들의 장점을 가려 그것을 취하고 그들의 단점을 가려 그것을 고쳐 개선하거나 바로잡는다"라고 말했다.

### 달역(達譯)

공자께서 제자들이여 “선생님은 몇 사람들과 함께 길을 걸어가면 반드시 선생님 자신이 본받아 스승삼을 만한 사람이 그중에 있다. 그들의 좋은 장점을 가려 취한 후 좋은 장점을 본받아 따르며, 그들의 나쁜 단점을 가려 취한 후 나쁜 단점을 고쳐 바로잡는다”라고 말씀하셨다.

### 아역(雅譯)

공자께서 제자들이여 “이 선생님은 몇 사람들과 함께 길을 걸어가면 반드시 선생님 자신이 본받아 스승삼을 만한 사람이 그 가운데 있기 마련입니다. 그들의 우수하고 좋은 장점을 선택하여 취하고 그런 후 좋은 우수하고 좋은 장점을 본받아 따르며, 그들의 열등하고 나쁜 단점을 선택하여 취하며 그런 후 열등하고 나쁜 단점을 고쳐 개선하거나 바로잡습니다”라고 말씀하셨습니다.

### 함축의미

<표-44> 함축의미 분석

| | | |
|---|---|---|
| 공자께서 자신은 몇 사람과 함께 동행하면 반드시 스승삼을 사람이 그 중에 있음 | ⬅ | 그들의 장점을 선택해 취해 그것을 따름 |
| | ⬅ | 그들의 단점을 선택해 취해 그것을 바로잡음 |

## 생각열기

'가려 본받다'는 '행위동작을 표시하는 술어와 (그 대상 즉 생략된 목적어, ……을)' 구조의 말인데 본래 '(무엇을) 가려 본받다'라는 어휘결합 형태였다. 그 의미는 "다른 사람의 언행을 본보기로 그와 같이 따라 하다"이다. 이 말은 멘티와 멘토를 전제한 표현이 아닐까? 멘티와 멘토는 멘티가 선택하는 관계이지 않을까? 멘티를 위주(중심으)로 멘토와 멘티가 서로 상호작용하는 것이 중요하다. 멘토의 핵심은 '본보기'이다. 그렇지만 멘티를 자신의 아바타로 만들려 하지 말고 그 스스로의 삶 속에서 장점을 발견하여 성장하도록 그리고 스스로 성장을 돌아보도록 거울과 같은 역할을 해야하지 않을까? 그런데 인격적 '성숙' 없이 '성장'을 논하는 것은 모순이다. 따라서 '성장'은 궁극적으로 인격적 '성숙'을 목표로 하는 것이어야 하지 않을까?

# 제23장

— 하늘이 부여한 중요한 책무의 수행에 아무런 두려움, 주저함도 없음

子曰: “天生德於予, 桓魋其如予何?”

zǐyuē tiānshēngdéyúyú huántuíqírúyúhé

관련 편장(篇章)

“子畏於匡, 曰: ‘文王旣沒, 文不在玆乎? 天之將喪斯文也, 後死者不得與於斯文也! 天之未喪斯文也, 匡人其如予何?。’ ” (「子罕」篇 第5章)

子曰: “知(智)者不惑, 仁者不憂, 勇者不懼。” (「子罕」篇 第28章)

子曰: “君子道者三: 我無能焉! 仁者不憂, 知(智)者不惑, 勇者不懼。” (「憲問」篇 第29章)

주석(注釋)

① 천(天): 명 ‘하늘’, ‘자연’, ‘대자연’, ‘우주대자연’. 현대 중국어 ‘上天(shàngtian)’, ‘自然(zìrán)’, ‘大自然(dàzìrán)’, ‘宇宙大自然(yǔzhòudàzìrán)’에 해당함.

② 생(生): 동 ‘부여하다’, ‘생겨나다’, ‘내려 생기다’. 중국어 ‘生(shēng)’, 현대 중국어 ‘産生(chǎnshēng)’, ‘賦予(fùyú)’, ‘降生(jiàngshēng)’에 해당함.

③ 덕(德): 명 '덕성', '품덕', '품행덕성'. 현대 중국어 '德性(déxìng)', '品德(pǐndé)', '品行德性(pǐnxíngdéxìng)'에 해당함.
④ 환퇴(桓魋): 명 환퇴는 바로 송(宋)나라의 사마향퇴(司馬向魋)임.
⑤ 기(其): 접사 이, 이 사람.
⑥ 여(如): 전치 '어(於)'와 같아 '……에게', '……(의)로(써)'. 현대 중국어 '對(duì)', '拿(ná)'에 해당함.
⑦ 하(何): 의대 '어떠냐', '어떠한가'. 현대 중국어 '如何(rúhé)', '怎麽様(zěnme yàng)'에 해당함.

### 석의(析義)

① 천생덕어여(天生德於予): "(우주 대)자연이 공자 자신에게 부여해서 품행과 덕성이 생겨나다"라는 의미이다. 고인들은 사람의 총명과 지혜는 모두 하늘이 내려준 것이라 생각하였다.
② 환퇴(桓魋): 송나라의 사마환퇴(司馬桓魋)인데 왜냐하면 그가 송나라 환공(桓公)의 후대이어서 '환퇴'라 부르기도 하였다.

### 문법구조(文法構造)

전체 원문은 서사성 복합 문장이다. '子'는 주어이고 '曰'은 술어이며 "天生德於予, 桓魋其如予何"는 목적어이다. 인용부호 속 두 마디는 인과관계로 구성된 장문인데 첫째 번 문장은 서사성 단문이고 '天'은 주어, '生'은 술어, '德'은 목적어, '於'는 전치사이며 '予'는 행위동작을 받는 대상이다.

둘째 번 문장은 판단성 장문인데 '桓魋'는 주어이고 '其'는 접속사로 현대 중국어 '是'자에 해당하며 '如予何'는 어휘결합 형태의 술어이다. 술어 자체의 주어 '如予'는 '於予'와 같고 '於'자는 본래 동사이며 '如'자는 '於'자와 통용할 수 있기 때문에 그래서 '如'자도 동사 성질을 지닌 술어로 그 목적어는 '予'이다. '何'는 이 한 마디 태도를 표시하는 장문 중 '如予何'의 술어이고 '如予何'는 현대 중국어 '對我能怎樣' 혹은 '拿我能怎麽樣'에 해당한다.

### 문장법 분석(文章法分析)

본문 내용은 '원인(因)—결과(果)' 구조의 변화를 통한 전개이다. 전체 원문은 공자께서 자연이 자신에게 품행과 덕성을 부여하셔서 환퇴(桓魋) 이런 이가 나에게 어떻게 하겠는가?라고 말씀한 내용이다. 첫째 번 문장은 '원인(因)'에 속하며 공자께서 하늘(우주대자연)이 선생님 자신에게 지나치거나 치우침 없이 '인(仁) 즉 사랑의 정감'을 각기 다른 대상, 범위로 실행 구현할 수 있는 품행과 덕성이 생기게 해주셨다라고 말씀한 것이다. 둘째 번 문장은 '결과(果)'에 속하며 그래서 환퇴(桓魋) 이러한 사람이 선생님 자신을 어떻게 하겠는가?라고 말씀한 것이다.

공자께서 제자들에게 자신의 천부적으로 '인(仁) 즉 사랑의 정감'을 실행하여 구현해낼 품행과 덕성이 만들어졌기에 감히 환퇴(桓魋) 같은 이가 자신을 어떻게 하겠는가?라고 설문(設問) 방식의 수사법을 통해 정의롭고 위엄있는 면모를 기대하며 문장을 일단락짓고 있다. 여기서 기술한 문장법에 내재된 논리를 정리하면 <표-45>와 같다.

<표-45> 내재논리 분석도

| | |
|---|---|
| 원인 (因) | 공자께서 하늘(우주대자연)이 자신에게 '인(仁) 즉 사랑의 정감'을 실행하여 구현해낼 품행과 덕성이 만들어지게 하였기에 |
| 결과 (果) | 그래서 감히 환퇴(桓魋) 같은 이가 자신을 어떻게 하겠는가?(하지못한다) 말씀함 |

신역(信譯)

공자께서 "하늘(자연)이 자신에게 품행과 덕성을 부여하셔서 환퇴(桓魋) 이런 이가 나에게 어떻게 하겠는가?"라고 말했다.

달역(達譯)

공자께서 제자들이여 "하늘(자연)이 선생님 자신에게 중용단계를 거쳐 '인(仁) 즉 사랑의 정감'을 실행 구현해낼 수 있는 품행과 덕성이 생기게 해주셨기에 환퇴(桓魋) 이러한 사람이 선생님 자신에게(을) 어떻게 하겠는가?라고 말씀하셨다.

아역(雅譯)

공자께서 "제자들이여 왜냐하면 하늘(자연)이 선생님 자신에게 지나치거나 치우침 없이 '인(仁) 즉 사랑의 정감'을 각기 다른 대상, 범위로 실행하여 구현해낼 수 있는 훌륭한 품행과 덕성이 생겨나게 해주셨기 때문에 그래서 초나라의 환퇴(桓魋) 즉 사마향퇴(司馬向魋) 따위의 이러한 사람이 감히 선생님 자신에게(을) 어떻게 하겠습니까?(죽이지 못합니다)라고 반어법적으로 '호기늠연(浩氣凜然기세가 정정당당하고 위엄있는) 즉 호연지기(浩然之氣)'를 일깨우며 말씀하셨습니다.

함축의미

<표-46> 함축의미 분석

| 공자께서 자신에게 상제께서 천부의 품덕(品德)을 생겨나게 하셨음 | ⇔ | 환퇴(桓魋) 이러한 사람이 선생님 자신에게 어떻게 하지못함 |
|---|---|---|

## 생각열기

"용자는 두려워하지 않는다(勇者不懼)"라는 말은『論語·子罕』편 제28장과「憲問」편 제29장에 보이는 공자의 말씀이다. 원문 뜻을 부연하면 "용맹하고 의기 충천한 사람은 지조가 굳어 두려움에 위축되거나 굴복하지 않는다"라는 의미이지 않을까? 만약 천명으로 자신에게 부여되어 맡겨진 막중한 사명과 임무가 있어 이를 수행하고 있다면 어떤 상황에서든 누구를, 무엇을 두려워하겠는가? '용자'는 절대로 두려워하거나 굴복하지 않을 것이다.

# 제24장

— 제자들에게 일정한 관점을 지닌 견해로 정립한 지식을 전수해줄 뿐 숨겨 속이지 않으며 실행한 일을 함께 나누는 선생님 공자의 사람됨

子曰: "二三子以我爲隱乎? 吾無隱乎爾! 吾無行而不與二三子者, 是丘也。"

zǐyuē èrsānzǐyǐwǒwéiyǐnhū wúwúyǐnhūěr wúwúxíngérbùyǔèrsānzǐzhě shìqiūyě

관련 편장(篇章)

陳亢問於伯魚曰: "子亦有異聞乎?" 對曰: "未也。嘗獨立, 鯉趨而過庭, 曰: '學詩乎?'

對曰: '未也。不學詩, 無以言。' 鯉退而學詩。他日又獨立。鯉趨而過庭, 曰: '學禮乎?'

對曰: '未也。不學禮, 無以立。' 鯉退而學禮。聞斯二者。" 陳亢退而喜曰: "聞二得三: 聞詩、聞禮、又聞君子之遠其子也。" (「季氏」篇 第13章)

## 주석(注釋)

① 이삼자(二三子): 명 여러 제자들을 가리킴.

② 은(隱): 동 '숨기다', '속이다', '은폐하다', '은닉하다'. 현대 중국어 '隱蔽(yǐnbì)', '隱藏(yǐncáng)', '隱瞞(yǐnmán)', '隱匿(yǐnnì)'에 해당함.

③ 호이(乎爾): 조사 (문장 끝)어조사로 '뿐이다', '따름이다'라고 해석하며 현대 중국어 '而已'에 해당함.

④ 행(行): 명 '행위', '실행한 일'. 중국어 '行爲(xíngwéi)', '所行的事(suǒxíngdeshì)'에 해당함.

⑤ 여(與): 동 '주다', '부여하다'. 현대 중국어 '賦與(fùyǔ)', '賦予(fùyǔ)', '給予(gěiyǔ)'에 해당함.

⑥ 자(者): 접미 '……의 일', '사정'이라 해석하며 중국어 '之事(zhīshì)', '之情形(zhīqíngxing)'에 해당함.

⑦ 구(丘): 명 (스스로의 가리킴)나, 나 자신.

## 석의(析義)

① 시구야(是丘也): "이것이 공자 자신의 위인(爲人), 행사(行事) 및 처세(處世)의 도리(원칙) 즉 공자 자신의 사람됨, 일의 수행처리 및 예의로 절제하는 가운데 사회 활동하며 사람들과 왕래하는 도리(원칙)이다"라고 해석해야 하며 중국어 '爲人、行事以及處世之道(wéirénxíngshìyǐjíchùshìzhī dào)'에 해당한다.

## 문법구조(文法構造)

전체 원문은 서사성 복합 문장이다. '子'는 주어이고 '曰'은 술어이며 "二三子以我爲隱乎? 吾無隱乎爾! 吾無行而不與二三子者, 是丘也"는 목적어이다. 인용부호 속의 첫째 번 문장은 특별한 의향표시 장문이다. '二三子'는 주어로 그 자체가 어휘조합 형태이고 '二三'은 관형어이며 '子'는 중심어이다. 그러나 조합식 의미연계 복합어가 된 후 곧 제2 인칭대명사로 변함과 아울러 다수를 표시하는데 현대 중국어 '你們(nǐmen)'에 해당한다. '以'는 의향표시 겸어동사로 술어이고 '我'는 겸어동사 '以'에 대해 말하면 목적어, 뒤 술어 '爲隱'에 대해 말하면 주어, '爲'는 뒤 술어와 결합하여 의미결합 형식으로 보충하는 동사(접속사)이며 '乎'는 문장 끝에 놓여 의문 어투를 표시하는 조사인데 현대 중국어 '嗎'와 같은 쓰임이다.

둘째 번 문장 "吾無隱乎爾"는 유무표시 단문인데 '吾'는 주어이고 '無'는 술어, '隱'은 목적어이며 '乎爾'는 문장 끝에 놓여 완만한 마침 어투의 조사이다. 그러나 현대 중국어로 번역하면 단지 한 글자 어휘의 어조사 '啊(ā)'나 '囉(luē)'에 해당할 뿐이다.

셋째 번 문장 "吾無行而不與二三子者, 是丘也"는 판단을 표시하는 장문이다. "吾無行而不與二三子者"는 문장 밖에 위치한 주어인데 '吾'는 주어이고 '無'는 술어이며 '行而不與二三子者'는 목적어이다, 앞 단문과 사이의 중간에 접속사를 더하지 않았고 '是'는 형식상의 주어, '丘'는 술어이며 '也'는 문장 끝에 놓인 어조사이다. '行而不與二三子'는 관형어로 뒤 중심어 '者'를 수식하고 자체가 두 마디의 서사성 단문이 역접관계로 구성된 장문이다. '行'과 '與'는 두 마디 서사성 단문 속의 술어이고 주어는 '我'이지만 생략되었으며 '二三子'는 '與'의 목적어이다. '者'는 '之事' 혹은 '之情形'과 같다. 하지만 현대 중국어로 번역하면 단지 한 개 어휘의 '的'자인데 왜냐하면 중심어가 생략될 수 있기 때문이다.

첫째 번 문장과 둘째, 셋째 번 문장은 보충관계이지만 그러나 둘째 번 문장과 셋째 번 문장은 후자가 전자를 보충하는 관계이다.

## 문장법 분석(文章法分析)

본문 내용은 '서(敍)—보(補)' 구조의 변화를 통한 전개이다. 전체 원문은 공자께서 여러분에게 내가 무엇을 숨겨 속일까라고 묻고 자신은 숨겨 속이는 것이 없을 뿐이라며 자신이 실행하지만 여러분과 함께하지 않은 것이 없는데 이것이 자신의 사람됨의 도리이다라고 말씀한 내용이다. 첫째 번 문장은 '서(敍)'에 속하며 공자께서 제자들에게 여러분은 선생님이 숨겨 속이고 학문을 가르쳐 전수해주지 않으려 할까?라고 말씀한 것이다. 둘째, 셋째 번 문장은 '보(補)'에 속하는데 '서(敍)—보(補)' 구조를 포함하며 '보(補)'는 다시 '정(正)—반(反)' 구조를 포함한 관계이다. 공자께서 자신은 무엇을 숨겨 속이는 것이 없을 뿐이라 말씀하시고 선생님이 무엇인가를 실행하지만 여러분과 함께하지 않은 것이 없는데 이것이 바로 선생님 자신의 사람됨(爲人), 일의 수행처리(行事), 세상사람과 함께하는(處世) 도리(원칙)이다라고 말씀하셨다.

공자께서 제자들에게 자신은 숨겨 속이고 학문을 전수해주지 않는 행위를 하지 않으며 무엇을 하든지 여러분과 함께하는데 바로 자신의 사람됨(爲人), 일의 수행처리(行事), 세상사람과 함께하는 처세(處世) 도리(원칙)이다. 이렇게 반문하는 설문(設問) 방식의 수사법을 통해 밝히면서 문장을 일단락짓고 있다. 여기서 기술한 문장법에 내재된 논리를 정리하면 <표-47>과 같다.

<표-47> 내재논리 분석도

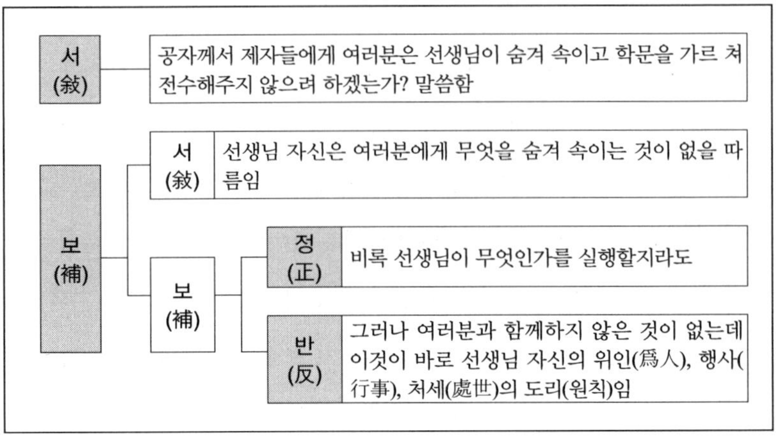


### 신역(信譯)

공자께서 "여러분은 내가 무엇을 숨겨 속일 것인가? 자신은 숨겨 속이는 것이 없을 뿐이며 자신이 실행하지만 여러분과 함께하지 않은 것이 없는데 이것이 자신의 사람됨의 도리이다"라고 말했다.

### 달역(達譯)

공자께서 제자들에게 "여러분은 선생님이 숨기고 학문을 전수해주지 않으려 할 것인가? 선생님은 무엇을 숨기고 전수해주지 않은 것이 없을 따름이다. 선생님이 무엇인가를 실행하지만 여러분과 함께하지 않은 것이 없는데 이것이 바로 선생님 자신의 사람됨(爲人), 일의 수행처리(行

事), 세상 사람들과 함께하는(處世) 도리(원칙)이다"라고 말씀하셨다.

## 아역(雅譯)

공자께서 제자들이여 "여러분은 선생님이 숨기고 속여 학문을 가르쳐 전수해주지 않으려 하겠습니까?(숨김없고 거짓없이 학문을 가르쳐 전수해 드립니다) 선생님 자신은 결코 무엇을 숨기고 속여 학문을 가르쳐 전수하지 않은 것이 없을 따름입니다. 비록 선생님 자신이 무엇인가를 실행할지라도 그러나 한 가지도 여러분과 함께하지 않은 것이 없었는데 이것이 바로 선생님 자신의 사람됨(위인爲人), 일의 수행처리(행사行事), 예의로 절제하는 가운데 사회 활동과 왕래교류하며 함께 살아가는(처세處世)의 도리(원칙)입니다" 라고 솔직한 심정을 토로하여 말씀하셨습니다.

## 함축의미

<표-48> 함축의미 분석

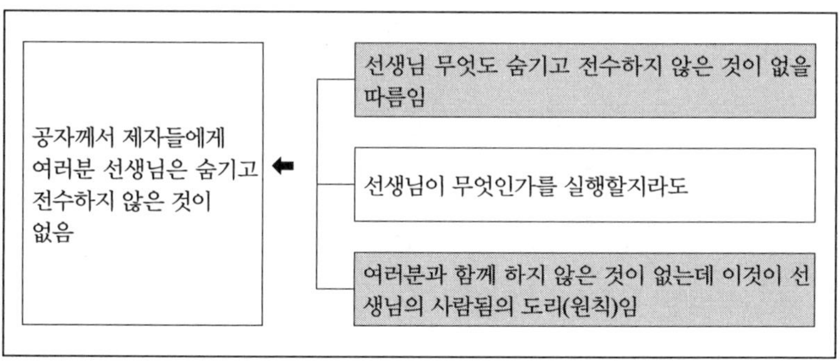

## 생각열기

'확립된 이론지식 정보의 전수'는 학습자들이 자신의 의지와 판단을 반영하여 연구 설계와 수행 과정에 참여하고 조율하는 일련의 과정을 포함하는 의미이지 않을까? 과거 데카르트, 홉스, 로크, 데이비드 흄, 토머스 리드 등이 포함된 학파에서 인간의 지식이론은 대체로 주관주의적이라 보았다. 그러나 이후 과학의 발달에 따라 입증된 과학적 지식은 확실한 종류의 인간 지식으로 간주된 것이라 보지 않았을까? 특히 과학적 관점에서 상식적 실재론의 본질적 진리는 지속적 지지를 얻는 반면에 일반적 지식이론은 일시적 지지를 얻는 주관주의의 커다란 실책이라고 생각하지 않았을까?

# 제25장

— 교수·학습의 핵심 요소를 이루는 4종류 요목(要目)

子以四教：文、行、忠、信。

zǐyǐsìjiào wén xìng zhōng xìn

## 관련 편장(篇章)

子不語：怪、力、亂、神。(「述而」篇 第21章)

子曰："弟子入則孝，出則弟，謹而信，汎愛衆，而親仁。行有餘力，則以學文。"(「學而」篇 第 6章)

## 주석(注釋)

① 이(以): 전치 '로(써)', '가지고', '사용해서'. 현대 중국어 '拿(ná)', '用(yòng)'에 해당함.

② 사교(四教): 명 4종류 항목의 가르침(교육).

③ 문(文): 명 고인들이 남겨 직접 전하거나 구전된『詩』,『書』,『禮』,『樂』등을 포함한 각종 문헌(文獻)을 가리킴.

④ 행(行): 명 '몸소 실행', '자신이 실천'이라는 의미로 중국어 '躬行(gōngxíng)', '言行的實踐(yánxíngdeshíjiàn)'에 해당함.

⑤ 충(忠): 명 '충직하고 성실함', '충성스런 마음'이. 현대 중국어 '忠誠(zhōng

chéng)', '忠心(zhōngxīn)'에 해당함.

⑥ 신(信): 명 '신용을 지킴', '믿음 있고 성실함'. 현대 중국어 '守信(shǒuxìn)', '信實(xìnshí)'에 해당함.

## 석의(析義)

① 이사교(以四教): 4종류 항목의 교육과정을 통해 제자들에게 교수 · 학습을 진행하다라는 의미이다.

② 행(行): 여기서 의미 파생하여 '몸소 실행 및 사회적 실천' 즉 '躬行及其社會實踐(gōng xíngjíqíshèhuìshíjiàn)'이라 해석해야 한다.

③ 충(忠): 여기서 의미 파생하여 '마음가짐이 충직하고 성실함' 즉 '存心忠誠(cúnxīnzhōng chéng)'이라 해석해야 한다.

④ 신(信): 여기서 의미 파생하여 '사람과 사귐의 믿음있고 성실함' 즉 '人交際的信實(rénjiāo jìdexìnshí)'라 해석해야 한다.

## 문법구조(文法構造)

전체 원문은 서사성 복합 문장이다. 앞 문장 "子以四教"는 서사성 단문이다. '子'는 주어이고 '以'는 전치사로 뒤 목적어 '四'를 이끌며 바로 목적어를 술어 '教' 앞에 놓았다. 술어 '教' 뒤에 동작을 받는 대상인 '學生'이 생략되었다. 뒤 문장은 판단을 표시하는 단문인데 '文、行、忠、信'은 술어이고 주어 '子'와 접속사 모두 생략되었다.

앞 한 마디 문장과 뒤 한 마디 문장은 보충관계로 구성된 것이다.

### 문장법 분석(文章法分析)

본문 내용은 '범(凡)—목(目)' 구조의 변화를 통한 전개이다. 전체 원문은 공자께서 4종류 항목으로 교육하시는데 고인들이 남긴 각종 문헌, 몸소 실행 및 사회실천, 마음가짐이 충성스러움, 서로 사귐에 믿음있고 성실함이다라고 말씀한 내용이다. 앞 문장은 '범(凡)'에 속하며 공자께서 4종류 항목의 교육과정을 통해 제자들에게 교수·학습을 진행하신다라고 총괄하여 말씀한 것이다. 뒤 문장은 '目(目)'에 속하는데 다시 '목일(目一)—목이(目二)—목삼(目三)—목사(目四)' 구조를 포함한 관계이다. 공자께서 그 4종류 항목은 고인들이 남겨 직접 전해지거나 구전된한 각종 문헌, 언행의 몸소 실행 및 그 사회적 실천, 평소 품은 마음가짐의 충직하고 성실함, 다른 사람과 사귐과 교류의 믿음있고 성실함 등이라 구분하여 말씀하셨다.

제자들이 선생님 공자께서 4종류 항목으로 교수·학습을 진행하시는데 고인들이 남긴 각종 문헌, 몸소 실행 및 사회실천, 마음가짐이 충성스러움, 서로 사귐에 믿음있고 성실함 등이라 중요한 강령(개요)를 기술한 내용으로 문장을 일단락짓고 있다. 여기서 기술한 문장법에 내재된 논리를 정리하면 <표-49>와 같다.

<표-49> 내재논리 분석도

| 구분 | 항목 | 내용 |
|---|---|---|
| 범(凡) | | 공자께서 4종류 항목의 교육과정을 통해 제자들에게 교수 · 학습을 진행하심 |
| 목(目) | 목일(目一) | 고인들이 남겨 직접 전해지거나 구전된한 각종 문헌을 많이 읽음 |
| | 목이(目二) | 언행의 몸소 실행 및 그 사회적 실천을 중시함 |
| | 목삼(目三) | 평소 품은 마음가짐의 충직하고 성실함을 힘써 추구함 |
| | 목사(目四) | 다른 사람과 사귐과 교류를 믿음있고 진심어리게 해냄 |

신역(信譯)

공자께서 4종류 항목으로 교육하시는데 고인들이 남긴 각종 문헌, 몸소 실행 및 사회실천, 마음가짐이 충성스러움, 서로 사귐에 믿음있고 성실함이다라고 말했다.

달역(達譯)

제자들이 공자께서 4종류 항목의 개요로 제자들에게 교육하시는데 고인들이 남겨 직접 전해지거나 구전된 각종 문헌(文獻), 언행의 몸소 실행 및 그 사회적 실천, 평소 품은 마음가짐의 충직하고 성실함, 다른 사람과 사귀어 교유함에 믿음있고 성실함 등이라 말하였다.

아역(雅譯)

제자들이 선생님 공자께서 4종류 항목의 중요한 요강을 사용해서 제자들에게 교수 · 학습을 진행하시는데 고인들이 남겨 직접 전해지거나 입에서 입으로 전해진『詩』,『書』,『禮』,『樂』 등이 포함된 각종 전적문헌(典籍文獻)을 많이 읽거나, 언행의 몸소 실행 및 그 자신의 사회적 실천을 중시하거나, 평소 품은 마음가짐의 충직하고 성실함을 힘써 추구하거나, 다른 사람과 사귀어 교유하는 인간관계를 믿음있고 진심어리게 해내는 등입니다라고 말씀하셨다 서술하였다.

함축의미

<표-50> 함축의미 분석

| 공자께서 4종류 항목의 교육 | ⇨ | • 고인들이 남긴 각종 문헌을 많이 읽음<br>• 몸소 실행 및 그 사회실천을 중시함<br>• 마음가짐의 충성스러움을 힘써 추구함<br>• 다른 사람과 사귐을 믿음있고 진심어리게 해냄 |
|---|---|---|

## 생각열기

'교수·학습 요목(Syllabus)'이란? 교수·학습 목표에 따라 가르칠 내용(what)과 그 순서 (order), 방법 (how)을 체계적으로 계획, 정리한 문서이다. 즉 '교수·학습 요목'은 교육 내용과 순서의 개요를 이루는 설계물로, 교과교재 구성의 근간이 아닐까? 교수·학습 내용만 포함한 전통식 교과과목 및 교수·학습 요목과 방법(우리나라가 해방된 1945년부터 1954년 서양식 교육체계를 받아들여 출범시킨 제1차 교육과정 시기 이전)까지 포함된 현대식 과정중심 교수·학습 요목이 있다.

# 제26장

— 성인(聖人), 선인(善人)처럼 변함 없는 도덕적 면모를 지닌 대체 인물 형상을 보기 어려움

子曰: “聖人, 吾不得而見之矣! 得見君子者, 斯可矣; “善人, 吾不得而見之矣! 得見有恒者, 斯可矣! 亡而爲有, 虛而爲盈, 約而爲泰, 難乎有恒矣!”

zǐyuē shèngrén wúbùdéérjiànzhīyǐ déjiànjūnzǐzhě sīkěyǐ zǐyuē shànrén wúbùdéérjiànzhīyǐ déjiànyǒuhéngzhě sīkěyǐ wúgérwéiyǒu xūérwéiyíng yuēérwéitài nánhūyǒuhéngyǐ

## 관련 편장(篇章)

子張問善人之道。子曰: “不踐迹, 亦不入於室。”(「先進」篇 第20章)

子曰: “‘善人爲邦百年, 亦可以勝殘去殺矣。’誠哉是言也。”(「子路」篇 第11章)

子曰: “善人教民七年, 亦可以 戎矣。”(「子路」篇 第29章)

“周有大賚, 善人是富。”(「堯曰」篇 第3章)

“聖人者, 知通乎大道, 應變而不窮, 能測萬物之情性者也。”(『大戴禮·五義』篇)

曰: “無恒産而有恒心者, 惟士爲能。”(『孟子·梁惠王』章句上)

## 주석(注釋)

① 성인(聖人): ❸ '천부적으로 시야가 넓고 사리에 밝아 현명하며 지혜와 덕성을 겸비하여 신처럼 받드는 사람' 즉 중국어 '天生睿智, 奉若神明之人(tiānshēngruìzhì fèngruòshénmíng zhīrén)'에 해당함.

② 지(之): ㊐ '성인'을 가리킴.

③ 군자(君子): ❸ 학습, 실천 및 사고하고 수양을 쌓아 덕성을 함양하며 지나치거나 치우침 없는 중용단계를 거쳐 최고 가치인 '인(仁) 즉 사랑의 정감'을 구현해 내 도덕(진리)적 경지에 도달한 이상 인격의 인물형상 즉 '인자(仁者)'라 부르기도 함.

④ 사(斯): ㊐ 앞에 전제한 조건 즉 '得見君子者'을 가리킴.

⑤ 선인(善人): ❸ 심성(心性)이 선량하고 언행이 올바르며 자애로운 사람.

⑥ 항(恒): ❸ 변함없는 마음, 일정한 마음과 언행.

⑦ 망(亡): ㊞ '무(無)'와 같고 '없다'라는 의미임. 현대 중국어 '沒有(méiyǒu)'에 해당함.

⑧ 위(爲): ㊜ 준……이라 여기(생각하)다. 현대 중국어 '認爲(rènwéi)', '以爲(yǐwéi)'에 해당함.

⑨ 허(虛): ㊖ '공허하다', '텅 비다', '공허하고 실질이 없다'. 현대 중국어 '空虛(kōngxū)', '空虛不實(kōngxūbùshí)'에 해당함.

⑩ 영(盈): ㊖ '충실하다', '가득하다', '충분하다'. 현대 중국어 '充實(chōngshí)', '充盈(chōng yíng)', '充足(chōngzú)'에 해당함.

⑪ 약(約): ㊖ '간단하다', '간소하다', '간략하고 과소하다'. 현대 중국어 '簡約(jiǎnyuē)', '簡素(jiǎnsù)', '簡約寡少(jiǎnyuēguǎshǎo)'에 해당함.

⑫ 태(泰): ㊖ '(정도가)지나치다', '과분하다'. 현대 중국어 '過甚(guòshén)', '過分(guòfēn)'에 해당함.

### 석의(析義)

① 사가(斯可): 여기서 앞 전제한 조건 단문에 이어진 뒤 후속결과 단문의 어휘결

합 형태의 술어이다. 앞뒤 문장을 연계시키는 접속사로 보아 현대 중국어 '這就(zhèjiù)'에 해당한다라고 주장하기도 한다. 전자는 후속결과 문장의 접속사가 생략되었다 보았고 후자는 '斯'자를 후속결과 문장의 접속사로 보았다.

② 자왈(子曰): 둘째 번 문장의 '子曰' 2자에 관해 주희(朱熹)의 『論語集注』에 "연문(衍文) 즉 더 들어간 글자라 의심한다"[23]라고 하였다. 일본 사람(日人) 다케조에 고코(竹添光鴻たけぞえ こうこう)의 『論語會箋』중에 '자왈(子曰)'로 시작되는 두 단락의 문장이 표시하는 시간이 다르다 여겼는데 앞 '자왈(子曰)'에 해당하는 시기 세상을 다스리는 이치가 여전히 아직 시퇴하지 않아 군자(君子)를 볼 수 있기 바라지만 뒤 '자왈(子曰)'에 해당하는 시기 세상을다스리는 이치가 이미 쇠퇴하여 선인(善人) 조차도 오히려 볼 수 없는데 하물며 군자라니? 이때 단지 보통 사람이라도 볼 수 있길 바라지만 이 역시 쉽지 않은 실정이었다. 기록한 사람이 이 두 단락 말들을 병렬하여 같이 안배한 것은 사람들이 당시 사회가 나날이 쇠퇴감을 보게 하려는 것이라는 의견은[24] 역사적 사실과 일치하는 합리적 추정이라 생각한다.

③ 유항자(有恒者): '변함없는 마음, 언행을 지닌 사람'이라 해석하며 '有恒心的人(yǒuhéng xīnderén)', '用心不二, 言行有常的人(yòngxīnbúèr yánxíngyǒuchángderén)', '有一定操守的人(yǒuyídìngcāoshǒuderén)'에 해당한다.

④ 망이위유(亡而爲有): 분명히 학문, 도덕을 지니지 않았음에도 지녔다 가장하는 당시 세속의 가식적 면모를 형용한다.

⑤ 허이위영(虛而爲盈): 분명히 언어문사(言語文辭)가 공허하면서도 가득차 충실한 것처럼 가장하는 위선적 면모를 형용한다.

⑥ 약이위태(約而爲泰): 분명히 행동거지가 지나치게 간단하고 약소하면서도 과분한 것처럼 가장하는 허영적 면모를 형용한다.

---

23) "'子曰'字疑衍文."(朱熹, 『點校四書章句集注』, 臺北: 長安出版社, p.99)

24) 다케조에 고코(竹添光鴻)의 의견은 왕희원(王熙元)의 『論語通釋』(上)에서 인용하여 정리한 것이다.(王熙元, 『論語通釋』(上), 臺北: 學生書局, 1988, p.383)

### 문법구조(文法構造)

전체 원문은 서사성 복합 문장이다. 첫째 번 문장 "子曰: '聖人, 吾不得而見之矣! 得見君子者, 斯可矣!'"는 서사성 복합 장문이이며 이중에 제1 문장 '聖人, 吾不得而見之矣'는 서사성 단문이다. '聖人'은 외부에 위치한 목적어이고 '吾'는 주어, '不得'은 2개의 부사어, '而'는 앞 부사어와 뒤 술어 '見' 사이에 더해진 접속사, '之'는 대명사로 '聖人'을 가리키며 '矣'는 문장 끝에 더해져 감탄 어투를 표시하는 조사로 현대 중국어 '了啊(lea)'에 해당한다. 제2 문장 '得見君子者, 斯可矣'는 조건관계로 구성된 장문이다. 조건 문장 '得見君子者'는 서사성 단문인데 주어는 '我'이지만 생략되었고 '得'은 부사어로 뒤 술어 '見'을 수식하며 '君子'는 목적어, '者'는 조건 단문 속의 문장 끝 멈춤 어투의 조사이다. 후속결과 문장 '斯可矣'는 태도를 표시하는 단문이고 주어는 바로 앞 조건 단문이며 '斯可'는 어휘결합 형태의 술어이다.

둘째 번 문장 "子曰: '善人, 吾不得而見之矣! 得見有恒者, 斯可矣! 亡(無)而爲有, 虛而爲盈, 約而爲泰, 難乎有恒矣!'"는 태도를 표시하는 복합 문장이다. 주어는 3개의 역접관계로 구성된 전문이 평행관계로 또 다른 1개의 큰 편폭의 장문을 구성하고 게다가 각 개의 역접관계로 구성된 장문은  한 마디의 태도를 표시하는 단문이기도 하며 한 마디 준 판단성 단문과 합성된 것이다. '亡、虛、約'은 술어이고 '而'는 접속사, 3개의 '爲'자는 모두 준 접속사이며 그 술어는 '有、盈、泰'이다. 이 한 마디 태도를 표시하는 문장의 술어 '難乎有恒' 역시 태도를 표시하는 장문이고 단지 주어 '有恒'은 어휘결합 형태이지만 도리어 술어 '難'의 뒤에 놓였으며 '乎'

는 술어에 앞에 놓이는 멈춤 어투를 표시하는 조사, '矣'는 태도를 표시하는 문장이 흔히 사용하는 감탄 어투를 표시하는 문장 끝 어조사이다. 여기서 '乎'는 현대 중국어 '呀(ya)'에 해당하며 '矣'는 현대 중국어 '的(de)'에 해당한다. 이 둘째 번 문장 속의 앞 세 마디 조건관계로 구성된 장문과 뒤 한 마디 태도를 표시하는 장문 사이는 보충관계라 말할 수 있다.

### 문장법 분석(文章法分析)

본문 내용은 '서(敍)—보(補)' 구조의 변화를 통한 전개이다. 전체 원문은 공자께서 성인을 자신은 그를 만나지 못했지만 군자를 만난다면 이도 곧 된것이지! 선인을 자신은 그를 만나지 못했지만 변함없이 늘 그러한 사람을 만난다면 이도 곧 된것이지! 무엇을 지니지 않았지만 지녔다하거나, 무엇이 공허하지만 충실하다하거나, 무엇이 간소하지만 과분하다하는데 어렵겠지! 변함없는 마음과 언행을 지니는 것이라고 말씀한 내용이다. 첫째, 둘째 번 '자왈(子曰)'롸 시작되는 문장은 '서(敍)'에 속하는데 각기 '반(反)—정(正)' 구조를 포함하며 두 문장의 '정(正)'은 다시 '조건(條件)—후속결과(後果)' 구조를 포함한 관계이다. 공자께서 제자들에게 천부적으로 현명하며 지혜와 덕성을 겸비하여 신처럼 받드는 성인을 선생님은 성인 그를 만나지 못했지만 학문, 수양을 쌓아 추구한 도덕경지에 도달한 군자를 만난다면 이 또한 곧 된거겠지! 심성(心性)이 선량하고 언행이 올바르며 자애로운 선인을 선생님은 그를 만나지 못했지만 변함없이 늘 한결같은 마음과 언행을 지닌 사람을 만난다면 이 또한 곧 된거겠지!라고 말씀하셨다. 셋째 번 문장은 '서(敍)—보(補)'에 속하는데 '서(敍)'는 다시 '조건(條件)—후속결과(後果)—조건(條件)—후속결과(後果)—조건(條件)—후속결과(後果)' 구조를 포함한 관계이다. 공자께서 분명히 학문, 수양을 추구하여 도달한 도덕정신을 지니지 않았지만 지닌 것처럼 가장하거나, 분명히 언어문사가 텅비어 공허하지만 가득차 충실한 것처럼 가장하거나, 분명히 행동거지가 간소하지만 과분한 것처럼 가장하는데 어렵겠지! 변함없이 늘 한결같은 마음과 언행을 지닌 것(그럼, 그렇고 말고)이라고 말씀하셨다.

공자께서 제자들에게 성인이 아니라면 군자, 군자도 아니라면 선인, 선인도 아니라면 변함없는 마음, 언행을 지닌 사람까지라도 만난다면 바로 된것이라 양보하시는 동시에 당시 사람들의 가식적, 위선적, 허영적 마음가짐과 태도에 개탄하셨다. 문장 중에 어순 도치 방식의 수사법을 통해 나날이 도덕정신이 쇠퇴해가는 현실을 직시하도록 일깨우는 내용으로 문장을 일단락짓고 있다. 여기서 기술한 문장법에 내재된 논리를 정리하면 <표-51>과 같다.

### <표-51> 내재논리 분석도

| | | | |
|---|---|---|---|
| 서(敍) | 반(反) | | 공자께서 제자들에게 천부적으로 성인을 선생님은 성인 그를 만나지 못했지만 |
| | 정(正) | 조건(條件) | 학문, 수양으로 '인(仁) 즉 사랑의 정감'을 구현해 도덕경지에 도달한 군자를 만난다면 |
| | | 후속결과(後果) | 이 또한 곧 된거라네! |
| | 반(反) | | 심성(心性)이 선량하고 언행이 올바르며 자애로운 선인을 선생님은 그를 만나지 못했지만 |
| | 정(正) | 조건(條件) | 변함없이 늘 한결같은 마음과 언행을 지닌 사람을 만난다면 |
| | | 후속결과(後果) | 이 또한 곧 된거라네! |
| 보(補) | 서(敍) | 반(反) | 분명히 학문, 수양을 추구하여 도달한 도덕정신을 지니지 않았지만 |
| | | 정(正) | 지닌 것처럼 가장함 |
| | | 반(反) | 분명히 언어문사가 텅비어 공허하지만 |
| | | 정(正) | 가득차 충실한 것처럼 가장함 |
| | | 반(反) | 분명히 행동거지가 지나치게 간략하고 과소하지만 |
| | | 정(正) | 과분한 것처럼 가장함 |
| | 보(補) | | 어렵겠지! 변함없이 늘 한결같은 마음과 언행을 지닌 것(그럼, 그렇고 말고)! |

### 신역(信譯)

공자께서 “성인을 자신은 그를 만나지 못했지만 군자를 만난다면 이도 곧 된것이지! 선인을 자신은 그를 만나지 못했지만 늘 그렇게 변함없는 사람을 만난다면 이도 곧 된것이지! 무엇을 지니지 않았지만 지녔다하거나, 무엇이 공허하지만 충실하다하거나, 무엇이 간소하지만 과분하다하는데, 어렵겠지! 늘 그렇게 변함없는 것이!“라고 말했다.

### 달역(達譯)

공자께서 제자들이여 “천부적으로 지혜와 덕성을 겸비한 성인을 선생님이 그를 만나지 못했지만 학문, 수양을 통해 ‘인(仁) 즉 사랑의 정감’을 구현하여 도덕경지에 도달한 군자를 만난다면 이 또한 곧 된거겠지! 심성(心性), 언행이 바르고 선량함며 자애로운 선인을 선생님이 그를 만나지 못했지만 변함없이 한결같은 마음과 언행을 지닌 사람을 만난다면 이 또한 곧 된거겠지! 학문, 수양을 추구하여 도달한 도덕정신을 지니지 않았지만 지닌 것처럼 하거나, 언어문사가 텅비어 공허하지만 가득차 충실한 것처럼 하거나, 행동거지가 지나치게 간소하지만 과분한 것처럼 하는데 어렵겠지! 변함없이 한결같은 마음과 언행을 지니는 것이(그럼, 그렇고 말고)!”이라고 말씀하셨다.

## 아역(雅譯)

공자께서 제자들에게 "비록 천부적으로 지혜와 덕성을 지녀 현명하며 신처럼 받드는 성인을 선생님이 성인 그를 만나지 못할지라도 그러나 학문을 추구하고 수양을 쌓아 덕성을 함양하며 못 미치거나 지나치지도 않은 중용단계를 거쳐 '인(仁) 즉 사랑의 정감'을 구현해내 도덕경지에 도달한 군자를 만난다면 이 또한 곧 된 것이겠지! 비록 심성(心性)이 선량하고 언행이 올바르며 자애로운 선인을 선생님이 그를 만나지 못할지라도 그러나 변함없이 늘 그러한 한결같은 마음과 언행을 지닌 사람을 만난다면 이 또한 곧 된 것이겠지! 비록 분명히 학문, 수양을 추구하여 도달한 도덕정신을 지니지 않았지만 지닌 것처럼 가장하거나, 비록 분명히 언어문사가 텅비어 공허하지만 가득차 충실한 것처럼 가장하거나, 비록 분명히 행동거지가 지나치게 간략하고 과소하지만 과분한 것처럼 가장하는데, 어려울거야! 변함없이 늘 그러한 한결같은 마음과 언행을 지니는 것이(그럼, 그렇고 말고)!"라고 도덕정신이 쇠퇴해 가는 현실을 개탄하며 일깨워 말씀하셨습니다.

## 함축의미

<표-52> 함축의미 분석

| 구분 | | 함축의미 |
|---|---|---|
| 공자께서 성인을 자신은 만나지 못했지만 군자를 만난다면 이도 곧 된것임 | ⇔ | • 가식적<br>• 위선적<br>• 허영적<br><br>• 변함없는 것이 어려움 |
| 선인을 자신은 만나지 못했지만 늘 그렇게 변함없는 사람을 만난다면 이도 곧 된것임 | | |

## 생각열기

'변함 없는 꾸준함'의 본질은 참아내는 인내, 식지않는 열정, 진정어린 헌신 그리고 자기 자신을 믿는 것 아닐까? 하지만 많은 사람들이 '변함 없는 꾸준함'을 단순한 습관이나 루틴(Routine, 즉 일상적으로 반복되는 행동이나 절차) 쯤으로 오해하기 쉽다. 특히 '변함 없는 꾸준함'과 '루틴'의 다른 점은 지속적 성질과 일상적 성질 간의 차이라 할 수 있지 않을까? 재능이 있든지 아니면 없든지 상관없이 늘(항상) 반추하고 생각하며, 꾸준히 자신의 일을 해가는 것이야말로 성공으로 가는 길은 아닐까?

# 제27장

— 곳곳에서, 일마다에서 모두 최고의 가치인 '인(仁) 즉 사랑의 정감'을 구현해냄

子釣而不綱，弋不射宿。

zǐdiàoérbùgāng yìbùshésù

## 관련 편장(篇章)

子曰: "君子無所爭。必也射乎！揖讓而升，下而飲，其爭也君子!" (「八佾」篇 第7章)

子曰: "'射不主皮'，爲力不同科，古之道也。" (「八佾」篇 第16章)

## 주석(注釋)

① 조(釣): 동 '낚시질하다', '낚시대로 낚시질하다'. 현대 중국어 '釣魚(diàoyú)', '用釣竿釣魚(yòngdiàogāndiàoyú)'에 해당함.

② 이(而): 접사 (역접표시)그러나.

③ 강(綱): 명 (물고기 잡는)어망 상단의 굵은 밧줄을 일컫는데 어망(魚網)을 빌려 가리키지만 본문에서 동사로 사용되었음.

④ 익(弋): 동 생사(生絲)를 사용하여 화살 위에 묶어 화살을 쏘다.

⑤ 숙(宿): 명 '자는 새', '쉬고 있는 새'. 현대 중국어 '宿鳥(sùniǎo)', '歇息了的鳥(xiēxile deniǎo)'에 해당함.

## 석의(析義)

① 조(釣): 여기서 '낚시대를 사용하여 물고기를 낚다'라고 해석하며 현대 중국어 '用釣(魚)竿釣魚(yòngdiàoyúgāndiàoyú)'에 해당한다.

② 강(綱): 여기서 동 '어망을 이용하여 물고기를 건져올리다', '어망을 펼쳐 물고기를 포획하다'라는 의미이며 현대 중국어 '用網撈魚(yònggānglāoyú)', '撒網捕魚(sǎgāngbǔyú)'라고 해석해야 한다.

③ 익(弋): 여기서 생사(生絲)를 사용하여 화살 위에 묶어 나는 새를 쏘는 것인데 이렇게하면 나는 새가 화살에 적중한 후 날개가 그물 줄에 방해받아 신속하게 추락하게 할 수 있다.

④ 숙(宿): 여기서 '보금자리에 깃든 새', '보금자리로 돌아와 쉬고 자는 새'라는 의미로 해석하며 현대 중국어 '棲息在巢中的鳥(qīxīzàicháozhōngdeniǎo)', '回巢歇宿的鳥(huícháoxiē sùdeniǎo)'에 해당한다.

## 문법구조(文法構造)

전체 원문은 서사성 복합 문장이다. 제1 문장 "子釣而不綱"은 서사성 단문과 태도를 표시하는 단문이 역접관계로 구성된 것이다. '子'는 주어이고 '釣'는 술어이며 그 뒤에 목적어를 더하지 않았다. '不綱'은 부정을 표시하는 부사어 '不'가 뒤 술어 '綱'을 수식하는 어휘결합 형태 술어이고 그 주어는 바로 '釣'이며 앞에 이어서 생략되었다. 제2 문장 "弋不射宿" 역시 역접관계로 구성된 장문인데 앞 한 마디는 서사성 단문이고 주어 '子'는 앞에 이어서 생략되었기에 그래서 단지 1개의 술어 '弋'이 출현하였을 뿐이다. 뒤 한 마디 '不射宿' 역시 서사성 단문인데 '不'는 부정을 표시하는 부사어로 뒤 술어 '射'를 수식하고 '宿'은 목적어이며 주어 '子'는 역시 위를 이어 생략되었다.

제1 문장과 제2 문장은 단지 연합(평행)관계라 말할 수 있다.

### 문장법 분석(文章法分析)

본문 내용은 '서사(敍事)—서사(敍事)' 병렬구조의 변화를 통한 전개이다. 전체 원문은 공자께서 낚시대로 물고기를 낚지만 그물로 물고기를 포획하지 않았으며 생사를 묶은 화살로 나는 새를 쏘지만 보금자리에서 자는 새를 쏘지 않았다라고 서술한 내용이다. 제1 문장은 '서사(敍事)'에 속하는데 다시 '정(正)—반(反)' 구조를 포함한 관계이다. 공자께서 낚시대를 사용하여 물고기를 낚아 올리지만 도리어 상단에 굵은 밧줄이 횡단되어 연결한 그물을 사용하여 흐르는 물에 펼쳐 물고기를 포획하지 않으셨다라고 서술하였다. 제2 문장 역시 '서사(敍事)'에 속하는데 다시 '정(正)—반(反)' 구조를 포함한 관계이다. 공자께서 생사로 화살 위에 묶어 나는 새를 쏘아 적중한 후 날개가 그물 줄에 방해받아 신속하게 추락하게 하셨지만 도리어 보금자리에 돌아와 깃들어 쉬며 자는 새를 쏘지 않으셨다라고 서술하였다.

제자들이 선생님 공자께서 낚시대로 물고기를 잡지만 그물로 포획하지 않거나 생사를 묶은 화살로 새를 쏘지만 보금자리에서 쉬며 자는 새를 쏘지 않는다는 사람, 사물 구별없는 '인(仁) 즉 사랑의 정감' 구현의 면모를 기술하는 내용으로 문장을 일단락짓고 있다. 여기서 기술한 문장법에 내재된 논리를 정리하면 <표-53>과 같다.

<표-53> 내재논리 분석도

| 서사 | 정반 | 내용 |
| --- | --- | --- |
| 서사(敍事) | 정(正) | 공자께서 낚시대를 사용해서 물고기를 낚아 올리지만 |
| | 반(反) | 도리어 굵은 줄로 연결된 그물을 사용해서 물고기를 포획하지 않음 |
| 서사(敍事) | 정(正) | 공자께서 생사 줄을 화살에 묶어 나는 새를 쏘아 추락하게 하여 잡지만 |
| | 반(反) | 도리어 둥지에 돌아와 깃들어 쉬며 자는 새를 화살로 쏘지 않음 |

### 신역(信譯)

공자께서 낚시대로 물고기를 낚지만 그물로 물고기를 포획하지 않았으며 생사를 묶은 화살로 나는 새를 쏘지만 보금자리에서 자는 새를 쏘지 않았다라고 서술했다.

### 달역(達譯)

제자들이 공자께서 낚시대를 사용하여 물고기를 낚지만 도리어 굵은 밧줄이 연결된 그물을 사용하여 물고기를 포획하지 않으시며, 생사로 화살 위에 묶어 나는 새를 쏘아 신속하게 추락하게 하셨지만 도리어 보금자리에 깃들어 쉬며 자는 새를 쏘지 않으셨다라고 서술하였다.

아역(雅譯)

제자들이 선생님 공자께서 낚시대를 사용하여 물고기를 낚아 올리지만 도리어 상단에 굵은 밧줄을 횡단하여 연결한 그물을 사용해서 흐르는 물에 펼쳐 물고기를 포획하지 않으셨고, 생사로 화살 위에 묶어 나는 새를 쏘아 적중시킨 후 날개가 그물 줄에 방해받아 신속하게 추락하게 하셨지만 도리어 보금자리에 돌아와 깃들어 쉬며 자는 새를 쏘지 않으셨습니다라고 사람에 그치지 않고 사물에까지 미치는 '인(仁) 즉 사랑의 정감' 구현의 면모를 서술하였습니다.

함축의미

<표-54> 함축의미 분석

| | | |
|---|---|---|
| 공자께서 낚시대를 사용해 물고기를 낚지만 | ⇔ | 도리어 그물을 사용해서 물고기를 포획하지 않음 |
| ‖ | | ‖ |
| 공자께서 화살에 생사를 묶어 나는 새를 쏘지만 | ⇔ | 도리어 보금자리에서 쉬며 자는 새를 화살로 쏘지 않은 |

생각열기

'사랑의 정감'이란? '사랑'은 인간의 삶을 하나로 묶어주는 가장 복잡하고 다층적이며 포괄적인 감정이다. '정감(情感)'은 사람이나 사물에 대한 마음이 끌리고 친근하게 느껴지는 감정이다. 종합하면 '사랑의 정감'은 깊고 따뜻한 공감과 이해를 바탕으로 형성되는 사람이나 사물에 대해 마음이 끌리고 친근하게 느껴지는 감정이라 말할 수 있지 않을까? 보다 쉽게 말해 그것은 삶의 형식을 통해 생겨나고 의미가 부여되어 구축되는 '좋음을 지향하며 마음이 끌리는 친근한 감정'이라 말할 수 있지 않을까?

# 제28장

— 무지(無知)하여 함부(마음대)로 실행하지 말고 많이 듣거나 보며 지식을 추구해야함

子曰: "蓋有不知而作之者, 我無是也。多聞, 擇其善者而從之, 多見而識之, 知之次也。"

zǐyuē gàiyǒubùzhīérzuòzhīzhě ěwúshìyě duōwén zéqíshànzhěércóngzhī duōjiànérzhìzhī zhīzhīcìyě

관련 편장(篇章)

子曰: "我非生而知之者, 好古敏以求之者也。"(「述而」篇 第20章)

孔子曰: "生而知之者, 上也。學而知之者, 次也。因而知之, 又其次也。困而 學, 民斯爲下矣。"(「季氏」篇 第9章)

**주석(注釋)**

① 개(蓋): 부 대체로.

② 지(知): 동 (인정을)분명히 알(이해하)고 (사리를)깊히 연구하여 꿰뚫(간파하)다.

③ 이(而): 접사 그러나, '도리어.

④ 작(作): 저작하다, 창작하다.

⑤ 시(是): ⓓ 앞 단문의 '不知而作之'의 일을 가리킴.
⑥ 선자(善者): ⓜ '좋은 것', '훌륭한 것'. 현대 중국어 '好的(hǎode)'에 해당함.
⑦ 택(擇): ⓥ '선택하다', '골라 취하다'. 현대 중국어 '選擇(xuǎnzé)', '擇取(zéqǔ)'에 해당함.
⑧ 종(從): ⓥ '쫓다', '따르다'. 현대 중국어 '跟從(gēncóng)', '依從(yīcóng)'에 해당함.
⑨ 식(識): ⓥ '기억하다'. 현대 중국어 '記憶(jìyì)', '記住(jìzhù)'에 해당함.

## 석의(析義)

① 부지이작지자(不知而作之者): 분명히 인정을 이해하여 알지도 사리(이치)를 궁구하여 꿰뚫지도 못하였지만 도리어 멋대(함부)로 창작하는 사람이라 해석해야 한다.
② 지지차(知之次): 「季氏」편 제9장에 "태어나면서 최고 가치가 구현된 도덕(진리)를 알았던 사람은 상등 자질과 능력을 소유한 사람이고, 학습실천 및 사고해서 일정한 관점을 지닌 견해로 정립하여 분명히 아는 사람은 다음 등급 자질과 능력을 소유한 사람이며, 곤궁하고 난처하여 학습실천 및 사고해서 일정한 관점을 지닌 견해로 정립하여 분명히 아는 사람은 다시 그 다음 등급 자질과 능력을 소유한 사람이다"[25]라고 하였다. 원문의 "귀열어 널리 많이 경청하고 그 중에 좋은 것을 가려 선택하며, 그런 후에 선택한 그것을 따라 쫓아 학습실천하고 다양하게 많이 직접 보며 그 본 것을 마음속에 잘 기억하는 사람(多聞, 擇其善者而從之, 多見而識之)"이 바로 '學而知之者'이다. 그래서 공안국(孔安國)의 『注』에 "이와 같은 사람은 태어나면서 최고 가치가 구현된 도덕(진리)를 알았던 사람은 상등 자질과 능력을 소유한 사람 다음(如此者, 次於天生知之)"이라 하였다.

25) "生而知之者, 上也; 學而知之者, 次也; 困而知之, 又其次也。"(『論語』, 十三經注疏本, 臺北: 藝文印書館, 1986, p.149)

## 문법구조(文法構造)

전체 원문은 서사성 복합 문장이다. '子'는 주어이고 '曰'은 술어이며 "蓋有不知而作之者, 我無是也。多聞, 擇其善者而從之, 多見而識之, 知之次也"는 목적어이다. 인용부호 속 첫째 번 문장은 역접관계로 구성된 장문이다. 제1 문장 "蓋有不知而作之者"는 주어가 없는 유무관계의 장문인데 '蓋'는 문장 머리에 놓인 조사로 다소의 부정적 어투를 표시하고 현대 중국어로 변역할만한 적당한 어휘가 없다. '有'는 술어이고 '不知而作之者'는 목적어이며 그 자체가 어휘조합 형태이다. 관형어 '不知而作之'는 2개의 서사성 단문이 역접관계로 구성된 장문이며 '者'는 '之人'과 같은 중심어이다. 관형어 중의 '不知'는 부정을 표시하는 부사 '不'가 뒤 술어 '知'를 수식하고 '而'는 제2 단문 머리에 놓인 접속사이며 '作之'는 단지 접미사 '之'를 동반한 연음 복합어휘의 술어이다. 뒤 문장 '我無是也'는 유무관계 단문인데 '我'는 주어이고 '無'는 술어이며 '是'는 대명사로 '不知而作之'를 가리킨다.

인용부호 속 둘째 번 문장은 판단을 표시하는 복합 문장이다. 주어는 2개의 시간관계로 구성된 장문이며 연합관계로 구성된 다른 1개의 긴 장문이기도 하다. 제1, 제2 문장의 '多聞'과 '多見'은 모두 서사성 단문이고 주어는 '任何人'이며 개괄성을 띠어 생략되었다. '多'는 뒤 술어 '聞'과 '見'을 수식하는 부사어이고 술어 뒤 목적어는 생략되었다. '擇其善者而從之' 역시 2개의 서사성 단문이 시간 선후관계로 구성된 긴 장문인데 '擇'과 '從'은 술어이고 '其善者'와 '之'는 목적어이며 앞뒤 문장 사이에 접속사 '而'자가 더해졌다. '而'자는 현대 중국어 '而後(érhòu)', '然後(ránhòu)'에 해당한다. 제3 문장은 판단성 복합 문장의 술어 '知之次'는 어휘조합 형태이다. 인용부호 속의 첫째 번 역접관계로 구성된 장문과 둘째 번 판단을 표시하는 복합 문장은 단지 보충관계라 말할 수 있다.

### 문장법 분석(文章法分析)

본문 내용은 '서(敍)—보(補)' 구조의 변화를 통한 전개이다. 전체 원문은 공자께서 대체로 인정과 사리를 분명히 알지 못하지만 창작하는 사람이 있는데 자신은 이러한 점이 없기에 많이 들은 후 그 좋은 것을 가려 이를 따르고 많이 본 후 마음에 기억하기에 선천적으로 아는 다음 등급인 것이다라고 말씀한 내용이다. 첫째 번 문장의 제1, 제2 문장은 '서(敍)'에 속하는데 다시 '반(反)—정(正)—반(反)' 구조를 포함한 관계이다. 공자께서 대체로 일종의 분명히 인정을 이해하여 알지도 사리(이치)를 궁구하여 체득하지 못하였지만 도리어 멋대(함부)로 창작하는 사람이 있는데 선생님 자신은 이러한 기풍의 나쁜 버릇이 없는 것이다라고 말씀하셨다. 둘째 번 문장의 제1 문장은 '보(補)'에 속하는데 '보일(補一)을 포함하고 다시 '선(先)—후(後)' 구조를 포함하며 '후(後)' 역시 '선(先)—후(後)' 구조를 포함하는 관계이다. 그리고 제2 문장은 '보이(補二)'를 포함하고 다시 '선(先)—후(後)' 구조를 포함하는 관계이며 제3 문장은 '보삼(補三)'에 속한다. 공자께서 널리 많이 경청하고 그 중에 좋은 것을 골라 선택한 후 그 좋은 것을 따라 본받으며 두루 많이 본 후 그것을 마음속에 잘 기억하는 것은 선천적으로 최고 가치가 구현된 도덕(진리)를 알았던 상등의 자질과 능력을 타고난 사람 다음 등급이다라고 말씀하셨다.

공자께서 대체로 인정과 사리를 분명히 알지 못하지만 창작하려는 사람이 있다고 당시 사회의 풍조를 언급하며 자신은 많이 듣고 많이 보며 학문, 수양에 힘써 도덕(진리)를 추구해가는 발전지향적 기풍을 높이 사는 사람이라 하였다. 이렇게 제자들의 정진을 독려하는 내용으로 문장을 일단락짓고 있다. 여기서 기술한 문장법에 내재된 논리를 정리하면 <표-55>와 같다.

**<표-55> 내재논리 분석도**

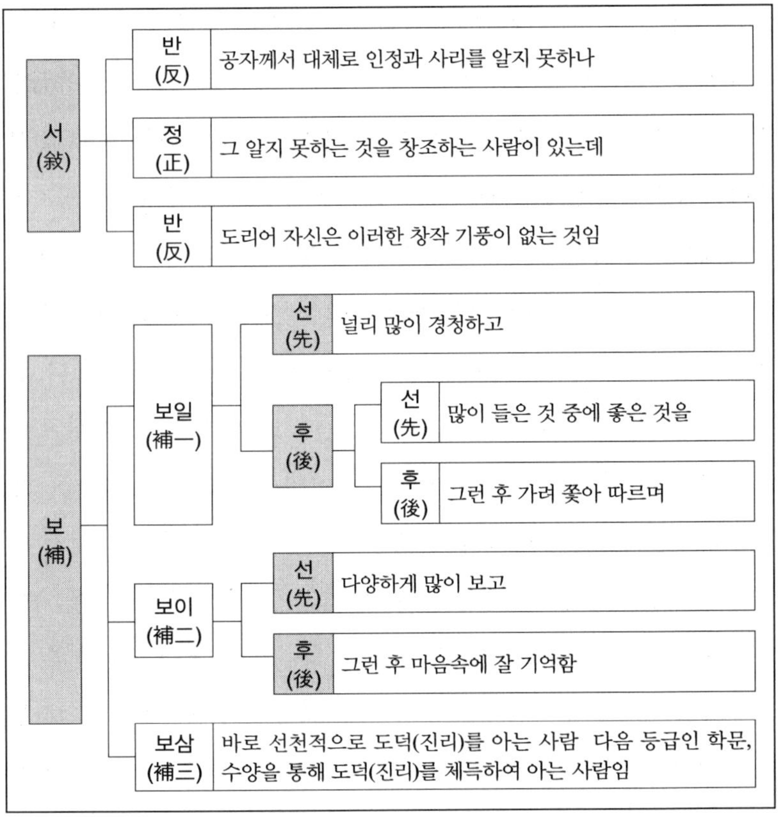

### 신역(信譯)

공자께서 "대체로 인정과 사리를 알지 못하나 창작하는 사람이 있는데 자신은 이러한 점이 없다. 많이 듣고 그 좋은 것을 선택한 후 이를 따르며, 많이 본 후 마음에 기억하기에 선천적으로 아는 사람 다음 등급이다"라고 말했다.

### 달역(達譯)

공자께서 제자들이여 "대체로 일종의 분명히 인정을 알지도 사리(이치)를 체득하지도 못하였지만 도리어 멋대(함부)로 창작하는 사람이 있는데 선생님 자신은 이러한 나쁜 태도의 기풍이 없는 것이다. 널리 많이 경청하고 그중에 좋은 것을 골라 선택한 후 그것을 쫓아 따르며, 두루 많이 보고 그런 후 본 것을 마음속에 잘 기억하는 것은 선천적으로 자질과 능력을 타고난 사람 다음 등급이다"라고 말씀하셨다.

### 아역(雅譯)

공자께서 "제자들이여 비록 대체로 일종의 분명히 인정을 이해하여 알지도 사리(이치)를 궁구하여 체득하지 못하였을지라도 그러나 아무것도 없이 멋대(함부)로 창작하는 사람이 있는데 선생님 자신은 이러한 나쁜 버릇의 기풍을 지니고 있지 않습니다. 널리 많이 경청하고 그 널리 많이 경청한 것 중에 좋은 것을 골라 선택한 그런 후 그 좋은 것을 쫓아 따라 본받으며, 두루 많이 보고 그런 후 그 두루 많이 본 것을 마음속에 잘 기억하는 것(즉 학습실천 및 사고해서 일정한 관점을 지닌 견해로 정립하여 분명히 아는 것)은 선적적으로 최고 가치인 '인(仁) 즉 사랑의 정감'이 구현된 도덕(진리)를 체득하여 알았던 상등의 자질과 능력을 타고난 사람 다음 등급입니다"라고 결코 선생님 자신도 여러분들과 다르지 않는 사람입니다 독려하시며 말씀하셨습니다.

## 함축의미

<표-56> 함축의미 분석

| | | |
|---|---|---|
| 공자께서 대체로 인정과 사리를 일지 못하지만 창작하는 사람이 있음 | ⇔ | 많이 듣고 그중에 좋은 것을 선택한 후 그것을 따름 |
| | | 많이 보고 그 본 것을 마음속에 기억함 |
| | | 천부적으로 도덕(진리)를 아는 등급 다음의 사람임 |

## 생각열기

'백 번 듣는 것이 한 번 보는 것만 못하다(百聞不如一見)'라는 말은 간단히 말하면 '아무리 여러 번 들어도 실제로 한 번 보는 것보다 못하다'라는 의미가 아닐까? 자세히 말하면 '간접적인 지식이론 정보나 일을 많이 듣는 것이 직접적인 지식이론 정보나 일을 한 번 경험해보는 것만 못하다'라는 의미가 아닐까? 말로만 전해 듣는 것이 실제와 다를 수 있다. 직접 경험한 사실이 훨씬 더 확실하고 정확하다. 이처럼 간접적으로 듣고 알게 된 것이 직접적으로 보고 알게 된 것보다 못하거나 정확하지 않을 수 있지 않을까? 간단히 말해, 실제로 경험하는 것의 중요성을 강조한 말은 아닐까?

# 제29장

— 과거 잘못에 얽매이지 않고 다른 사람의 진보를 격려하고 도와 일을 이루게 해 줌

互鄕難於言，童子見，門人惑。子曰：“與其進也，不與其退也；唯，何甚！人潔己以進，與其潔也，不保其往也。”

hùxiāngnányúyán tóngzǐxiàn ménrénhuò zǐyuē yǔqíjìnyě bùyǔqítuìyě wéi héshèn rénjiéjǐyǐjìn yǔqíjiéyě bùbǎoqíwǎngyě

관련 편장(篇章)

子曰：“過而不改，是謂過矣!”（「衛靈公」篇 第章）

“禹聞善言則拜。大舜有大焉，善與人同。舍己從人，樂取於人以爲善。自耕、稼、陶、漁以至爲帝，無非取於人者。取諸人以爲善，是與人爲善者也。故君子莫大乎與人爲善。”（『孟子·公孫丑』章句上）

“君子過，則改之；今之君子過，則順之。古之君子其過也，如日月之食，民皆見之，及其更也。民皆仰之，今之君子，豈徒順之，又從爲之辭。”（『孟子·公孫丑』章句下）

## 주석(注释)

① 호향(互鄕): 명 (지명)향명, 지금 어디인지 고증할 수 없음.

② 견(見): 동 '만나기를 요청하(바라)다', 알현을 요청하다'. 현대 중국어 '求見(qiújiàn)', '請求見面(qǐngqiújiànmiàn)'에 해당함.

③ 혹(惑): '의혹이 생기다', '의아하다 느끼다'. 현대 중국어 '産生疑惑(chǎnshēngyíhuò)', '感到疑惑(gǎndàoyíhuò)', 에 해당함.

④ 여(與): 동 '칭찬하다','찬동하다', '칭찬하며 지지하다'. 현대 중국어 '稱許(chēngxǔ)', '讚許(zànxǔ)'에 해당함.

⑤ 진(進): 명 '향상', '진보'. 현대 중국어 '上進(shàngjìn)', '進步(jìnbù)'에 해당함.

⑥ 퇴(退): '퇴보', '후퇴'. 현대 중국어 '退步(tuìbù)', '後退(hòutuì)'에 해당함.

⑦ 유(唯): 조사 (독립적으로 감탄을 표시하는 어투의 조사)'아', '그래'라고 해석하며 현대 중국어 '唉(ai)'에 해당함.

⑧ 하심(何甚): '어디 지나칠 필요까지!', '하필 지나치게 각박해야 할까!' 현대 중국어 '何必太過分呢(hébìtàiguòfēnne)!', '何必絶人太甚(hébìjuéréntàishén)!'에 해당함.

⑨ 결(潔): 형 '청렴 결백하게 하다', '세속에 물들지 않고 자신의 순결을 지키다'. 현대 중국어 '潔淨得很(jiéjìngdehěn)', '潔身自好(jiéshēnzìhǎo)'에 해당함.

⑩ 기(己) : 명 '자신', '자기 몸'이. 현대 중국어 '自身(zìshēn)', '己身(jǐshēn)'에 해당함.

⑪ 이(以): 접사 '……(하기에 편리)하도록'. '……하기 위하여'. 현대 중국어 '藉以(jièyǐ)', '以便(yǐbiàn)'에 해당함.

⑫ 보(保): 동 '지키다', '유지하다', '따지다(문제삼다, 염두에 두다)'. 현대 중국어 '守(shǒu)', '保持(bǎochí)', '計較(jìjiào)'에 해당함.

⑬ 왕(往): 명 '지난', '과거', '이전'. 현대 중국어 '以往(yǐwǎng)', '過去(guòqù)', '前日(qiánrì)'에 해당함.

## 석의(析義)

① 호향(互鄕): 여기서 호향 사람을 가리킨다. 당시 호향 이 곳의 풍속이 무너져 문란한 지경에 이르렀고 사는 사람들도 자신만 옳다 여기며 사리분별을 못해서 서로 이야기를 건네 의견교환하거나 교류하기 어려웠다 한다.

② 난어언(難於言): 정현(鄭玄)의『注』에 근거하면 호향의 사람들은 '언어가 자신만 전문적'인 바로 대다수 사람들이 자신이 옳다 생각하고 언행이 사리, 이치에 맞지 않아서 그들과 교류하며 환담하기 어려웠다한다.

③ 동자견(童子見): '호향의 동자가 와서 공자께 뵙(알현하) 수 있기를 바란다'라고 해석해야 한다.

④ 문인혹(門人惑): '공자께서 호향의 동자를 맞아들여 만나자 문하의 제자들이 호향 사람들은 언행이 사리이치에 부합하지 않아 교류하고 환담하기 어려운데 선생님께서 왜 그를 맞아들여 만나는지 의혹을 품었(의아하다 느꼈)다'라고 해석해야 한다.

⑤ 여기진(與其進): '그 호향 동자가 향상되어 진보함을 칭찬하며 지지하다'라고 해석해야 한다.

⑥ 결기이진(潔己以進): '자신이 청백하여 향상되어 진보하게 하기 위하여'라고 해석해야 한다.

## 문법구조(文法構造)

전체 원문은 서사성 복합 문장이다. 제1 문장은 태도를 표시하는 장문이다. '互鄕'은 주어이며 '互鄕之人'의 생략된 형태이다. '難與言'은 어휘결합 형태의 술어이고 '難'은 뒤 '與言'을 수식하며 '與'는 접속사로 그 뒤에 1개의 교유 보충어휘 '互鄕之人'이 생략되었다. 제2 문장 '童子見'은 주술구조로 구성된 서사성 단문이다. 제3 문장 '門人惑'은 태도를 표시하는 역시 주술구조로 구성된 단문이다. 첫째 번 문장 세 마디 중에 제2,

제3 문장은 인과관계로 구성된 장문이며 제1 문장과 보충관계로 구성된 것이다.

'子曰' 서사성 복합 문장의 제1 문장 "與其進也, 不與其退也"는 두 마디 서사성 복합 문장으로 상대적 관계로 구성된 장문이고 '與'는 칭찬하여 지지하는 술어이며 '其進'과 '其退'모두 조합식 어휘결합 형태의 목적어이다. 이 두 마디의 주어는 '我'이지만 생략되었다. '唯'는 독립적으로 감탄 어투를 표시하는 조사이며 현대 중국어 '唉(ài아이, 아이 참)'에 해당한다. 제2 단문 "何甚"은 태도를 표시하는 술어이며 '何'는 의문을 표시하는 부사어로 뒤 술어 '甚'(형용사로 명사의 성질이나 상태)을 묘사 서술하는 것이다. 그 주어는 '絶人(juérén각박하다)'이지만 생략하고 언급해내지 않았다. 제3 문장 "人潔己以進, 與其潔也, 不保其往也"는 추론관계로 구성된 장문이다. 추론 문장 "人潔己以進"은 서사성 단문인데 '人'은 사람이고 '潔己'는 사역성 복합 장문 '使潔己'가 사역동사 용법으로부터 전환 변화된 서사성 단문으로 부사어로 사용해서 술어 '進'을 수식하며 그 사이에 전치사 '以'자가 더해졌다. 결과 문장 '與其潔也, 不保其往也'는 앞 한 마디 서사성 장문과 두 한 마디 서사성 단문이 상대적 관계로 구성된 장문인데 '與'와 '不保'는 술어이고 조합식 어휘결합 향태의 '其潔'과 어휘조합 형태의 '其往'은 목적어이며 그 분석을 생략한다. 이 세 마디 문장은 단지 보충관계라 말할 수 있는 것이다.

## 문장법 분석(文章法分析)

본문 내용은 '원인(因)—결과(果)' 구조의 변화를 통한 전개이다. 전체 원문은 호향 사람들과 함께 얘기나누기가 어려운데 그곳 동자가 뵙기를 바라기에 만나주니 제자들이 의혹을 품자 공자께서 그의 진보를 지지하지만 그 퇴보를 지지하지 않는다하고 아이! 어디 그렇게 지나치게 각박해야 할까? 말하며 사람은 자신이 청백하게 하여 진보하도록 그 결백을 지지하기에 그의 지난 잘못을 따지지 않는다라고 말씀한 내용이다. 첫째 번문장은 '원인(因)'에 속하는데 '서(敍)—보(補)' 구조를 포함하며 '보(補)'는 다시 '원인(因)—결과(果)' 구조를 포함한 관계이다. 호향 사람들은 무너져 문란한 풍속의 영향으로 사람들의 언행이 사리이치에 맞지않아 교류하며 환담하기 어려웠는데 호양의 동자가 공자께 뵙기를 청해 공자께서 만나주기에 그래서 그 문하의 제자들이 선생님께서 왜 그를 맞아들여 만나는지 의혹을 품었다라고 기술하였다. 둘째 번 문장은 '결과(果)'에 속하는데 '결과(果)'에 속하는데 '서(敍)—보(補)' 구조를 포함하고 '서(敍)'는 다시 '정(正)—반(反)' 구조, '보(補)'는 다시 '추론(推論)—결과(結果)'구조를 포함하며 나아가 '결과(結果)'는 '정(正)—반(反)' 구조를 포함한 관계이다. 공자께서 그 호향의 동자가 향상되어 진보하는 것을 칭찬하며 지지하지만 그의 뒷거름쳐 퇴보하는 것을 칭찬하며 지지하지 않은 것인데 아이! 어디 그렇게 지나치게 각박할 필요있겠는가? 한탄하시어 다른 사람이 자신이 청렴결백하여 세속에 물들지 않고 향상되어 진보하도록 그의 청렴결백을 칭찬하며 지지해주지만 그의 지난 잘잘못을 따지지 않은 것이다라고 말씀하셨다.

호향이란 문란한 풍속, 열악한 환경조건 때문에 그곳 사람들과 환담하기 어려웠는데 마침 그곳 동자가 공자께 뵙기를 청해 만나주자 제자들이 으혹을 품기에 공자께서 제자들에게 그의 진보를 지지하지만 퇴보를 지지하지 않는다며 사람이 자신이 청렴결백하여 진보하도록 그의 청렴결백을 지지하지만 지난 옳고그름을 따지지 않은 것이다라고 하셨다. 바로 가르침에 그 부류를 구분하지 않는(有教無類)의 마음가짐과 태도를 표출한 내용으로 문장을 일단락짓고 있다. 여기서 기술한 문장법에 내재된 논리를 정리하면 <표-57>과 같다.

**<표-57> 내재논리 분석도**

- 원인(因)
  - 서(敍): 호향사람들은 문란한 풍속의 영향으로 사람들의 언행이 사리이치에 맞지않아 교류하며 환담하기 어려웠는데
  - 보(補)
    - 원인(因): 호양의 동자가 공자께 뵙기를 청해 공자께서 만나주기에
    - 결과(果): 그 문하의 제자들이 선생님께서 왜 그를 맞아들여 만나는지 의혹을 품었음
- 결과(果)
  - 서(敍)
    - 정(正): 공자께서 그 호향의 동자가 향상되어 진보하는 것을 칭찬하며 지지하지만
    - 반(反): 그 호향의 동자가 뒷거름쳐 퇴보하는 것을 칭찬하며 지지하지 않음
  - 보(補)
    - 추론(推論): 아! 어디 지나치게 각박할 필요있겠는가?한탄하심
    - 결과(結果)
      - 정(正): 다른 사람이 자신을 청렴결백하게 지키며 진보하도록 지지해주지만
      - 반(反): 그의 지난 잘잘못을 따지지 않은 것이라함

### 신역(信譯)

호향 사람들은 함께 얘기나누기가 어려운데 그곳 동자가 뵙기를 청해 만나주니 제자들이 의혹을 품기에 공자께서 "그의 진보를 지지하지만 그 퇴보를 지지하지 않는다. 아이! 어디 지나치게 각박해야할까?라고 말하며 사람은 자신이 청백하게하여 진보하도록 그 결백을 지지하지만 그의 지난 잘못을 따지지 않는다"라고 말했다.

### 달역(達譯)

호향 사람들은 문란한 풍속, 열악한 환경조건의 영향으로 자신만 옳다 여기며 사리분별을 못해 의견교환하기 어려웠는데 그곳의 동자가 공자께 뵙기를 청해 공자께서 만나주시기에 그 문하생들이 그러한 호향 사람들과 교류하며 환담하기 어려운데 선생님께서 왜 그를 만나는지 의혹을 품었다. 선생님 공자께서 "그 호향의 동자가 향상되어 진보하는 것을 칭찬하며 지지하지만 그 호향의 동자가 뒷거름쳐 퇴보하는 것을 칭찬하며 지지하지 않은 것이다. 아이! 어디 지나치게 각박할 필요있겠는가? 다른 사람이 청렴결백하여 세속에 물들지 않게 유지하며 향상하여 진보하도록 그 호향 동자의 청렴결백을 칭찬하며 지지해주지만 그 호향 동자의 지난 잘잘못을 따지지 않은 것이다"라고 말씀하셨다.

### 아역(雅譯)

제자들이 "호향 사람들은 문란한 풍속, 열악한 환경조건의 영향으로 사람들이 자신만 옳다 여기고 사리분별을 못해 서로 이야기를 건네며 의견교환하기 어려웠는데 왜냐하면 그곳 호양의 동자가 선생님 공자께 만나 뵙기를 요구하니 공자께서 맞아들여 만나주기 때문에 그래서 그 문하의 제자들이 호향 사람들은 문란한 풍속, 열악한 환견조건의 영향으로 사람들이 자신만 옳다 여기고 사리분별을 못해 서로 이야기를 건네며 의견교환하기 어려운데 선생님께서 도대체 왜 그를 맞아들여 만나는지 의혹을 품었(으아하다 느꼈)습니다. 선생님 공자께서 '비록 그 풍속이 문란하고 환경조건이 열악한 호향의 동자가 향상되어 진보하는 것을 칭찬하며 지지할지라도 그러나 그 풍속이 문란하고 환경조건이 열악한 호향의 동자가 뒷거름쳐 퇴보하는 것을 칭찬하며 지지하지 않습니다. 아이 참! 어디 반드시 지나치게 각박할 필요있겠습니까?한탄하셨습니다. 비록 다른 사람이 청렴결백하여 세속에 물들지 않게하여 자신의 순결을 지키며 향상하여 진보하도록 그 호향 동자의 청렴결백을 칭찬하며 지지할지라도 그러나 그 호향 동자의 과거 옳고그름을 문제삼아 따지지 않은 것입니다'라고 '유교무류(有敎無類, 가르침에 그 부류의 구분이 없었다)'의 마음가짐과 태도를 말씀하셨다" 기술하였습니다.

## 함축의미

<표-58> 함축의미 분석

| | |
|---|---|
| • 호향 사람들은 시비, 사리를 따질 수 없어 의견교환하기 쉽지 않음<br>• 호향의 동자를 만나줌<br>• 문하생들이 의혹 품음 | 공자께서 호향 동자의 진보를 지지하지만 퇴보를 지지하지 않음 |
| | 아! 어디 지나치게 각박하겠는가? |
| | 다른 사람이 청렴결백하여 진보하도록 호향 동자의 청렴결백을 지지하지만 도리어 그 과거 잘잘못을 따지지 않음 |

### 생각열기

'단 한 명의 학생도 포기하지 말라'는 말은 교육학에서 교육의 본질을 강조하는 중요한 목표이다. 단 한 명의 학생도 포기하지 않을 뿐 아니라 모든 학생이 자신의 꿈을 실현할 수 있도록 돕는 교육의 중요성을 언급한 것은 아닐까? 즉 교육은 모든 학생을 포기하지 않고 다 살리는 정신을 강조하는 분야이다. 모든 학생이 '평등한 기회, 출발을 전제한 교육 방향'을 제시하고 '생활 경험과 학습이 일치하는 교육'을 실현하기 위해 노력하며, 이를 통해 모든 학생이 소외받지 않고 교육을 받을 수 있어야 하지 않을까? 이러한 교육철학은 그 본질에 집중하여 모든 학생이 자신의 꿈을 실현할 수 있도록 돕는 교육의 중요성을 강조한 것이지 않을까?

# 제30장

— '인(仁) 즉 사랑의 정감'은 먼 곳에 있지 않고 자신의 마음속에 있으며 학문수양을 통해 덕성을 함양하여 진심으로 추구하면 구현됨

子曰: "仁遠乎哉? 我欲仁, 斯仁至矣!"

zǐyuē rényuǎnhūzāi ěyùrén sīrénzhìyǐ

관련 편장(篇章)

顔淵問仁。子曰: "克己復禮爲仁。一日克己復禮, 天下歸仁焉! 爲仁由己, 而由人乎哉?" (「顔淵」篇 第1章)

"無惻隱之心, 非人也; 無羞惡之心, 非人也; 無辭讓之心, 非人也; 無是非之心, 非人也。惻隱之心, 仁之端也, 羞惡之心, 義之端也; 辭讓之心, 禮之端也; 是非之心, 智之端也。人之有是四端也。" (『孟子·公孫丑』章句上)

주석(注釋)

① 인(仁): 명 대상과 범위를 달리한 여러가지 덕목들의 실행을 거쳐 구현해낸 핵심적 덕목 즉 최고 가치인 '사랑의 정감'을 가리킴.

② 호(乎): 조사 (반어)의문 어투를 표시하며 현대 중국어 '嗎(ma)'에 해당함.

③ 재(哉): 조사 감탄 어투를 표시하며 현대 중국어에는 없는 용법이다.
④ 욕(欲): 동 '하려하다', '……하려고 하다', '……하기를 바라다'. 현대 중국어 '想(xiǎng)', '想要(xiǎngyào)', '願意(yuànyì)'에 해당함.
⑤ 사(斯): 접사 '곧', '바로'라고 해석하며 현대 중국어 '就(jiù)'에 해당함.
⑥ 지(至): 동 '다다르다', '오다'. 현 대 중국어 '來(lái)', '來到(láidào)'에 해당함.

## 석의(析義)

① 인원호재(仁遠乎哉): 공자께서는 '인(仁) 즉 사랑의 정감'이란 그 학술사상의 핵심 덕목 즉 최고의 가치는 자신의 마음속에 존재한다 여기시기에 "설마 '인'이 멀리 있겠습니까?"라 반어법적 질문을 던진다면 사실 "'인'은 멀리 있겠습니까? 가까이 있겠습니까?"라고 묻는 셈이어서 "'인'은 멀리 있지 않습니다" 혹은 "'인'은 가까이 있습니다"라는 긍정적 대답을 기대한 질문이라 할 수 있다.

## 문법구조(文法構造)

전체 원문은 서사성 복합 문장이다. '子'는 주어이고 '曰'은 술어이며 "仁遠乎哉? 我欲仁, 斯仁至矣!"는 목적어이다. 인용부호 속 제1 문장은 태도를 표시하는 단문이다. '仁'은 주어, '遠'은 술어 모두 한 글자 어휘이다. '乎哉'는 2개의 어조사인데 '乎'는 의문을 표시하는 어조사이며 '哉'는 감탄을 표시하는 어조사이다. 왜냐하면 이 태도를 표시하는 문장이 반어법적 의문문을 채택했기 때문에 그래서 먼저 '乎'라는 어조사를 사용하고 동시에 다시 감탄의 의미를 표시하려해서 '乎'자 뒤에 감탄 어조사 '哉'자를 더했는데 이런 수법은 오직 고문에 있는 것이다. '乎'자는 현대 중국어 '嗎'에 해당하기에 뒤에 다시 '哉'자에 해당하는 '呀'를 더할 수 없다.

제2 문장 "我欲仁, 斯仁至矣"는 2개의 서사성 단문이 조건관계로 구성된 장문이다. "我欲仁"은 앞 조건 단문인데 '我'는 주어이고 '欲'은 술어이며 '仁'은 목적어이다. "斯仁至矣"는 후속결과 단문인데 '斯'는 그 접속사로 부사어로부터 전용변화한 것이고 현대 중국어 '就'자에 해당하며 '仁'은 주어, '至'는 술어, '矣'는 현대 중국어 '了'에 해당하는 문장 끝 어조사이다.

제1 문장과 제2 문장은 단지 보충관계로 구성된 것이라 말할 수 있다.

### 문장법 분석(文章法分析)

본문 내용은 '원인(因)—결과(果)' 구조의 변화를 통한 전개이다. 전체 원문은 공자께서 '인(仁)'이 멀리 있을까요라고 반문하고 자신이 '인'을 추구하려만 하면 바로 '인'이 이른거야라고 말씀한 내용이다. 제1 문장은 '원인(因)'에 속하며 공자께서 '인(仁) 즉 사랑의 정감'은 여러 가지 덕목들의 실행을 통해 구현해내는 것으로 곧 우리 자신의 마음속에 존재하는데 우리들에게서 멀리 떨어져 있을까요(있지 않기에)라고 반어법적인 답변을 기대하며 말씀한 것이다. 제2 문장은 '결과(果)'에 속하는데 다시 '조건(條件)—후속결과(後果)' 구조를 포함한 관계이다. 공자께서 자신이 힘써 노력해서 '인(仁)'을 추구하려만 하면 바로 '인(仁)'이 이른 것이겠지라고 말씀하셨다.

공자께서 제자들에게 '인(仁) 즉 사랑의 정감'은 자신의 마음속에 존재하지 멀리 떨어진 것이 아니기에 우리들 자신이 힘써 '인(仁)'을 추구하기만 하면 '인(仁)'은 도래할 거다라고 반어법적 설문(設問) 방식의 수사법을 통해 일깨우며 문장을 일단락짓고 있다. 여기서 기술한 문장법에 내재된 논리를 정리하면 <표-59>와 같다.

<표-59> 내재논리 분석도

| 구분 | | 내용 |
|---|---|---|
| 원인(因) | | 공자께서 '인(仁) 즉 사랑의 정감'이 멀리 떨어져 (있을까요? 있지 않을까요?)있지 않기에 |
| 결과(果) | 조건(條件) | 우리들 자신이 '인(仁)'을 힘써 추구하려만 하면 |
| | 후속결과(後果) | 바로 '인(仁)'은 도래할 거다 말씀함 |

신역(信譯)

공자께서 "'인(仁)'이 멀리 있을까요?(멀리 있지 않기에) 우리 자신이 '인'을 추구하려만 하면 바로 '인'이 이른거겠지"라고 말했다.

달역(達譯)

공자께서 제자들이여 "'인(仁) 즉 사랑의 정감'은 우리 자신의 마음속에 존재하는데 우리들에게서 멀리 떨어져 있을까요?(멀리 떨어져 있지 않기에) 그래서 우리들 자신이 힘써 '인(仁)'을 추구하려만 하면 바로 '인(仁)'

이 이른 것이겠지!"라고 말씀하셨다.

### 아역(雅譯)

공자께서 제자들이여 "왜냐하면 '인(仁) 즉 사랑의 정감'은 대상과 범위를 달리한 여러 가지 덕목들의 실행을 통해 구현해내는 것인데 왜냐하면 우리 자신의 마음속에 존재하기 때문에 그래서 만약 우리들에게서 (멀리 떨어져 있는 것이겠습니까? 가까이 자리해 있는 것이겠습니까?) 가까이 자리해 있는 것이기 때문에 우리들 자신이 힘써 노력해서 '인(仁)'을 추구하려만 하면 바로 '인(仁)'이 도래할 것이겠습니다!"라고 반어법적으로 긍정적인 대답을 기대하며 일깨워 말씀하셨습니다.

### 함축의미

<표-60> 함축의미 분석

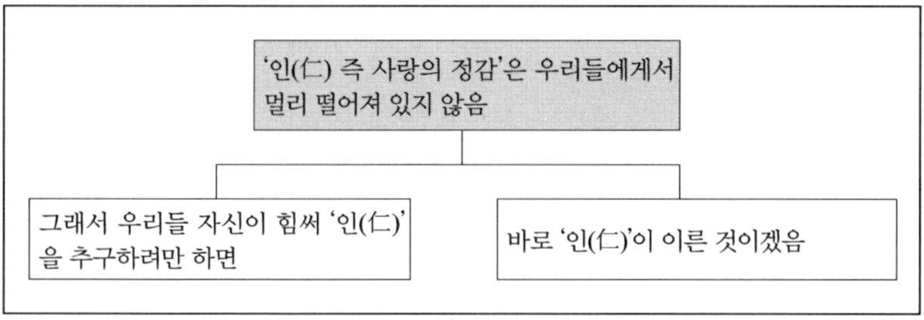

## 생각열기

"온 마음과 힘을 다해 노력하고 꿈꾸면 반드시 이루어진다"라는 말은 "온 마음과 힘을 기울인 최선의 노력을 다하고 진심으로 추구하며 염원하면 이루어진다"라는 의미의 표현이 아닐까? 어떤 일에 대해 몸과 마음을 아끼지 않고 최선의 노력을 다하고 진심으로 염원하며 이루어지도록 모든 에너지를 쏟아붓는 모습이 연상되는 말이다. 불현 듯 세종대왕께서 말씀하셨던 한 마디가 떠오른다. "그대는 자질이 훌륭하다. 그런 자질을 가지고 손 놓고 아무 것도 않지만 그대가 만약 온 마음과 힘을 써서 노력한다면 무슨 일인들 할 수 없겠는가(知汝質美, 不爲則已, 若用心力, 何事不能也)?"(『世宗實錄·二十二年七月二十一日』) 바로 최선을 다해 노력하고 꿈꾸도록 일깨우신 말씀은 아닐까?

# 제31장

— 최고 존엄인 군주를 비호하며 진실을 회피하지만 솔직하게 자신의 잘못을 인정하는 자세

陳司敗問: “昭公知禮乎?” 孔子曰: “知禮。” 孔子退, 揖巫馬期而進之, 曰: “吾聞君子不黨, 君子亦黨乎? 君取(娶)於吳, 爲同姓, 謂之吳孟子。君而知禮, 孰不知禮?” 巫馬期以告。子曰: “丘也幸! 苟有過, 人必知之。”

chénsībàiwèn zhāogōngzhīlǐhū kǒngzǐyuē zhīlǐ kǒngzǐtuì yīwúmǎqīérjìnzhī, yuē wúwénjūnzǐbùdǎng jūnzǐyìdǎnghū jūnqùyúwú wèitóngxìng wèizhīwúmèngzǐ jūnérzhīlǐ shúbùzhīlǐ wúmǎqīyǐgào zǐyuē qiūyěxìng gǒuyǒuguò rénbìzhīzhī

관련 편장(篇章)

子曰: “君子矜而不爭, 羣而不黨。” (「衛靈公」篇 第22章)

“諱國惡, 禮也。” (『左傳·僖公元年』)

子云: “善則稱人, 過則稱己, 則民不爭。善則稱人, 過則稱己, 則怨益亡。……” 子云: “善則稱君, 過則稱己, 則民讓善。……”

子云: “善則稱君, 過則稱己, 則民作忠。……” 子云: “善則稱親, 過則稱己, 則民作孝。……” (『禮記·坊記』第30)

## 주석(注釋)

① 진사패(陳司敗): 명 '진(陳)' 은 나라 이름이고 사패(司敗)는 관직 이름이며 바로 사구(司寇)로 주로 형법(刑法)을 관장하였음.

② 소공(昭公): 명 노(魯)나라의 군주로 이름은 조(稠)이고 소(昭)는 휘호이며 양공(襄公)의 아들이었다.

③ 무마기(巫馬期): 명 공자의 제자로 성은 무마(巫馬), 이름은 시(施), 자는 자기(子期, '期'자를 '旗'라고도 함)이며 선생님보다 30살 아래였음.

④ 읍(揖): 공수(拱手)해서 가슴 앞에 위치하게 하여 시행하는 예절을 가리킴.

⑤ 당(黨): 형 '치우쳐 사사롭다(현대 중국어 '偏私(piānsī)'에서 변화 전용되어 동 '서로 도와 그릇됨을 숨겨 덮어주다(중국어 '相助匿非(xiāngzhùnìfēi)'라고 해석해야 함.

⑥ 취(取): 동 '취(娶)'자와 같아 '장가들다', '맞아들여 장가가다'라는 의미임.

⑦ 위(爲): 동 '이다'. 현대 중국어 '是(shì)'에 해당함.

⑧ 오맹자(吳孟子): 명 노나라 소공(昭公)이 오나라에서 맞아들인 같은 성씨 아내를 불렸던 이름.

⑨ 행(幸): 형 '다행이다', '행운이다'. 현대 중국어 '幸運 (xìngyùn)'해당함.

⑩ 구(苟): 접사 (가설관계를 표시)'가령(설령)……할지라도'. 현대 중국어 '假使(jiǎshǐ)……就(jiù)'에 해당함.

## 석의(析義)

① 진사패(陳司敗): 진(陳)나라의 '사패(司敗)'라는 의미인데 바로 사구(司寇)이며 주로 형법(刑法)을 관장하였다. 『左傳・文公十一年』조문의 두예(杜預)의 『注』에 진(陳)나라, 초(楚)나라 두 나라에서 '사패(司敗)'로 일컬었다라고 하였다.

② 소공(昭公): 노나라 양공(襄公)의 아들로 주경공(周景公) 4년에 즉위하여 그 부친을 이어서 군주가 되었다.

③ 읍(揖)……이진지(而進之): 두손을 양쪽 손을 포개쥐고 공수(拱手)하여 가슴 앞에 위치하게 하는 동작인데 고인들은 서로 만나 인사를 건낼 때 먼저 이 예절 동작을 시행하였음. 진(進)은 사역동사이기에 '진지(進之)'는 바로 '사지진(使之

進)'이고 '읍(揖)……이진지(而進之)'는 바로 사패가 무마기에게 '읍'예를 시행하고 그가 앞으로 나아가도록 하였다는 것이다.

④ 군취어오(君取於吳): '군(君)'은 노나라 군주 소공(昭公)을 가리키고 '취(取)'자는 '취(娶)'자와 같으며 '오(吳)'는 지금의 회하(淮河), 사수(泗水) 남쪽 및 강소성(江蘇省) 가흥(嘉興), 호주(湖州) 등지를 차지하고 있었다는 나라이다. '소공'이 일찍이 오나라 여자를 아내로 맞아들였다는 말이다.

⑤ 동성(同姓): 소공(昭公)의 노나라는 주공의 후예(後裔)들로 성은 '희(姬)' 오나라는 주문왕(周文王)의 장자 태백(泰伯)의 후예로 성은 역시 '희(姬)'이기에 같은 성씨이다. 고대의 예의제도에 따르면 같은 성씨는 서로 결혼할 수 없었는데 예를들면『禮記』의「曲禮」와「坊記」에 모두 "아내에게 맞아들여 장가가는데 같은 성씨를 맞아들여 장가가지 않았다(取妻不取同姓)"라고 하였다.

⑥ 오맹자(吳孟子): 춘추(春秋)시대 군주 부인의 호칭은 일반적으로 그녀가 태어나 자란 나라의 이름을 그 본래 성 옆에 더해 불렀다. 노나라 '소공'이 오나라 여인을 맞아들여 장가가갔는데 이 부인을 마땅히 '오희(吳姬)'라 불러야 하지만 '같은 성씨는 혼인하지 않는다(同姓不婚)'는 것이 주나라의 예법이었기에 만약 노나라 군주가 부인을 '오희(吳姬)'라 하면 '희(姬)'자를 표명한 셈으로 그가 '같은 성씨는 혼인하지 않는다(同姓不婚)'는 예의제도를 위배한 것과 같아서 '오맹자(吳孟子)'라 고쳐 불렀다. '오맹자'의 의미는 오나라의 장녀(長女)이다. 대체로 소공은 그녀를 '맹자'라 불렀으며 노나라 국민들은 바로 '오맹자'라 불렀다.

⑦ 이고(以告): 사패(司敗)의 말로 공자께 알려주다.

## 문법구조(文法構造)

전체 원문은 서사성 복합 문장이다. 첫째 번 문장 "陳司敗問: '昭公知禮乎?'"는 서사성 복합 장문인데 왜냐하면 목적어 "昭公知禮乎"가 서사성 단문이기 때문이고 '陳司敗'는 주어이며 '問'은 술어이다. 목적어 자체로 보면 '昭公'은 주어, '知'는 술어, '禮'는 목적어이며 '乎'는 의문 어투의 문장 끝 조사로 현대 중국어 '嗎(ma)'에 해당한다.

둘째 문장 "孔子曰: '知禮'" 역시 서사성 복합 장문인데 왜냐하면 목적어 '知禮' 역시 서사성 단문이기 때문이고 '孔子'는 주어, '曰'은 술어이며, '知禮'는 목적어이다.

셋째 번 문장 '孔子退'는 서사성 단문이고 '孔子'는 주어이며 '退'는 술어이다.

넷째 번 문장 "揖巫馬期而進之曰: '吾聞君子不黨, 君子亦黨乎? 君取於吳, 爲同姓, 謂之吳孟子。君而知禮, 孰不知禮?'"는 시간관계로 구성된 장문이다. "揖巫馬期而進之"는 두 마디 서사성 단문이 시간 선후 관계로 구성된 장문이다. 앞 단문 '巫馬期'는 술어 '揖'의 목적어이고 '而'는 뒤 단문 머리에 더해지는 접속사이며 '進之'는 '使之進'에 해당하는 술어이다. '曰'자 뒤 단 인용부호 중의 제1 문장 "吾聞君子不黨"은 서사성 복합 장문인데 왜냐하면 목적어 '君子不黨'은 태도를 표시하는 단문이기 때문에 그것과 술어 '不黨'은 어휘결합 형태이다. 제2 문장 "君子亦黨乎"는 서사성 단문인데 '黨'은 '偏私', '偏愛'의 의미여서 동사 성질을 지녀 술어로 사용되었다. '亦'은 부사어이고 '居然(jūrán, 뜻밖에, 의외로, 생각 밖에)'과 같은 의미이며 제1 문장과 제2 문장은 역접 의미의 장문이다. 제3 문장 "君取於吳"는 서사성 단문인데 '君'은 주어, '取'는 '娶'로 술어이고 '於'는 전치사이며 '吳'는 '吳君女'에 해당하는 장소목적어이다. 제4 문장 "爲同姓"은 판단성 단문인데 주어는 '君與吳君女'의 생략 형태로 언급하지 않았고 '爲'는 접속사이며 '同姓'은 어휘조합 형태의 술어이다. 제5 문장 "謂之吳孟子"는 복합성 겸어문인데 주어는 '魯人'이지만 생략하고 언급하지 않았으며 '之'는 대명사로 '吳君女'를 가리킨다. '之'자 뒤 준 접속사 '曰'을 생략하고 언급하지 않았다. 겸어동사 '謂'에 대해 말하면 목적어이며 술어 '吳孟子'에 대해 말하면 주어이다. 제1, 제2 문장과 제3 문장은 연합관계이며 제3, 제4, 제5 문장 역시 연합관계이다. 제6 문장 "君而知禮, 孰不知禮"는 가설관계로 구성된 장문인데 가설 단문 머리에 비록 가설을 표시하는 접속사 '如'와 '若'을 더하지 않았으나 주어 '君'자 뒤에 접속사 '而'자를 더하였으며 바로 가설 의미를 표시해낼 수 있는데 왜냐하면 이 '而'자를 우리는 가설을 표시하는 접속사로 인정할 수 있다. "孰不知禮"는 서사성 단문인데 '孰'은 주어이고 '不知'는 어휘결합 형태의 술어이며 '禮'는 목적어이다. 그 앞 제3, 제4, 제5 문장과 제6 문장은 추론관계라 말할 수 있다.

다섯째 문장 "巫馬期以告"는 서사성 단문인데 '巫馬期'는 주어이고 '以'는 '拿', '用'에 해당하는 전치사로 뒤에 '陳司敗가 巫馬期에게 한 말'을 가리키는 '之'자가 생략되었으며 '告'는 술어이다.

여섯째 번 문장 "子曰: '丘也幸! 苟有過, 人必知之'"는 서사성 복합 문장인데 '子'는 주어이고 '曰'은 술어이며 "丘也幸! 苟有過, 人必知之"는 목적어이다. 제1 문장 "丘也幸"은 태도를 표시하는 단문이고 '丘'는 주어, '也'는 주어 뒤에 더해진 멈춤 어투를 표시하는 조사이며 '幸'은 술어이다. 인용부호 중의 제2 문장 "苟有過, 人必知之"는 가설관계로 구성된 장문인데 '苟有過'는 유무관계 단문이고 '苟'는 가설단문 머리에 더해진 접속사이고 '有'는 술어, '過'는 목적어이다. 뒤 사실단문은 서사성 단문이고 '人'은 주어, '必'은 부사어로 뒤 술어 '知'를 수식하며 '之'는 문장 끝에 더해진 어조사이다. 이 가설관계로 구성된 장문과 "丘也幸"은 보충관계로 구성된 것이다.

### 문장법 분석(文章法分析)

본문 내용은 '문(問)—답(答)' 구조의 변화를 통한 전개이다. 전체 원문은 진나라의 사구(司寇)가 소공이 예를 아는지 물으니 공자께서 예를 안다 대답하고 물러나왔다. 진나라 사구가 무마기에게 두 손모아 읍한 후 들어가 자신은 군자가 편애하지 않는다 들었는데 군자가 뜻밖에 편애할까? 묻고 노나라 군주가 오나라 여자에게 장가드는데 같은 성씨였기에 오맹자라 불렀다며 노나라 군주가 예를 알면 누가 예를 모를까라고 말하니 무마기가 진나라 사구의 말을 공자에게 알려주자 공자께서 자신은 행운인 것이 가령 과실이 있었다면 다른 사람이 반드시 알았을 거다라고 말씀한 내용이다. 첫째 번 문장은 '문(問)'에 속하며 진나라의 사패(司敗) 즉 사구(司寇)가 공자께 노나라 군주 소공(昭公)이 예의범절을 아십니까라고 물었다는 것이다. 둘째, 셋째 번 문장은 '답(答)'에 속하는데 다시 '선(先)—후(後)' 구조를 포함한 관계이다. 공자께서 진나라 사구에게 노나라 군주 소공께서는 예의범절을 아십니다라고 대답하고 공자께서 물러 나왔다라고 말씀하셨다. 넷째 번 문장은 '문(問)'에 속하는데 앞 문장은 '선(先)—후(後)' 구조를 포함하고 인용부호 속 제1, 제2 문장은 '정(正)—반(反)' 구조 제3, 제4, 제5 문장은 '서(敍)—보(補)' 구조를 포함하며 '보(補)'는 다시 '원인(因)—결과(果)' 구조를 포함할 뿐 아니라 제6 문장은 '가설(假設)—사실(事實)' 구조 등을 포함한 관계이다. 진나라 사구가 무마기에게 가슴 앞에 두 손을 모아 공수하여 '읍'례를 올린 후 그가 안으로 들어가게 하고 진나라 사구 자신은 군자가 다른 사람을 편애하여 도와 과실을 숨겨주지 않지만 군자가 뜻밖에 다른 사람을 편애하여 도와 과실을 숨겨주겠는가?라 물으며 노나라 군주 소공께서 오나라 군주의 장녀를 맞아들어 장가가는데 노나라와 오나라는 모두 같은 '희(姬)' 씨이기에 그녀를 오맹자라 부른다니 노나라 군왕이 예의범절을 안다면 어느 누가 예의범절을 모르겠는가라고 물었다. 다섯, 여섯째 문장은 '원인(因)—결과(果)'에 속하는데 '결과(果)'는 '서(敍)—보(補)' 구조를 포함하고 '보(補)'는 다시 '가설(假設)—사실(事實)' 구조 등을 포함한 관계이다. 무마기가 진나라 사구가 한 말을 공자께 알려주기에 공자께서 자신은 정말 행운인 것이 가령 무슨 과실이 있다하더라도 다른 사람들은 반드시 그 무슨 과실을 알 것이다라고 말씀하셨다.

공자께서 진나라 사구의 물음에 노나라 군왕의 잘못을 숨겨주려 대답을 회피하지만 이미 사실을 알고 있던 진나라 사구의 사실 적시의 말을 무마기가 듣고 공자께 알려주자 그 스스로 거리낌이 없이 잘못이라 말하는데 설문(設問) 방식의 수사법을 통해 잘못을 자인하는 내용으로 문장을 일단락짓고 있다. 여기서 기술한 문장법에 내재된 논리를 정리하면 <표-61>과 같다.

**<표-61> 내재논리 분석도**

- 문(問): 진나라 사구(司寇)가 공자께 노나라 소공(昭公)께서 예의를 아는지 물음
- 답(答)
  - 선(先): 노나라 소공께서 예의를 안다 대답함
  - 후(後): 그런 후 밖으로 물러나옴
- 문(問)
  - 선(先): 진나라 사구가 무마기에게 두 손을 가슴 앞에 모아 공수하여 '읍'례를 행함
  - 후(後): 그런 후 진나라 사구가 안으로 들어가게 함
  - 정(正): 진나라 사구 자신은 군자가 다른 사람을 도와 잘못을 숨겨주지 않는 다 들었지만
  - 반(反): 군자가 뜻밖에 다른 사람을 도와 잘못을 숨겨줄까요?
  - 추론(推論)
    - 원인일(因一): 노나라 군주 소공이 오나라 군주의 장녀를 맞아들여 장가감
    - 원인이(因二): 노나라와 오나라 모두 같은 '희(姬)'성 씨임
    - 결과(果): 도리어 사람들이 소공 부인을 오맹자라 부름
  - 결과(結果)
    - 가설(假設): 노나라 소공이 예를 안다면
    - 사실(事實): 세상에 주가 예를 모르겠는가(모두 암)
- 원인(因): 무마기는 진나라 사구가 한 말을 공자께 알려주기에
- 결과(果)
  - 서(敍): 공자께서는 정말 행운인 것이
  - 보(補)
    - 가설(假設): 가령 무슨 과실이 있다면
    - 사실(事實): 다른 사람들은 반드시 과실을 알 것임

### 신역(信譯)

진나라의 사패(司敗)가 "소공(昭公)은 예를 압니까?"라고 물었다. 공자께서 "예를 압니다"라고 말했다. 공자께서 물러나왔다. 진나라 사패가 무마기(巫馬期)에게 두 손모아 읍한 후 들어가 "자신은 군자가 편애하지 않는다 들었는데 군자가 뜻밖에 편애할까요? 군주께서 오나라에 장가드는데 동성이였기에 이를 오맹자라 불렀다. 군주께서 예를 알면 누가 예를 모를까?"라고 말했다. 무마기가 진나라 사패가 한 말을 공자께 알려주었다. 공자께서 "자신은 행운인 것이 가령 과실이 있다면 다른 사람이 반드시 알거다"라고 말했다.

### 달역(達譯)

진나라의 사패(司敗)가 공자께 "노나라 소공(昭公)은 예절을 아십니까?"라고 물었다. 공자께서 진나라 사구에게 "노나라 소공께서는 예절을 아십니다"라고 대답했다. 공자께서 물러 나왔다. 진나라 사구가 무마기에게 가슴 앞에 공수하여 '읍'례한 후 그가 안으로 들어가게 하고 "진나라 사구 자신은 군자께서 다른 사람을 편애하여 과실을 숨겨주지 않는다 들었지만 도리어 군자께서 뜻밖에 다른 사람을 편애하여 과실을 숨겨줄까요? 노나라 소공께서 오나라 여자에게 장가드는데 모두 같은 '희(姬)' 씨이기에 그녀를 오맹자라 부른다。노나라 군왕이 예절을 안다면 누가 예의범절을 모르겠는가?"라고 말했다. 무마기가 진나라 그가 한 말을 공자에게 알려주었다. 공자께서 "자신은 정말 행운이야! 가령 과실이 있다면 사람들은 반드시 그 과실을 알거다"라고 말씀하셨다.

아역(雅譯)

진나라의 사패(司敗)라는 관직 명칭 즉 사구(司寇)가 공자께 "노나라 군주 소공(昭公)은 예의범절을 아십니까?"라고 물었습니다. 공자께서 진나라 사구에게 "노나라 군주 소공께서는 예의범절을 아십니다"라고 대답하셨다. 공자께서 물러나 밖으로 나오셨다. 진나라 사구가 무마기에게 가슴 앞에 두 손을 모아 공수하여 '읍'례 인사를 올린 후 그가 안으로 들어가게 하고 "비록 진나라 사구 자신은 군자가 다른 사람을 편애하여 도와 과실을 숨겨주지 않는다 들었을지라고 그러나 군자가 뜻밖에 다른 사람을 편애하여 도와 과실을 숨겨주겠는가?라고 물으며 왜냐하면 노나라 군주 소공께서 오나라 군주의 장녀를 맞이하여 장가들드는데 노나라와 오나라는 모두 같은 '희(姬)'씨 성이기 때문에 그래서 세상 사람들은 그녀를 오맹자라 부른다하니 가령 노나라 군왕이 예의범절을 안다면 세상에 어느 누가 예의범절을 모르겠는가(사상에 어느 누구도 예의범절을 다 안다)?"라고 물었다. 무마기가 진나라 사구 그가 한 말을 공자에게 알려주었다. 공자께서 "나 자신은 정말 행운이지! 가령 무슨 과실이 있다면 다른 사람들은 반드시 그 무슨 과실을 알겁니다"라고 거리낌이 없이 곧바로 자신의 잘못을 시인하며 말씀하셨습니다.

## 함축의미

<표-62> 함축의미 분석

진나라 사패가 공자에게 소공께게서는 예의를 아십니까?물음

⇨

공자께서 소공께서는 예의를 아십니다 거짓 대답

⇕

- 군자는 편애하여 과실을 숨겨주지 않지만 뜻밖에 숨겨줄까요? 물음
- 소공이 오나라에 장가드는데 동성이기에 오맹자라 부름
- 군주가 예의를 안다면 어 느 누가 모를까?(다 안다)

- 진나라 사패가 무마기에게 '읍' 례 올 리고 안으로 들어감
- 무마기가 공자께 나눈 말을 해줌

⇨

- 공자께서 자신은 행운이라며 과실이 있다면 사람들이 반드시 알것이라 시인함

## 생각열기

'잘못을 솔직히 인정하는 자세'는 자신을 성장시키는 진정한 용기와 성숙함을 보여주는 행동이라 할 수 있지 않을까? 이러한 자세는 개인의 품위를 한 단계 올려주는 중요한 요소이지 않을까? 왜냐하면 자신의 잘못을 그대로 인정하는 것은 자존감에 손상을 줄 수 있기 때문에, 사람은 본능적으로 상황을 왜곡하거나 해석을 바꾸는 방식을 선택한다. 단언컨대 이는 바람직하지 못한 자세이다. 무엇보다도 잘못을 인정하는 것은 단순한 실수의 고백을 넘어 자신과 타인에게 진실되게 대하는 자세이며 자신의 성장으로 이어지게 하는 동력이라 할 수 있다. 잘못을 회피하거나 부정할 때 그 행동은 불신으로 이어져 갈등을 키우고 신뢰를 무너뜨

릴 것이다. 자기 자신을 돌아보고 잘못을 솔직하게 인정하여 비로소 성장할 수도, 진정한 강함을 갖출 수도 있지 않을까? 잘못을 인정하는 것이 결코 나약함을 의미하지 않는다. 그 과정은 대체로 다음 세 가지로 요약할 수 있을 것이다.

첫째, 잘못을 했을 때 변명하지 않고 솔직하게 인정하며 이를 성장의 기회로 삼는다.

둘째, 타인의 충고를 귀담아 듣고 자신의 부족한 점을 개선하려고 노력한다.

셋째, 잘못을 부끄러워 하며 회피하기보다 배움의 과정으로 받아들인다.

# 제32장

一 노래 부르는 일을 빌려 마음에 품은 음악을 즐기고 좋아하는 심정을 드러냄

子與人歌而善，必使反之，而後和之。

zǐyǔréngēérshàn bìshǐfǎnzhī érhòuhézhī

## 관련 편장(篇章)

子於是日哭，則不歌。(「述而」篇 第9章)

子擊磬於衞。(「憲問」篇 第41章)

“取瑟而歌，使之聞之。”(「陽貨」篇 第20章)

子語魯大師樂曰：“樂其可知也。始作，翕如也；從之，純如也，皦如也，繹如也，以成。”(「八佾」篇 第23章)

子曰：“吾自衞反魯，然後樂正，雅誦各得其所。”(「子罕」篇 第14章)

## 주석(注釋)

① 여(與): 접사 ‘……와 같이(함께)’. 현대 중국어 ‘同(tóng)……一道(yídào)’, ‘和(hé)……一起(yìqǐ)’에 해당함.

② 선(善): 형 ‘좋다’, ‘훌륭하다’, ‘잘 불러졌다’. 현대 중국어 ‘好(hǎo)’, ‘唱好(chànghǎo)’,

'唱得好(chàngdehǎo)'에 해당함.

③ 반(反): 동 '다시 한번', '새로 다시 한 번'. 현대 중국어 '再……一遍(zàiyíbiàn)'. '重新再……一遍(chóngxīnzàiyíbiàn)'에 해당함.

④ 지(之): 지대 '歌'를 가리키는 대명사.

⑤ 이후(而後): 접사 (시간 선후 표시)'그런 후', '……후'. 현대 중국어 '然後(ránhòu)'에 해당함.

⑥ 화(和): 동 가락(장단)을 맞추어 한 번 부르다 '應合(yìnghé)', '應和(yìnghé)', '應和唱一遍(yìnghéchàngyíbiàn)'에 해당함.

## 석의(析義)

① 여인가(與人歌): '다른 사람과 같이(함께) 노래 부르다'로 해석하며 중국어 '同別人一道唱歌(tóngbiérényídàochànggē)', '和別人一起唱歌(hébiérényìqǐchànggē)'에 해당한다.

② 선(善): 여기서 '노래가 좋다(훌륭하다)'라고 해석해야한다. 왜냐하면 술어 '善'의 주어는 '歌'이지만 생략하고 언급하지 않았다. 이른바 '노래가 좋다(훌륭하다)'라는 것이 무엇을 의미할까? 바로 부른 노래의 음조가 조화롭고 음색이 분명하며 음정박자가 잘 맞다는 것을 의미할 것이다.

③ 반지(反之): '反'은 '다시(再zài)' 혹은 '새로 다시 (重新再chóngxīnzài)'라는 의미이며 '之'자는 '歌'를 가리키는 대명사이다. 따라서 '다시 한 번 노래하(부르)다', '새로 다시 한 번 노래하(부르)다'라고 해석하며 현대 중국어 '再唱一遍(zàichàngyíbiàn)'. '重新再唱一遍(chóng xīnzàichàngyíbiàn)'에 해당한다.

## 문법구조(文法構造)

전체 원문은 서사성 복합 문장이다. 제1 문장 "子與人歌而善"은 연합관계로 구성된 장문이다. 앞 문장 '子與人歌'는 서사성 단문인데 '子'는 주어이고 '與'는 접속사, '人'은 교유 보어이며 '歌'는 술어이다. 뒤 문장 '而善'은 태도를 표시하는 단문인데 '而'는 접속사이고 '善'은 태도를 표시하는 단문의 술어이며 주어 '歌'는 생략하고 언급하지 않았다. 제2 문장 "必使反之"는 겸어문인데 주어는 '子'이지만 생략되었으며 술어 '使'자 뒤에 놓여야 '使'에 대해 말하면 목적어, '反'에 대해서 말하면 주어인 '之'자는 생략되었는데 바로 앞 문장 속의 '人'자를 가리키는 대명사이다. 술어 '反' 뒤의 '之'자는 목적어이고 '歌'를 가리키는 대명사이다. 제3 문장 "而後和之"는 서사성 단문인데 '而後'는 '然後'와 같아 조합식 의미연계 복합어휘로 시간 선후관계를 표시하는 접속사이며 바로 제2 문장의 머리에 더해져 있지 않다. 주어 '子'는 여전히 생략되었고 '和'는 술어이며 '之'는 여전히 '歌'를 가리키는 대명사로 목적어이다.

제2 문장과 제3 문장은 시간 선후관계이며 제1 문장과 그 뒤 시간 선후관계로 구성된 장문은 인과관계로 구성된 것이다.

### 문장법 분석(文章法分析)

본문 내용은 '원인(因)—결과(果)' 구조의 변화를 통한 전개이다. 전체 원문은 공자께서 다른 사람과 노래하는데 노래가 훌륭했기에 반드시 다른 사람으로 하여 다시 노래를 부르게 한 후 다른 사람과 장단을 맞추어 노래를 부른다라고 말씀하셨다는 내용이다. 제1 문장은 '원인(因)'에 속하는데 연합(평행) 형태의 전환관계로 다시 '서(敍)—보(補)' 구조를 포함한 관계이다. 공자께서 다른 사람과 함께 노래 부르는데 그 노래의 음색(音色), 음조(音調), 음정(音程), 절주(節奏) 즉 리듬과 박자(拍子) 모두 훌륭하였기에라고 말씀하셨다. 제2, 제3 문장은 '결과(果)'에 속하는데 다시 시간 '선(先)—후(後)' 구조를 포함한 관계이다. 공자께서 반드시 다른 사람으로 하여 다시 한 번 노래를 부르게한 후 공자 자신이 다른 사람과 장단을 맞추어 한 번 불렀다라고 말씀했다라고 서술하였다.

공자께서 노래 부르는 일을 빌어 음악 자체가 훌륭함을 넘어 그 지닌 중요성 즉 사람들의 마음을 움직이거나 정서를 순화하는 교화작용(教化作用)이 무궁하다라는 마음이 잘 드러난 내용으로 문장을 일단락짓고 있다. 여기서 기술한 문장법에 내재된 논리를 정리하면 <표-63>과 같다.

<표-63> 내재논리 분석도

| | | |
|---|---|---|
| 원인(因) | 서(敘) | 공자께서 다른 사람과 함께 노래를 부르는데 |
| | 보(補) | 노래가 음색, 음조, 음정, 리듬과 박자가 훌륭하기에 |
| 결과(果) | 선(先) | 반드시 다른 사람이 새로 다시 한 번 노래를 부르게한 후 |
| | 후(後) | 공자 자신과 가락(장단)을 맞춰서 노래를 불렀음 |

### 신역(信譯)

공자께서 다른 사람과 노래하는데 노래가 훌륭했기에 반드시 다른 사람으로 하여 다시 노래를 부르게 한 후 다른 사람과 장단을 맞추어 노래를 불렀다라고 서술했다.

달역(達譯)

제자들이 공자께서 다른 사람과 같이 노래 부르는데 그 노래의 음색(音色), 음조(音調), 음정(音程), 절주(節奏 즉 리듬과 박자(拍子) 등이 훌륭하였기에 반드시 다른 사람으로 하여 새로 다시 한 번 노래를 부르게한 후 공자 자신이 다른 사람과 장단을 맞추어 한 번 부르셨다라고 서술하였다.

아역(雅譯)

제자들이 왜냐하면 선생님 공자께서 다른 사람과 함께 노래 부르는데 그 노래의 음색(音色)이 분명하기도, 음조(音調)가 조화롭기도, 음정(音程)이 안정되기도, 절주(節奏 즉 리듬과 박자(拍子)가 규칙적이며 맞기도 하여 훌륭하였기 때문에 그래서 반드시 다른 사람으로 하여 새로 다시 한 번 노래를 부르게한 그런 후 선생님 공자 자신이 다른 사람과 가락(장단)을 맞추어 한 번 부르셨습니다라고 술회하여 서술하였습니다.

## 함축의미

<표-64> 함축의미 분석

| | | |
|---|---|---|
| 공자께서 다른 사람과 노래하는데 노래가 훌륭함 | ⇨ | 반드시 다른 사람이 다시 노래를 부르게 함 |
| | | 그런 후 공자 자신과 한 번 노래 부름 |

## 생각열기

'불협화음(不協和音)'이란 말은 두 가지 의미가 존재한다. 그 하나는 서로 뜻이 맞지 않아 일어나는 충돌이다. 다시 말해, 의견 차이나 이해관계 충돌로 발생하는 현상이다. 다른 하나는 둘 이상의 음이 같이 울릴 때, 서로 어울리지 않아 발생하는 불안정한 울림이다. 다시 말해 어울리지 않은 음의 조합으로 발생하는 현상이다. 이렇게 두 가지 의미가 존재하지만 공통적으로 '서로 맞지 않음'이라는 의미를 내포하고 있지 않을까? 특히 불협화음은 인류의 역사, 음악의 시작과 함께 기니긴 세월 동안 발전해온 것은 아닐까? 협화음(協和音, 어울림음)과 불협화음(不協和音, 안어울림음) 이 두 가지 용어가 대비적으로 서로를 정의하는 구조적 이분법에 따라 형성된 것은 아닐까? 즉, 불협화음은 협화음이 아니고 협화음은 불협화음이 아니다라는 식으로 말이다.

# 제33장

— 학문, 수양하는 노력은 따를 사람이 없는데 실행을 거쳐 도덕(진리)정신을 추구하지만 아직 철저히 깨달아 터득하여 구현해내지 못함

子曰: "文, 莫吾猶人也.躬行君子, 則吾未之有得."

zǐyuē wénmò wúyóurényě gōngxíngjūnzǐ zéwúwèizhīyǒudé

관련 편장(篇章)

子曰: "君子博學於文, 約之以禮, 亦可以不畔矣夫?"(「雍也」篇 第26章)

子曰: "博學於文, 約之以禮, 亦可以弗畔矣夫?"(「顔淵」篇 第15章)

顔淵喟然歎曰: "……夫子循循然善誘人, 博我以文, 約我以禮."(「子罕」篇 第10章)

子曰: "……行有餘力, 則以學文."(「學而」篇 第6章)

子曰: "君子道者三, 我無能焉! 仁者不憂, 知(智)子不惑, 勇者不懼."(「憲問」篇 第29章)

주석(注釋)

① 문(文): ❸ 고인들이 남겨 직접 전하거나 구전된『詩』,『書』,『禮』,『樂』등을 포함한 각종 문헌(文獻)을 가리키는데 여기서 각종 문헌상으로부터 학습, 실천 및

사고를 통해 일정한 관점을 지닌 견해로 정립한 학문지식이라 해석해야 함.

② 막(莫): 동 '없다', 대사 (누가)없다. 중국어 '無(wú)' 현대 중국어 '沒有(誰méiyǒushéi)'에 해당함.

③ 궁행(躬行): 동 '몸소 실행하다', '친히 실천하다'.

④ 군자(君子): "학습, 실천 및 사고하고 수양을 쌓아 덕성을 함양하며 지나치거나 못 미침 없는 중용의 단계를 지나 '인(仁) 즉 사랑의 정감'이란 핵심 덕목 즉 최고의 가치를 구현하여 추구한 도덕(진리)정신"이라 해석해야 함.

⑤ 칙(則): 접사 '그러나', '도리어'. 현대 중국어 '可是(kěshì)', '卻(què)'에 해당함.

⑥ 지(之): 대사 '躬行君子'의 일을 가리킴.

⑦ 득(得): 동 '구하여 얻다', '추구하여 실현되다'. 현대 중국어 '求得(qiúdé)', '做到(zuòdào)'에 해당함.

## 석의(析義)

① 문막(文莫): 대체로 2가지 해석이 존재한다. 하나는 '文'을 주어로 '莫'을 술어(SV)로 보아 끊어 읽기하는 것인데 "고인들이 남겨 직접 전하거나 구전된 『詩』, 『書』, 『禮』, 『樂』 등을 포함한 각종 문헌(文獻)을 가리키는데 여기서 각종 문헌상으로부터 학습, 실천 및 사고를 통해 일정한 관점을 지닌 견해로 정립한 학문지식의 추구가" 줄여 " 즉 각종 전해 내려온 전적과 구전 등 문헌으로부터 얻어진 학문지식의 추구가"라는 해석이다. 다른 하나는 '文莫' 두 글자를 복합어휘의 주어로 보아 연음하여 읽기하는데 '莫'자는 '慔'자로 '勉'의 의미이기에 '文莫'는 '黽勉'과 같고 '열심히 노력하다', '부지런히 힘쓰다'라는 의미의 해석이다. 예를 들면 유보남(劉寶楠)의 『論語正義』에 "『說文』에 '忞은 강하다. 慔는 힘쓰다.' '문막(文莫)' 즉 '민모(忞慔)'로 가차자이다. 『廣雅』에도 '文'은 강하다이다.'……근안에 『淮南子・繆稱訓』에 '아직 힘써 같이 하지 않다.' 고유(高誘)의 『注』에 '막(莫)은 힘쓰는 것이다.' 역시 '막(莫)은 모(慔)를 가차한 것이다'"[26]라고

26) "案: 『說文』: '忞, 强也.慔, 勉也.''文莫'卽'忞慔', 假借字也.『廣雅』亦云: '文, 强也.'……謹案: 『淮南子・繆稱訓』: '猶未之莫與.'高誘『注』: '莫, 勉之也.'亦是借'莫'爲'慔'."(劉

하였다.

② 미지유득(未之有得): 은 '미유득지(未有得之)'의 어순 도치 형태이며 바로 현대 중국어 '沒有求得', '沒有做到'라는 의미에 해당한다.

## 문법구조(文法構造)

전체 원문은 서사성 복합 문장이다. '子'는 주어이고 '曰'은 술어이며 "文, 莫吾猶人也。躬行君子, 則吾未之有得"은 목적어이다. 인용부호 속 제1 문장은 판단성 복합 장문인데 '文'은 주어 '莫'은 술어 '吾猶人'은 목적어로 준판단성 단문이다. '吾'는 주어이고 '猶'는 준 접속사이며 '人'은 중심어로 현대 중국어 '像我一樣的別人(xiàngwǒyíyàngdebiérén)'에 해당한다. 제2 문장 "躬行君子, 則吾未之有得"은 역접관계로 구성된 장문인데 '躬行君子'는 서사성 단문이고 '躬'은 뒤 술어 '行'을 수식하는 부사어이며 '君子'는 목적어이다. '則吾未之有得' 중의 '則'은 역접관계 단문 머리에 더해진 접속사로 현대 중국어 '可是'에 해당하며 '吾'는 주어이다. '未之有得'은 유무관계 단문인데 어순도치된 형태로 본래 '未有得之'이고 '未'는 부정을 표시하는 부사어, '有'는 '未'의 수식을 받는 술어이며 '得之'는 목적어이다. 이 부정 문장 목적어 '得之'의 '之'가 비록 지시대명사이지만 고문 어순에 따르면 술어 '有'자 앞에 언급되는 것은 마땅하지 않음에도 확실히 앞에 더해졌는데 이것은 단지 예외의 용례라 말할 수 있거나 말하는 사람의 일시적 착오에 의해 만들어졌을 것이라 추정한다.

제1 문장과 제2 문장 또한 역접관계이다.

---

寶楠,『論語正義』上, 臺北: 文史哲出版社, 1990, p.281)

## 문장법 분석(文章法分析)

본문 내용은 '정(正)—반(反)' 구조의 변화를 통한 전개이다. 전체 원문은 공자께서 학문지식의 추구가 자신과 같은 다른 사람은 없지만 몸소 군자가 학문을 추구하여 도달하려는 도덕(진리)정신은 도리어 자신은 아직 그것을 실현하지 못했다라고 말씀한 내용이다. 제1 문장은 '정(正)'에 속하며 공자께서 고인들이 남겨 직접 전하거나 구전된 『詩』,『書』,『禮』,『樂』 등을 포함한 각종 문헌(文獻)을 가리키는데 여기서 각종 문헌상으로부터 학습, 실천 및 사고를 통해 일정한 관점을 지닌 견해로 정립한 학문지식의 추구가 마치 자신과 비견할만한 다른 사람이 없는데라고 부정적 전제를 말씀한 것이다. 제2, 제3 문장은 '반(反)'에 속하는데 다시 '정(正)—반(反)' 구조를 포함한 관계이다. 공자께서 자신이 몸소 군자의 학습, 실천 및 사고하고 수양을 쌓아 덕성을 함양하며 지나치거나 못 미침 없는 중용의 단계를 지나 '인(仁) 즉 사랑의 정감'이란 핵심 덕목 즉 최고의 가치를 구현하여 도달한 도덕(진리)정신일지라도 그러나 자신은 아직 군자의 그것을 추구하여 실현해내지 못했다라고 겸손하게 말씀하셨다.

공자께서 학문지식의 추구는 어렵지 않지만 대상과 범위가 다른 여러 덕목들의 실행을 통해 '인(仁) 즉 사랑의 정감'을 구현해내 도달한 도덕(진리)정신의 실현은 도리어 쉽지 않다며 겸손하게 제자들이 그 실천에 힘쓰도록 일깨우는 내용으로 문장을 일단락짓고 있다. 여기서 기술한 문장법에 내재된 논리를 정리하면 <표-65>와 같다.

<표-65> 내재논리 분석도

| 구분 | | 내용 |
|---|---|---|
| 정(正) | | 공자께서 전해진 전적, 구전 문헌으로부터 학습, 실천 및 사고하여 일정한 관점을 지닌 견해로 정립한 학문지식을 추구하는데 |
| 반(反) | 정(正) | 몸소 학문을 추구하고 수양을 쌓아 '인(仁)'을 구현해내 도달하는 도덕정신을 실현할지라도 |
| | 반(反) | 그러나 선생님 자신은 아직 그것을 추구하여 실현하지 못했음 |

### 신역(信譯)

공자께서 "학문지식의 추구가 자신과 같은 다른 사람은 없는데 몸소 군자가 학문을 추구하여 도달하려는 도덕(진리)정신이지만 도리어 자신은 아직 그것을 실행하지 못했다"라고 말했다.

### 달역(達譯)

공자께서 제자들이여 "고인들이 전해준 전적, 구전 등 각종 문헌(文獻)상으로부터 학습하여 정립한 학문지식의 추구가 마치 자신과 비교할만한 다른 사람이 없는데 자신이 몸소 군자가 학문을 추구하고 수양을 쌓아 덕성을 함양하며 중용의 단계를 거쳐 '인(仁) 즉 사랑의 정감'을 구현하여 도달한 도덕(진리)정신일지라도 그러나 자신은 아직 군자의 그것을 추구하여 실현해내지 못했다"라고 말씀하셨다.

## 아역(雅譯)

공자께서 제자들이여 "고인들이 남겨 직접 전하거나 구전된 『詩』,『書』,『禮』,『樂』등을 포함한 각종 문헌(文獻)상으로부터 학습, 실천 및 사고를 통해 일정한 관점을 지닌 견해로 정립한 학문지식의 추구가 마치 자신과 비견할(비교하여 따라 잡을)만한 다른 사람이 없는데 비록 선생님 자신이 몸소 군자가 학습, 실천 및 사고하고 수양을 쌓아 덕성을 함양하며 지나치거나 치우침 없는 중용의 단계를 지나 '인(仁) 즉 사랑의 정감'이란 핵심 덕목 즉 최고의 가치를 구현하여 도달한 도덕(진리)정신을 실행할지라도 그러나 선생님 자신은 아직 군자의 그것(몸소 군자가 학습, 실천 및 사고하고 수양을 쌓아 덕성을 함양하며 지나치거나 치우침 없는 중용의 단계를 지나 '인(仁) 즉 사랑의 정감'이란 핵심 덕목 즉 최고의 가치를 구현하여 도달한 도덕정신)을 추구하여 실현해내지 못했습니다"라고 겸손하게 말씀하셨습니다.

## 함축의미

<표-66> 함축의미 분석

공자께서 학문지식의 추구가 자신과 같은 다른 사람은 없는데 ⇔

- 몸소 군자가 학문을 추구하여 도달하려는 도덕(진리)정신이지만
- 도리어 자신은 아직 그것을 실행해내지 못했음

## 생각열기

"학문, 수양을 추구하여 도덕(진리)정신을 실행해내다"라는 말은 도덕적 삶을 위한 각성과 성장을 통해 바람직한 인간상을 창출하는 과정이라 할 수 있지 않을까? 학문추구는 지식론인데 학습, 실천 및 사고를 병행하여 도덕(진리)를 추구하는 과정이며 수양추구는 수양론인데 수양을 쌓아 덕성을 함양하여 품격덕성을 완성하는 과정이라 말할 수 있지 않을까? 여기서 지식론은 학문적 삶을 위한 발전적 방법론으로 개인의 소양, 능력 구비를 목표로 삼고 있고, 수양론은 도덕적 삶을 위한 실천적 방법론으로, 개인의 도덕적 성장을 목표로 삼고 있지 않을까?

# 제34장

— 성인(聖人)과 인자(仁者) 모두 감당할 수 없지만 그들을 본보기로 학문을 통한 도덕(진리) 추구를 싫어하지 않고 다른 사람 가르치길 게을리하지 않음

子曰: "若聖與仁, 則吾豈敢? 抑謂之不厭, 誨人不倦, 則可謂云爾已矣!" 公西華曰: "正唯弟子不能學也."

zǐyuē ruòshèngyǔrén zéwúqǐgǎn yìwéizhībùyàn huìrénbùjuàn zékěwèiyúněryǐyǐ gōngxīhuáyuē zhèngwéidìzǐbùnéngxuéyě

관련 편장(篇章)

子曰: "默而識之, 學而不厭, 誨人不倦, 何有於我哉?" (「述而」篇 第2章)

大宰問於子貢曰: "夫子聖者與? 何其多能也!." (「子罕」篇 第6章)

"子貢問於孔子曰: '夫子聖矣乎?' 孔子曰: '聖, 則吾不能.我學不厭, 而敎不倦也.' 子貢曰: '學不厭, 智也; 敎不倦, 仁也.仁且智, 夫子旣聖矣!' " (『孟子 公孫丑』章句上)

## 주석(注釋)

① 약(若): 접사 (가설관계 단문의 문두에 위치)'가령(설령)……하더라도'라고 해석하며 현대 중국어 假如(jiaru(假使jiashi)……)에 해당함.

② 성(聖): 명 성인(聖人)을 가리킴.

③ 인(仁): 명 인자(仁者)를 가리킴.

④ 칙(則): 접사 (가설관계 뒤 단문의 문두에 위치)'그러면'이라 해석하며 현대 중국어 '那麽(nàme)'에 해당함.

⑤ 기(豈): 조사 (부정표시 의문)어떻게(어찌)……하겠는가.

⑥ 감(敢): 동 '감당하다', '용감하게 담당하다'. 현대 중국어 '敢當(gǎndāng)', '勇敢地擔當(yǒnggǎnde dāndāng)'에 해당함.

⑦ 억(抑): 접사 (역접관계 표시)'그러나'라고 해석하며 현대 중국어 '然(rán)', '但是(dànshì)'에 해당함.

⑧ 위(爲): 동 학습하다, 학문하다.

⑨ 염(厭): 동 '귀찮아하다', '싫어하다'. 현대 중국어 '厭煩(yànfán)'에 해당함.

⑩ 회(誨): 동 '가르치다', '깨우치다', '타이르다'. 현대 중국어 '教誨(jiàohuì)'에 해당함.

⑪ 권(倦): 동 '권태롭다', '고단하여 피곤하다'. 현대 중국어 '倦怠(juàndài)'에 해당함.

⑫ 칙(則): 접사 '곧(바로)……다', '이다'라고 해석하며 현대 중국어 '是(shì)'에 해당함.

⑬ 정(正): 동 '바로……이다', '바로 그러하다'. 현대 중국어 '正是(zhèngshì)'에 해당함.

⑭ 유(唯): 조사 (희망표시)'……(바)것' 중국어 '所(suǒ)', 현대 중국어 '的(de)'에 해당함.

## 석의(析義)

① 기감(豈敢): 본래 '어찌 감히……하겠는가'라는 의미이지만 여기서 '어찌 감당하겠는가'라고 해석하며 현대 중국어 '怎麽敢當(zěnmegǎndāng)', '哪里敢承擔(nǎligǎnchéngdān)'에 해당한다.

② 운이(云爾): 조사 (문장 끝에 위치)'이런 정도에 불과하다', '그저 그러할 따름이라 말하다'라고 해석하며 현대 중국어 '不過如此(búguòrúcǐ)', '說如此如此(shuōrúcǐrúcǐ)'에 해당한다.

③ 이의(已矣): 조사 (문장 끝에 위치)단지……일 뿐이다'라고 해석하며 현대 중국어 '罷了(bàle) '에 해당한다.

### 문법구조(文法構造)

전체 원문은 서사성 복합 문장이다. 첫째 번 문장 "子曰: '若聖與仁, 則吾豈敢? 抑爲之不厭, 誨人不倦, 則可謂云爾已矣!'"는 가설관계로 구성된 장문인데 '子'는 주어이고 '曰'은 술어이며 "若聖與仁, 則吾豈敢? 抑爲之不厭, 誨人不倦, 則可謂云爾已矣"는 목적어다. 제1 문장 '聖與仁'은 어휘연계 형태 가설 단문으로 판단성 문장의 술어가 되고 그것의 주어는 '吾'이지만 생략되었으며 '若'은 앞 가설 단문에 더해진 접속사인데 현대 중국어 '假使', '如果'에 해당한다. 뒤 사실을 언급한 '則吾豈敢'은 서사성 단문이고 주어는 '吾', '豈'는 의문 어투의 조사이며 그 뒤에 목적어가 더해지지 않았다. 만약 목적어를 더해야 한다면 바로 '聖與仁'일 것이다. 문장 머리에 더해진 '則'은 접속사이며 현대 중국어 '那麼(nàme)'에 해당한다. 제2 문장 "抑爲之不厭, 誨人不倦, 則可謂云爾已矣!"는 한 마디 판단성 복합 장문인데 주어 "爲之不厭, 誨人不倦"은 두 마디 태도를 표시하는 단문이 평행관계로 구성된 장문이다. '抑'은 역접관계 접속사이며 '爲之'와 '誨人' 모두 어휘결합 형태로 두 마디 태도를 표시하는 문장의 주어이이다. '爲之'는 단지 접미사 '之'를 동반한 연음 복합어휘 술어이고 '不厭'과 '不倦' 역시 모두 어휘결합 형태를 술어로 삼은 것이다. '則'은 접속사이며 현대 중국어 '是'자에 해당한다. '可謂'는 어휘결합 형태의 술어이고 동사 '謂' 뒤 목적어가 생략되었으며 만약 목적어를 더한다면 그것은 바로 '吾敢爲之不厭, 誨人不倦'일 것이다. '云爾'는 본래 '說如此如此'의 의미이지만 결합식 의미결합 복합 어휘가 변해 바로 문장 끝 어조사가 되었고 현대 중국어 '罷了'이며 그 뒤에 다시 2개의 어조사 '已矣'가 더해졌다. 그 목적은 음절을 길게 늘여 어투가 느릿느릿하고 완만함에 이르게 한 것이다. 현대 중국어로 번역해내면 이 4글자 어조사는 단지 1개의 '罷了'로 말할 수 있다. 왜냐하면 제1 문장과 제2 문장은 역접 관계이기 때문에 그래서 제2 문장 머리에 접속사 '抑'자을 더했고 그것의 작용은 '然'자와 같으며 현대 중국어 '但是'에 해당한다.

둘째 번 문장 "公西華曰: '正唯弟子不能學也'"는 한 마디 서사성 복합 문장인데 인용부호 속 문장의 '公西華'는 주어이고 '曰'은 술어이며 "正唯弟子不能學也"는 목적어이다. 목적어 그자체로 판단성 복합 장문인데 주어는 '爲之不厭, 誨人不倦', '正'은 부사어, '唯'는 접속사이고 술어 '弟子不能學'은 서사성 단문이며 목적어 '之'자는 대명사로 생략되었는데 역시 바로 '爲之不厭, 誨人不倦'을 가리킨다.

### 문장법 분석(文章法分析)

본문 내용은 '인(因)—과(果)' 구조의 변화를 통한 전개이다. 전체 원문은 공자께서 가령 자신이 성인과 인자일지라도 바로 어떻게 감당할지?라고 회의하지만 그러나 성인과 인자를 모범 삼아 학습하기를 싫어하지 않고 다른 사람 가르치기를 게을리하지 않는 이러한 정도일 뿐이라 말할 수 있다기에 공서화가 바로 제자들이 학습해 도달할 수 없는 것이라 말했다는 내용이다. 첫째 번 문장은 '인(因)'에 속하는데 그 중에 제1 문장은 '정(正)'에 속하고 다시 '가설(假設)—사실(事實)' 구조를 포함하며, 제2 문장은 '반(反)'에 속하고 '서(敍)—보(補)' 구조를 포함하며 '서(敍)'는 다시 '사일(事一)—사이(事二)' 구조를 포함한 관계이다. 공자께서 가령 자신이 성인과 인자라할지라도 자신이 어디 감히 맡아 책임을 질 것인지?라고 스스로 의심하지만 그러나 평소 성인과 인자를 본보기로 열심히 학습하는데 귀찮다 싫어하지 않고 성인과 인자를 본보기로 다른 사람을 가르치는데 고단하다 게을리하지 않는 이러한 정도에 지나지 않을 뿐이라 말할 수 있다라고 말씀하셨다. 둘째 번 문장은 '과(果)'에 속하며 제자 공서화가 그것이 바로 제자들이 학습하여 도달할 수 없는 것이라고 말했다는 것이다.

공자께서 스스로 겸손하게 성인과 인자라는 이상 인물형상의 명성을 감히 담당하지 못하시지만 다만 그들을 본보기로 열심히 학습하고 성실히 가르칠 뿐이라 말씀하시기에 제자 공서화가 이것이 바로 학습하여 도달할 수 있는 것이라 말했다. 바로 호학(好學), 교육(敎育)의 정신을 몸소 시범한 내용으로 문장을 일단락짓고 있다. 여기서 기술한 문장법에 내재된 논리를 정리하면 <표-67>과 같다.

<표-67> 내재논리 분석도

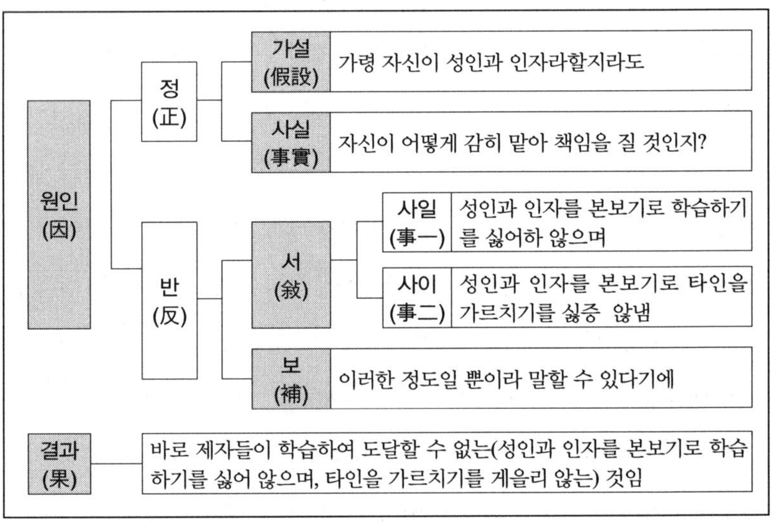

신역(信譯)

공자께서 "가령 자신이 성인과 인자일지라도 바로 어떻게 감당할지? 그러나 성인과 인자를 모범 삼아 학습하기를 싫어하지 않고 다른 사람 가르치기를 게을리하지 않는 그저 그러할 뿐이라 말할 수 있다"라고 말했다. 공서화가 "바로 제자들이 학습해 도달할 수 없는 것이다"라고 말했다.

달역(達譯)

선생님 공자께서 "가령 자신이 성인과 인자라할지라도 자신이 어디 감히 맡아 책임을 질지? 그러나 평소 성인과 인자를 본보기로 학습하기를 귀찮다 싫어하지 않고 다른 사람을 가르치기를 고단하다 게을리하지 않는 이러한 정도일 뿐이라 말할 수 있다"라고 말씀하셨기에 제자 공서화가 "그것이 바로 제자들이 학습하여 도달할 수 없는 것이다"라고 말했다.

아역(雅譯)

선생님 공자께서 "왜냐하면 가령 선생님 자신이 성인과 인자라할지라도 자신이 어떻게 감히 담당하여 책임을 질지?라고 스스로 의심을 품지만 그러나 평소 선생님 자신은 성인과 인자를 본보기로 열심히 학습하기를 귀찮다 싫어하지 않고 성인과 인자를 본보기로 다른 사람을 가르치기를 고단하다 게을리하지 않는 이 같은 정도에 지나지 않을 뿐이라 말할 수 있다"라고 말씀하셨기 때문에 그래서 제자 공서화가 "그(평소 성인과 인자를 본보기로 열심히 학습하기를 귀찮다 싫어하지 않고 성인과 인자를 본보기로 다른 사람을 가르치기를 고단하다 게을리하지 않는)것이 바로 제자들이 학습하여 도달할 수 없는 (평소 성인과 인자를 본보기로 열심히 학습하기를 귀찮다 싫어하지 않고 성인과 인자를 본보기로 다른 사람을 가르치기를 고단하다 게을리하지 않는) 것입니다"라고 말했다.

함축의미

<표-68> 함축의미 분석

| 함축의미 분석 |
| --- |
| 공자께서 가령 성인과 인자이더라도 어찌 감당할지? 회의를 품음 |
| ⇧ |
| 성인과 인자를 본보기로 선생님 자신이 학습하기를 싫어하지 않고<br>남을 가르치기를 게을리하지 않은 이 같은 정도일 뿐이라 여김 |
| ≠ |
| 제자 공서화가 그것이 바로 제자들이 학습해 도달할 수 없는 것이라 함 |

## 생각열기

"성현(聖賢)을 본받아 한 마음, 한 뜻으로 학습하고 가르치다"라는 표현은 도덕적, 이상적 인물 형상을 본보기로 한 교육의 중요성을 강조한 말이 아닐까? 이른바 성현은 이상적 인물 형상으로 최고 가치 '인(仁) 즉 사랑의 정감'이란 핵심 덕목과 세부 덕목인 예지(禮智), 효제(孝悌), 공교(恭交), 충신(忠恕), 신의(信義), 우의(友誼) 등을 중시하며, 도덕정신(道德精神)을 구현해낸 사람이다. 이러한 성현은 학습과 가르침의 모범인데 개인의 도덕적 언행을 제약, 반성 및 강화하는 중요한 본보기가 그 역할이지 않을까?

# 제35장

— 귀신, 신령을 받들고 존중하지만 멀리하며 도덕(진리)에 부합하게 이성적으로 행동함

子疾病，子路請禱.子曰: “有諸?” 子路曰: “有之，誄曰: ‘禱爾于上下神祇.” 子曰: “丘之禱久矣!”

zǐjíbìng zǐlùqǐngdǎo zǐyuē yǒuzhū zǐlùyuē yǒuzhī lěiyuē dǎoěryúshàngxiàshénqí zǐyuē qiūzhīdǎojiǔyǐ

관련 편장(篇章)

王孫賈問曰: “‘與其媚於奧，寧媚於竈’，何謂也?” 子曰: “不然，獲罪於天，無所禱也.” (「八佾」篇 第13章)

樊遲問知.子曰: “務民之義，敬鬼神而遠之，可謂知矣.” (「雍也」篇 第21章)

子不語: 怪,力,亂,神.(「述而」篇 第21章)

“無念爾祖，聿脩厥德.永言配命，自求多福.” (『詩經·大雅·文王』篇)

## 주석(注釋)

① 질병(疾病): 명 ‘깊은(심한) 병’을 가리킴.

② 청도(請禱): 동 ‘귀신에게 기도하여 병이 낫도록 바라다’라는 의미로 해석함.

③ 제(諸): 조사 (문장 끝에 사용하여 의문어투 표시)‘지호(之乎)’와 같으며 현대 중국어

'這樣的事嗎(zhèyàngdeshìma)', '這種事嗎(zhèzhǒngshìma)'에 해당함.

④ 뇌(誄): 명 (일종의 문체)제문(祭文), 기도문(祈禱文).

⑤ 도이(禱爾): '너를 대신(위해)서 기도하다'. 현대 중국어 '替你祈禱(tìnǐqídǎo)', '爲你祈禱(wèinǐqídǎo)'에 해당함.

⑥ 상하(上下): 명 하늘과 땅을 가리킴.

⑦ 신기(神祇): 명 천신(天神)을 '신(神)'이라 부르고 지신(地神)을 '기(祇)'라 부름.

## 석의(析義)

① 질병(疾病): '질중칭병(疾重稱病)' 즉 '병이 깊고 심하게 아픈 경우 병이라 부른다'는 의미이며 '질병(疾病)' 2글자를 연용하면 중병(重病)을 나타낸다. 고대 정본(定本)『論語』에 '자질(子疾)'이라 하였는데 단지 '질(疾)' 1글자 어휘로 사용되었으며 뒤에 '병(病)'자를 연용하지 않았다.

② 청도(請禱): 포함(包咸)의『注』에 "기도는 일심으로 빌어 귀신께 요청하다"[27]라고 하였다. 포 씨의 주석이 타당하여 이를 따른다. 즉 '청도(請禱)'는 바로 '도청(禱請)'의 어순도치 용법으로 "귀신께 기도해서 병이 낫도록 바라다"라는 의미이다.

③ 뇌(誄): 허신(許愼)의『說文解字 · 言部』에 "뇌(讄)는 기도이며 공덕을 누적하여 복을 바라는 것이다"[28]라고 하였다. 여기서 '뇌'는 고인들이 귀신께 기도하는 문장을 가리킨다. '뇌(誄)'자와 '뇌(讄)'자는 동음 가차(同音假借)한 것이다.

④ 구지도구의(丘之禱久矣): "선생님 자신은 일찍이 이미 기도한적이 있어서 다시 기도할 필요 없다"라는 의미로 공자께서 부드럽게 거절한 말이다.

## 문법구조(文法構造)

전체 원문은 서사성 복합 문장이다. 첫째 번 문장 중의 제1 문장 '子疾

27) "禱, 禱請於鬼神."(『論語』, 十三經注疏本, 臺北: 藝文印書館, 1986, p.65)

28) "(讄, 禱也, 累功德以求福.)"(許愼撰 · 段玉裁注 · 魯實先正補,『說文解字注』, 臺北: 黎明文化有限公司, 1994, pp.101-102)

病'은 태도를 표시하는 단문이고 '子'는 한 글자 어휘 주어이며 '疾病'은 연합식 의미연계 복합어휘로 술어이다. 제2 문장 '子路請禱'는 서사성 단문인데 '子路'는 주어이고 '請禱'는 다중술어이며 본래 '禱請'이 어순 도치된 형태로 중국어 '祈禱鬼神, 以求病癒(qídǎoguǐshén)', 현대 중국어 '子路請代老師禱告(zǐlùqǐngdàilǎoshīdǎogào)', 替(爲)你向天神地祇禱告(tìwèinǐxiàngtiānshéndìqí dǎogào)'에 해당한다. 제3 문장 "子曰: 有諸"는 서사성 복합 장문인데 '子'는 주어, '曰'은 술어이고 '有諸'는 '有之乎'와 같으며 술어 '曰'의 목적어이다. 제4 문장 "子路對曰: '有之, 誄曰: 禱爾于上下神祇。'"는 서사성 복합 문장인데 쌍 인용부호 속 두 문장은 모두 '對曰'의 목적어이며 주어는 '子路'이다. 앞 문장 '有之'는 유무관계 단문이고 뒤 문장 "誄曰: 禱爾于上下神祇"의 주어는 '誄', '曰'은 술어, "禱爾于上下神祇"는 목적어이며 그 자체가 서사성 단문이다. '禱'는 술어, '爾'는 목적어이고 '于'자는 전치사로 현대 중국어 '向'자에 해당하며 뒤에 장소보어 '上下神祇'를 동반한다. '上下神祇' 이 어휘조합 형태 속의 관형어 '上下'는 어휘연계 형태이고 중심어 '神祇'는 연합식 의미연계 복합어휘이다. 앞뒤 이 두 마디 문장은 보충관계로 구성된 장문이다. 제5 문장 "子曰: '丘之禱久矣!'"는 서사성 복합 장문인데 왜냐하면 그것의 목적어가 태도를 표시하는 장문이기 때문이고 주어 '丘之禱'는 조합식 어휘결합 형태이며 술어 '久'는 한 글자 어휘이다.

#### 문장법 분석(文章法分析)

본문 내용은 '원인(因)—결과(果)—원인(因)—결과(果)' 구조의 변화를 통한 전개이다. 전체 원문은 공자께서 심하게 병을 앓았기에 자로가 귀신에게 병이 낫도록 기도했는데 공자께서 이러한 일이 있었는지 묻자 자로가 있었다하며 선생님을 대신해서 천지의 신께 기도했다 대답하니 공자께서 선생님이 이미 기도한지 오래되었구나!라고 말씀한 내용이다. 제1 문장은 '원인(因)'에 속하며 선생님 공자께서 심하게 병을 앓았기 때문에라고 전체하여 말씀한 것이다. 제2 문장은 '결과(果)'에 속하며 제자 자로가 선생님을 대신하여 천지 신령께 기도해서 병이 낫도록 부탁한다라고 말한 것이다. 제3, 제4 문장은 '원인(因)'에 속하는데 '문(問)—답(答)' 구조를 포함하며 '답(答)'은 다시 '서(敍)—보(補)'구조를 포함한 관계이다. 선생님 공자께서 제자 자로에게 이러한 일이 있었는가?라고 물으셨는데 제자 자로가 선생님 공자께 있었으며 기도문 상에 선생님을 대신해서 천지 신령께 기도하여 말한 적이 있었다 대답했다라고 말하였다. 제5 문장은 '결과(果)'에 속하며 공자께서 선생님 자신이 기도드려 바란지가 이미 오래야!라고 말했다 대답한 것이다.

공자께서 평소 언행이 올바르고 도덕(신명)에 부합하는 이성(이성)을 추구하시어 '귀신을 존경하여 받들지만 신변에서 이를 멀리하다(敬鬼神而遠之)'하였기에 병중(病中)에도 과도하게 신령께 기도하여 가호를 바라지 않았다며 제자 자로에게 더 이상 자신을 위해 기도할 필요없다라고 자제를 당부하신 내용으로 문장을 일단락짓고 있다. 여기서 기술한 문장법에 내재된 논리를 정리하면 <표-69>와 같다.

<표-69> 내재논리 분석도

| 구분 | | 내용 |
|---|---|---|
| 원인(因) | | 공자께서 선생님 공자께서 깊고 심하게 병을 앓았기 때문에 |
| 결과(果) | | 그래서 제자 자로가 선생님을 대신하여 천지를 관장하는 신께 기도해서 병이 낫도록 부탁함 |
| 원인(因) | 문(問) | 공자께서 제자 자로에게 이러한(선생님을 대신하여 천지 신령께 기도해서 병이 낫도록 부탁한) 일이 있었는가? 물음 |
| | 답(答) - 서(敍) | 제자 자로가 공자께 있었다 함 |
| | 답(答) - 보(補) | 기도를 위한 제문 상에 선생님을 대신해서 천지 신령께 기도하여 말한 적이 있었다 대답하기에 |
| 결과(果) | | 공자께서 선생님 자신이 기도드려 바란지가 이미 오래되었어!라고 말씀함 |

### 신역(信譯)

공자께서 심하게 병을 앓았기에 자로가 신령께 병이 낫도록 기도했다. 공자께서 "그러한 일이 있었는지?" 물었다. 자로가 "있었다. 선생님을 대신해서 천지의 신께 기도하여 말했다" 대답했다. 공자께서 "선생님이 이미 기도한지 오래야!"라고 말했다

### 달역(達譯)

선생님 공자께서 깊고 심하게 병을 앓았기 때문에 제자 자로가 선생님

을 대신하여 천지 신령께 기도해서 병이 낫도록 부탁하였다. 선생님 공자께서 제자 자로에게 "그러한 일이 있었는가?"라고 물으셨다. 제자 자로가 선생님 공자께 "있었습니다. 기도를 위한 제문(祭文) 상에 선생님을 대신해서 천지 신령께 기도하여 말했습니다"라고 대답했다. 공자께서 "선생님 자신이 기도드려 바란지가 이미 오래야!"라고 말씀하셨다.

아역(雅譯)

왜냐하면 선생님 공자께서 깊고 심하게 병을 앓았기 때문에 그래서 제자 자로가 선생님을 대신하여 천지를 관장하는 신령께 기도하여 병이 낫도록 부탁하였습니다. 왜냐하면 선생님 공자께서 제자 자로에게 "그러한(선생님을 대신하여 천지를 관장하는 신령께 기도해서 병이 낫도록 부탁한) 일이 있었는가?"라고 물으셨기 때문에 그래서 제자 자로가 선생님 공자께 "있었습니다. 기도를 위한 제문(祭文) 상에 '선생님을 대신해서 천지를 관장하는 신령께 기도하여 말했습니다'라고 대답했습니다. 그래서 선생님 공자께서 "자신의 기도드려 부탁한 적이 이미 오래되었지!(다시는 선생님 자신을 위해 기도하여 부탁할 필요가 없습니다)"라고 자제를 당부하며 말씀하셨습니다.

## 함축의미

<표-70> 함축의미 분석

| | | |
|---|---|---|
| 공자께서 심한 병을 앓음 | ⬅ | • 자로가 대신해서 신령께 기도하여 요청함 |
| 자로에게 대신해서 기도한 적이 있는지? | ⇨ | • 있었다함 |
| 선생님의 기도한 적는 이미 오래야!(다시 자신을 위해 기도하여 부탁할 필요 없음) | ⇨ | • 기도문에 선생님을 위해 천지의 신령께 병이 낫도록 부탁함 |

### 생각열기

'맹목적(盲目的) 신앙(信仰)'은 자기 주관이나 원칙이 없이 덮어놓고 믿는 행동이다. 주로 비이상적이거나 비합리적이인 주술적 성격의 신앙을 가리킨다. 이러한 신앙은 사회적, 정치적, 문화적 맥락에서 비판의 대상이 되며, 합리적 이성과의 대조적 관점에서 다루어질 수 있는 영역이지 않을까? '맹목적 신앙'은 사회의 질서와 안정을 해치는데, 상식적 감수성에 기반한 의식화를 거쳐 쌓인 민주적 소양이 부족한 사람들이 흔히 빠져들지 않을까? 따라서 민주주의 사회에서 '맹목적 신앙'을 배격(排擊)하고 합리적 이성을 바탕으로 자신의 개인적 이익을 주장하며 상대의 입장에서 배려하여 공동의 이익을 만들어 가는 것이 중요하지 않을까?

# 제36장

— 사치(奢侈)와 절검(節儉) 모두 예속(礼俗)에 영향을 미치지만 서로 비교하면 사치가 예의에 벗어난 정도가 지나침

子曰: "奢則不孫(遜), 儉則固.與其不孫(遜)也, 寧固."

zǐyuē shēzébùxùn jiǎnzégù yǔqíbùxùnyě nínggù

관련 편장(篇章)

林放問禮之本. 子曰: "大哉問! 禮, 與其奢也, 寧儉." (「八佾」篇 第4章)

子曰: "以約失之者, 鮮矣!" (「里仁」篇 第23章)

孔子謂季氏八佾舞於庭: "是可忍也, 孰不可忍也?" (「八佾」篇 第1章)

子曰: "管仲之器小哉! "或曰: "管仲儉乎?" 曰: "管氏有三歸, 官事不攝, 焉得儉?" "然則管仲知禮乎?" 曰: "邦君樹塞門, 管氏亦樹塞門; 邦君爲兩君之好, 有反坫, 管氏亦有反坫. 管氏而知禮, 孰不知禮?" (「八佾」篇 第章)

주석(注釋)

① 사(奢): 형 '사치하다', '호화롭다'. 현대 중국어 '奢侈(shèchǐ)', '豪華(háohuá)'에 해당함.

② 칙(則): 접사 (조건관계 표시)뒤 문장 머리에 놓이고 '곧', '바로'라고 해석하며 현대 중국어 '就(jiù)'에 해당함.
③ 손(孫): 형 '공손하다', '겸손하다'. 현대 중국어 '恭遜(gōngxùn)', '謙遜(qiānxùn)', '遜順(xùnshùn)'에 해당함.
④ 검(儉): 동 '절약하다', '검소하게 아껴(줄여)쓰다'. 현대 중국어 '儉省(jiǎnshěng)', '節約(jiéyuē)'에 해당함.
⑤ 고(固): 형 '(견문이 좁아)고루하다', '몹시 스산하고 처참하다'. 현대 중국어 '固陋(gùlòu)', '寒愴(hánchuàng)'에 해당함.

## 석의(析義)

① 불손(不孫): '손(孫)'는 '손(遜)'자와 같으며 '불손'은 바로' 두드러지게 교만하고 겸손하지 않으며 예의에 벗어나다'라고 해석해야 한다.
② 여기(與其)……녕(寧): 접사 (비교 뒤 접속사 문장에 편중)'……하기 보다는(하느니)……차라리'라고 해석해야 한다.

## 문법구조(文法構造)

전체 문장은 서사성 복합 문장이다. '子'는 주어이고 '曰'은 술어이며 "奢則不孫, 儉則固。與其不孫也, 寧固"는 목적어이다. 인용부호 속의 제1 문장 "奢則不孫"은 한 마디 태도를 표시하는 단문과 한 마디 태도를 표시하는 단문이 조건관계로 구성된 장문이고 제2 문장 "儉則固"는 두 마디 태도를 표시하는 단문이 역시 조건관계로 구성된 장문이며 이러한 태도를 표시하는 문장의 주어는 모두 개괄성을 띠어 생략되었다. 제1 문장과 제2 문장은 연합관계로 구성된 것이다. 제3 문장 "與其不孫也, 寧

固"는 비교관계로 구성된 장문이다. '與其'는 접미사 '其'를 동반 연음 복합어휘이고 비교관계 장문 중에 반드시 앞 문장 머리에 놓아야 하며 '寧'은 본래 부사어이지만 이런 종류 비교관계 장문 중에서 아무튼 뒤 문장 머리에 놓는다. '不孫'과 '固' 또한 각기 한 마디 태도를 표시하는 문장의 술어인데 전자는 어휘결합 형태에 지나지 않고 후자는 한 글자 어휘일 뿐이다, 대체로 이런 종류 비교관계로 구성된 장문이지만 작자의 의미는 반드시 후자가 전자보다 낫다 여긴다.

이 한 마디 비교관계로 구성된 장문과 앞의 연한관계로 구성된 제1, 제2 문장은 역접관계로 구성된 편폭이 큰 장문이다.

## 문장법 분석(文章法分析)

본문 내용은 '정(正)—반(反)' 구조의 변화를 통한 전개이다. 전체 원문은 공자께서 너무 사치스럽다면 곧 겸손하지 못하고 너무 검소하다면 곧 초라하여 누추한데 겸손하지 못한 것보다 차라리 초라하여 누추한 편이 낫다라고 말씀한 내용이다. 제1, 제2 문장은 '정(正)'에 속하는데 다시 각기 '조건(條件)—후속결과(後果)' 구조를 포함한 관계이다. 공자께서 사람이 너무 사치스럽게 호화로운 나머지 예의에 벗어나게 과분하다면 바로 겸손하게 공경하지 못하고 너무 검소하게 아껴쓴 나머지 예의에 못미치게 부족하다면 바로 보기싫게 초라하며 누추하다라고 말씀하셨다. 제3 문장은 '반(反)'에 속하는데 다시 전후 비교 '경(輕)—중(重)' 구조를 포함한 관계이다. 공자께서 교만하여 겸손하게 공경하지 못한 것 보다는 차라리 보기싫게 초라하며 누추한 것이 더 낫다라고 말씀하셨다.

공자께서 지나치게 과분한 사치와 지나치게 검소한 절약 모두 꼭 적절하지 않는데 사람들이 교만하여 겸손하게 공경하지 못한 사치보다 오히려 검소하게 절약하여 보기싫게 누추한 편이 낫다라고 일깨우며 문장을 일단락짓고 있다. 여기서 기술한 문장법에 내재된 논리를 정리하면 <표-71>과 같다.

**<표-71> 내재논리 분석도**

| 구분 | 항목 | 내용 |
| --- | --- | --- |
| 정(正) | 조건(條件) | 공자께서 사람이 너무 사치스럽게 호화로운 나머지 예의에 벗어나게 과분하다면 |
| | 후속결과(後果) | 바로 교만하여 겸손하게 공경하지 못함 |
| | 조건(條件) | 너무 검소하게 아껴 절략한 나머지 예의에 못미치게 부족하다면 |
| | 후속결과(後果) | 바로 보기싫게 초라하며 누추함 |
| 반(反) | 경(輕) | 교만하여 겸손하게 공경하지 못한 것 보다는 |
| | 중(重) | 차라리 보기싫게 초라하며 누추한 것이 더 나음 |

### 신역(信譯)

공자께서 "너무 사치스럽다면 곧 공손하지 못하고 너무 검소하다면 곧 보기싫게 누추하다. 겸손하지 못한 것보다 차라리 보기싫게 누추한 편이 낫다"라고 말했다.

## 달역(達譯)

공자께서 제자들이여 "사람이 너무 사치스러운 나머지 예의에 과분하게 벗어난다면 바로 교만하여 공경하지 못하며 너무 검소하게 아낀 나머지 예의에 부족하다면 바로 보기싫게 누추하다. 교만하여 공경하지 못한 것 보다는 차라리 보기싫게 누추한 것이 더 낫다"라고 말씀하셨다.

## 아역(雅譯)

공자께서 제자들이여 선생님은 "사람이 너무 사치스럽게 호화로운 나머지 예의에 벗어나게 과분하(부합하지 않는)다면 바로 교만하여 겸손하게 공경하지 못하고 너무 검소하게 아껴 절약한 나머지 예의에 못미치게 부족하(부합하지 않는)다면 바로 보기싫게 초라하며 누추합니다. 교만하여 겸손하게 공경하지 못하며 화려함 보다는 차라리 검약하여 보기싫게 초라하며 누추한 편이 더 낫습니다"라고 사치가 불러올 폐해가 훨씬 크다 말씀하셨습니다.

## 함축의미

<표-72> 함축의미 분석

| 구분 | | 결과 |
|---|---|---|
| 공자께서 너무 사치스럽다면 교만하여 겸손하게 공경하지 못함 | ⇨ | 겸손하게 공손하지 못한것보다 차라리 보기싫게 누추한 것이 나음 |
| 너무 검소절약한다면 초라하여 몹시 보기싫고 누추함 | | |

## 생각열기

'사치(奢侈)가 나라를 망(亡)하게 한다'라는 말은 여러 역사적 요인과 문화적 배경을 내포한 주제이지 않을까? '사치'는 필요 이상으로 과도하게 금전이나 물건을 소비하는 행위인데, 이것은 개인의 만족과 행복을 위한 수단이라 여길 수도 있지만, 부정적 일면이 가진 폐해가 심대하지 않을까? 사치가 내부적으로 국가를 망하게 할 수 있으며 이로부터 기인한 비이성적, 비합리적 이기주의는 국민들 사이에 소외감, 양극화 등 갈등 요소를 만들어내서 사회 구성원의 계층간 분열을 조장하여 부패만연과 이익영합으로 이어지기에 국가가 쇠락할 수 있지 않을까? 역사적으로, 사치와 부패로 국가가 망하게 한 사례는 많았는데, 부패, 사치와 정치가 결합하면 국가의 흥망에 영향을 미칠 수 있이 않을까?

# 제37장

— 군자의 도량이 넓고 너그러운 덕성을 본받아 소인의 사리사욕(私利私欲)적 성향을 떨쳐내야 함

子曰: "君子坦蕩蕩, 小人長戚戚."

zǐyuē jūnzǐtāndàngdàng xiǎorénchángqīqī

관련 편장(篇章)

子曰: "鄙夫, 可與事君也與哉? 其未得之也, 患得之.旣得之, 患失之.苟患失之, 無所不至矣!." (「陽貨」篇 第15章)

## 주석(注釋)

① 탄(坦): 형 '(마음이)편안하다', '평탄하다'. 현대 중국어 '平安(píngān)', '平坦(píngtǎn)'에 해당함.

② 탕탕(蕩蕩): 형 평탄하고 넓은 모양.

③ 장(長): 형 본래 '길고 오래다', '영원하다'라는 의미이지만 여기서 '늘', '항상'이라 해석해야 하며 현대 중국어 '常常(chángchang)', '經常(jīngcháng)'에 해당함.

④ 척척(戚戚): 형 (마음에)'근심을 품고 불안해하다', '근심으로 슬프고 쓰리다'.

### 석의(析義)

① 탄탕탕(坦蕩蕩): 형 '도량(마음)이 평탄하고 너그러우며 넓다'라는 의미로 해석해야 한다.

② 장척척(長戚戚): 형 '늘(항상) 마음에 근심을 품고 불안해하다', '근심으로 슬프고 쓰리다'라는 의미로 해석해야 한다.

### 문법구조(文法構造)

전체 원문은 서사성 복합 문장이다. '子'는 주어이고 '曰'은 술어이며 "君子坦蕩蕩, 小人長戚戚"은 목적어이다. 인용부호 속 두 마디는 태도를 표시하는 복합 문장이 보충관계로 구성된 장문이다. '君子'와 '小人'은 두 마디 문장의 주어이며 '坦蕩蕩'과 '長戚戚'은 술어이다. 앞 한 마디의 술어 '坦蕩蕩'은 마땅히 태도를 표시하는 단문으로 보아야 하고 '坦'은 주어이며 '蕩蕩'은 첩운자 연계 복합어휘로 술어이다. 뒤 한 마디의 술어 '長戚戚'은 도리어 이처럼 보아선 안되는데 왜냐하면 '戚戚'이 첩운자 연계 복합어휘가 부사어 '長'의 수식을 받는 술어로 보아야 하기 때문이다.

### 문장법 분석(文章法分析)

본문 내용은 '정(正)—반(反)' 구조의 변화를 통한 전개이다. 전체 원문은 공자께서 군자는 마음이 평탄하고 넓으며 소인은 마음이 근심스럽고 불안해한다라고 말씀한 내용이다. 앞 한 마디 문장은 '정(正)'에 속하며 공자께서 군자는 도량(마음)이 평탄하고 너그러우며 넓다라고 말씀한 것이다. 뒤 한 마디 문장은 '반(反)'에 속하며 반면에 소인은 늘(항상) 마음이 근심스럽고 실망스러우며 불안하다라고 말씀한 것이다.

공자께서 제자들에게 군자와 소인이라는 대비되는 형상이 품고 있는 도량(마음)을 인상 깊게 분석하고 묘사하여 일깨우는 내용으로 문장을 일단락짓고 있다. 여기서 기술한 문장법에 내재된 논리를 정리하면 <표-73>과 같다.

**<표-73> 내재논리 분석도**

|  |  |
|---|---|
| 정(正) | 공자께서 군자는 도량(마음)이 평탄하고 너그러우며 넓음 |
| 반(反) | 반면에 소인은 늘(항상) 마음이 근심스럽고 실망스러우며 불안함 |

**신역(信譯)**

공자께서 "군자는 마음이 넓어 평탄하며 소인은 늘 마음이 좁아 불안하다"라고 말했다.

**달역(達譯)**

공자께서 제자들이여 "군자는 도량(마음)이 넓어 평탄하고 너그러우며 반면에 소인은 항상 도량(마음)이 좁아 근심스럽고 실망스러우며 불안하다"라고 말씀하셨다.

아역(雅譯)

공자께서 제자들이여 "비록 군자는 학문, 수양을 가까이하고 도덕(진리)를 추구하기에 도량(마음)이 넓어 평탄하며 너그러울지라도 그러나 소인은 늘(항상) 학문, 수양을 멀리하고 사리사욕을 추구하기에 도량(마음)이 좁아 근심스러워하며 불안해합니다"라고 변별, 분석하여 일깨우려 말씀하셨습니다.

함축의미

<표-74> 함축의미 분석

| 공자께서 군자는 마음이 넓어 너그러우며 평탄함 | ⇔ | 소인은 늘 마음이 좁아 소심하며불안함 |
|---|---|---|

## 생각열기

'마음이 너그럽고 넓으며 평안한 군자'는 외면적으로 너그럽고 편안하며, 내면적으로 깊이있고 폭넓은 마음을 가진 사람이지 않을까? 그래서 다른 사람의 실수나 단점을 너그럽게 이해하고 용서하며 애정어리게 시정해줄 수 있는 아량(雅量)과 태도를 갖추고 있다.

군자와 대비되는 인물 형상이 있는데 바로 소인이다. 군자는 마음이 너그럽고 폭넓으며 평안하지만 , 소인은 마음이 각박하고 속좁으며 불안해하지 않을까? 비록 군자는 아직 성인의 경지에 이르지 못한 상태이지만 성인을 지향하기에 큰 아량으로 너그럽게 포용하여 자신의 이익밖에 앞세울 줄 모르는 소인들을 지도하는 위치에 있어야 하는 존재이지 않을까?

# 제38장

— 평소의 안색용모, 행동거지 등의 태도와 품격

子溫而厲, 威而不猛, 恭而安.

zǐwēnérlì wēiérbùměng gōngérān

관련 편장(篇章)

子之燕居, 申申如也, 夭夭如也.(「述而」篇 第4章)

주석(注釋)

① 온(溫): 형 '따뜻하다', '온화하다'. 현대 중국어 '溫和(wēnhé)'에 해당함.

② 여(厲): 형 '매섭다', '호되다', '준엄하다', '엄숙하다'. 현대 중국어 '嚴厲(yánlì)', '嚴肅(yánsù)'에 해당함.

③ 위(威): 형 '위엄있다', '장중하다'. 현대 중국어 '威嚴(wēiyán)', '威儀(wēiyí)'에 해당함.

④ 맹(猛): 형 (기세, 힘)'사납다', '흉폭하고 사납다'. 현대 중국어 '凶猛(xiōngměng)'에 해당함.

⑤ 공(恭): 형 '겸허하고 공손하다', '겸손하고 예절바르다'. 현대 중국어 '謙恭(qiāngōng)', '恭恭敬敬(gōngōngjìngjìng)'에 해당함.

⑥ 안(安): 형 '침착하다', '점잖다'라는 의미이며 현대 중국어 '安詳(ānxiáng)'에 해당함.

### 석의(析義)

① 여(厲): 여기서 '엄숙하다'라는 의미로 해석해야 한다.
② 위(威): 여기서 '장중하고 위엄있다'라는 의미로 해석해야 한다.

### 문법구조(文法構造)

제1 문장 "子溫而厲"는 태도를 표시하는 복합 문장이고 주어는 '子'이며 술어 '溫而厲'는 역접관계로 구성된 장문이다. 제2 문장 '威而不猛' 역시 태도를 표시하는 복합 문장이고 주어는 '子'이며 술어는 한 마디 태도를 표시하는 단문과 한 마디 태도를 표시하는 복합 문장이 역접관계로 구성된 장문이다. 제3 문장 '恭而安' 역시 태도를 표시하는 복합 문장이고 주어는 역시 '子'이지만 언급하지 않았으며 술어 '恭而安'은 두 마디 태도를 표시하는 단문이 연합관계로 구성된 장문이며 이러한 술어 중에도 주어 '子'가 생략되었다 말할 수 있는데 왜냐하면 그것과 태도를 표시하는 복합 문장 중의 주어는 서로 같은 것이기 때문이다.

### 문장법 분석(文章法分析)

본문 내용은 '외(外)—내(內)' 구조의 변화를 통한 전개이다. 전체 원문은 공자께서는 용모가 온화하지만 엄격하시고, 위엄있지만 사납지 않으시며, 태도가 공손하고 점잖으셨다라고 서술한 내용이다. 제1, 제2 문장은 '외(外)'에 속하는데 두 마디가 각기 다시 '정(正)-반(反)' 구조를 포함한 관계이다. 공자께서는 그 용모가 온화하고 부드러우시지만 엄숙하시며, 위엄있고 장중하시지만 흉폭하지 않으셨다라고 서술하였다. 제3 문장은 '내(內)'에 속하며 공자께서는 그 태도가 공손하고 침착하며 점잖으셨다라고 서술하였다는 것이다.

제자들이 선생님 공자께서는 평소 그 용모와 태도가 지나치거나 치우침 없이 적절하고 알맞은 중용의 단계에 도달하여 상대적으로 편향되지 않는 형상을 유지하셨다라고 서술한 내용으로 문장을 일단락짓고 있다. 여기서 기술한 문장법에 내재된 논리를 정리하면 <표-75>와 같다.

<표-75> 내재논리 분석도

| 구분 | | 내용 |
|---|---|---|
| 외(外) | 정 (正) | 공자께서 그 용모가 온화하고 부드러우시지만 |
| | 반 (反) | 매섭고 엄숙하시며 |
| | 정 (正) | 위엄있고 장중하시지만 |
| | 반 (反) | 흉폭하고 사납지 않으셨음 |
| 내(內) | | 그 태도가 겸손하게 공경하고 침착하며 점잖으셨음 |

신역(信譯)

공자께서는 용모가 온화하지만 엄격하시고, 위엄있지만 사납지 않으시며, 태도가 공손하고 점잖으셨다라고 서술했다.

### 달역(達譯)

제자들이 선생님 공자께서는 강함과 부드러움이 꼭 알맞아 그 용모가 온화하시지만 매섭고 엄숙하시며, 위엄있지만 흉폭하고 사납지 않으시며, 그 태도가 겸손하고 공경하며 점잖으셨다라고 서술하였다.

### 아역(雅譯)

공문제자들이 선생님 공자께서는 굳세고 강함과 부드러움이 지니치거나 못 미침 없는 중용의 단계에 진입하셔서 적절하고 알맞아 그 외표(용모)가 온화하고 부드러우시지만 매섭고 엄숙하시며, 위엄있고 장중하시지만 흉폭하고 사납지 않으시며, 그 내심(태도)가 겸손하게 공경하고 게다가 침착하며 점잖으셨습니다라고 떳떳한 모습을 서술하였다.

### 함축의미

<표-76> 함축의미 분석

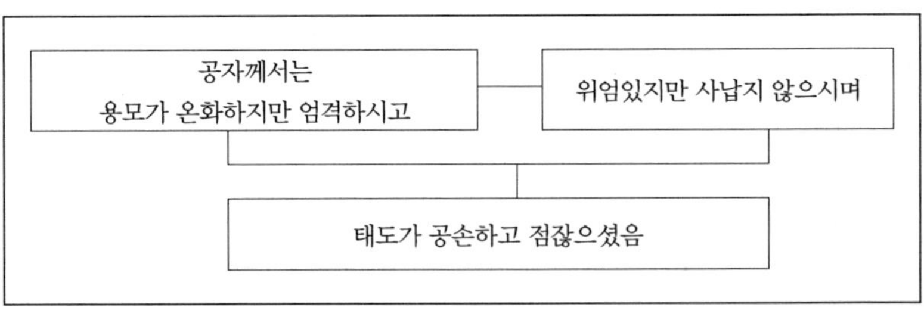

## 생각열기

'용모(容貌)와 거동(擧動)이 말하는 태도(態度, Attitude)'는 개인 자신의 외적인 행동과 신념에 대한 마음가짐의 표현이 서로 상호작용하는 방식이지 않을까? 외적인 행동과 신념은 내면의 깊은 사유와 절제를 반영하며, 특히 공적인 자리에서 그 태도의 경건함과 존경심으로 나타나지 않을까? 이렇게 개인 자신의 외적인 행동과 내면의 태도가 어떻게 상호작용하는지를 보여준다 하겠다. 용모와 거동의 태도에는 반드시 대상에 관한 논리적(論理的), 미학적(美學的) 그리고 도덕적 가치판단이 포함되어 있지 않을까? 따라서 스스로가 학습하고 수양하며 올바른 태도를 길러야 한다 여기는데, 이는 개인적 삶의 태도에 깊은 영향을 미칠 수 있지 않을까?

# 제8편 「태백(泰伯)」

본 편은 모두 21장으로 편명(篇名)은 첫째 번 장의 "태백, 기가위지덕야이의(泰伯, 其可謂至德也已矣)" 한 마디 중에서 '태백(泰伯)' 2글자를 발취하여 이름 붙인 것인데 그 내용은 대체로 예양(禮讓, '예의'로 절제, '법도'로 준거한 '양보讓步'나 '선양禪讓'), 효경(孝敬)이라는 덕목의 실행에서 '인(仁) 즉 사랑의 정감' 구현에 이르는 문제 및 현인(賢人), 군자(君子)라는 이상 인격의 인물형상으로 자리매김하는 문제를 강론하거나 담론한 것이다. 전체 편장의 대부분은 공자께서 직접 제자들을 대상으로 강론한 16장의 기술이다. 그밖에 제3장부터 제7장까지는 공자의 제자 증자가 자신의 제자들 및 공문(孔門) 제자들 즉 학우들을 대상으로 강론, 담론한 5장의 기술이다.

특별히 주목할 점은 바로 「태백(泰伯)」편과 「위정」편을 연계하여 이해할 필요가 있다는 것이다. 왜냐하면 「태백(泰伯)」편 내용이 '위정(爲政)'의 문제를 둘러싼 채 논술을 전개하기 때문인데 아래 몇 가지 관점을 명백하게 언급하고 있다.

첫째, 위정자의 본보기와 위정의 사례를 제시한 것이다. 요(堯), 순(舜), 우(禹), 문(文), 무(武) 등 역사적 인물을 본보기로 삼아 덕성을 바탕으로 한 정치, '인(仁) 즉 사랑의 정감'이 구현된 정치 사례를 본받도록 일깨우려 하였다.

둘째, 위정자는 반드시 학문, 수양을 통해 '인(仁) 즉 사랑의 정감'을 구현하여 도덕(진리)정신을 추구해가야 한다는 것이다. 이로써 고상한 품행과 덕성, 도덕적 사리 분별과 절조를 갖추어 위인(爲人), 행사(行事), 처세(處世) 방면에 모두 원만하도록 일깨우려 하였다.

셋째, 정치에 종사하는 일은 그 실제와 방법을 모두 중시해야 한다는 것이다. 정사에 부지런하고 백성을 사랑하며 현명하여 어진 인재를 얻는 데 노력을 아끼지 않는 동시에 그 방법에 주의하도록 일깨우려 하였다.

# 제1장

— 주나라 조상 고공단부(古公亶父)의 장자 태백이 양위(讓位)한 숭고한 품행과 덕성

子曰: "泰伯, 其可謂至德也已矣! 三以天下讓, 民無得而稱焉."

zǐyuē tàibó qíkěwèizhìdéyěyǐyǐ sānyǐtiānxiàràng mínwúdéérchēngyān

관련 편장(篇章)

子曰: "能以 讓爲國乎, 何有? 能以 讓爲國, 如禮何?" (「里仁」篇 第13章)

주석(注釋)

① 태백(泰伯): 명 태백(太伯)이라 불리기도 하는데 주(周)나라 선조(先祖) 고공단부(古公亶父)의 큰아들을 가리킴.

② 지덕(至德): 명 '지극히 고상한 품행과 덕성', '가장 숭고한 품행과 덕성'. 현대 중국어 '至高的品德(zhìgāodepǐndé)', '最崇高的品德(zuìchónggāodepǐndé)', '最高尙的品德(zuìgāo shàngdepǐndé)'에 해당함.

③ 무득이칭(無得而稱): "솔직히 적당한 어휘를 찾지 못해서 그 세 번에 걸쳐 양보

했던 지고한 품덕의 일을 칭찬할(일컬어 드날릴) 방법을 얻을 수 없었다"라는 의미로 해석해야 함.

## 석의(析義)

① 태백(泰伯): 주(周)나라 선조에게 세 아들이 있었는데 즉 태백(太伯), 중옹(仲雍), 계력(季歷)이며 장자(長子)가 바로 그였다. 이 가운데 셋째 아들 '계력'의 아들 '희창(姬昌)'이 훗날의 주문왕(周文王)이다.

② 삼양(三讓): 형병(邢昺)의『論語疏』에서 정현(鄭玄)의『注』를 인용하여 "태왕 고공단부께서 병을 앓으셔서 장자 태백이 오월 지방에 약을 캐러 간 때문이다. 태왕 고공단부께서 돌아가셨지만 돌아오지 않아서 삼남 계력이 상주가 되었는데 1차례의 양위이고, 삼남 계력이 이를 알렸지만 상을 치르러 오지 안았는데 두 차례 양위이며, 상을 치러 마친 후 드디어 머리를 자르고 몸에 문신하는데 세 차례 양위이다"[29]라고 하였다. 그렇다면 '삼양(三讓)'은 세 차례의 군왕자리 양위라는 의미로 해석할 수 있다. 당시 주실(周室)은 단지 1개의 작은 부락에 불과하였는데 아직 국가라 부를 수 없었기에 '천하(天下)'를 일컬을 수 없었다. 본문에서 '천하를 양보하다(以天下讓)'는 훗날 주무왕(周武王) 때에 이르러 은상(殷商)을 멸망시키고 중원의 천하를 차지한 까닭에 이렇게 말하였을 것이라 추정할 수 있다.

## 문법구조(文法構造)

전체 원문은 서사성 복합 문장이다. '子'는 주어이고 '曰'은 술어이며 "泰伯, 其可謂至德也已矣! 三以天下讓, 民無得而稱焉"은 목적어이다.

---

29) "太王疾, 太伯因適吳越採藥。太王歿而不反, 季歷爲喪主, 一讓也; 季歷赴(訃)之, 不來奔喪, 二讓也; 免喪之後, 遂斷髮文身, 三讓也。"(『論語』, 十三經注疏本, 臺北: 藝文印書館, 1986, p.790)

인용부호 속 제1 문장 "泰伯, 其可謂至德也已矣"는 판단성 복합 장문이다. '泰伯'은 주어이고 '其'는 접속사이며 현대 중국어 '是'자에 해당한다. 술어 '可謂至德'은 어휘결합 형태이고 '可'는 조동사로 뒤 술어 '謂'를 수식하며 '至德'은 목적어이다. 문장 끝에 3개의 어조사를 사용하였는데 '也'는 흔히 판단성 문장 끝에 사용하여 결정 어투를 표시하는 조사이고 '已矣'는 사용하여 찬탄 어투를 표시하는 조사로 중첩하여 사용하였으며 찬탄의 의미를 가중시키기 위한 것이다. '也已矣' 이 3개의 어조사를 현대 중국어로 번역하면 단지 '了呀'에 해당한다. 제2 문장 '三以天下讓'은 서사성 단문이다. 주어 '泰伯'은 앞 문장에 이어 생략되었고 '以'는 전치사로 목적어 '天下'를 어순도치하여 술어 '讓'자 앞에 놓았다. '三'은 수사로 여기서 관형어로 술어 '讓'을 수식하는 것이다. 제3 문장 "民無得而稱焉"은 서사성 장문인데 '民'은 주어이고 앞 술어 '無得'은 '不得'과 같으며 '而'는 접속사, '稱'은 뒤 술어, '焉'은 '之'와 같아 '泰伯'을 가리키는데 명사이다. 제2, 제3 문장과 제1 문장은 보충관계이며 제2, 제3 문장도 보충관계로 구성된 장문이다.

### 문장법 분석(文章法分析)

본문 내용은 '서(敍)—보(補)' 구조의 변화를 통한 전개이다. 전체 원문은 공자께서 태백이 지극한 품덕을 지녔다 말할 수 있는데 세 차례 천하를 양보하였기에 백성들은 칭찬할 적당한 말을 얻어내지 못하였다라고 말씀한 내용이다. 제1 문장은 '서(敍)'에 속하며 공자께서 주나라 시조(始祖) 고공단부(古公亶父)의 장자 태백이 더할 수 없이 높고 고상한 품행덕성을 갖추었다 말할 수 있는 것이라네라고 말씀한 것이다. 제2, 제3 문장은 '보(補)'에 속하는데 공자께서 주실(周室)의 장자 태백이 세 차례에 걸쳐 군왕(君王)의 자리를 3남 계력에게 양보해주었기에 백성들은 그(장자 태백)를 칭찬할 합당한 언어 표현을 생각하여 얻어내지 못하였다라고 말씀한 것이다.

공자께서 태백이 양위한 지극히 높은 품행덕성은 타의 추종을 불허할 독보적인 면모로 그 칭찬, 추앙하는 언어문자 표현수단을 생각해내거나 찾아내기 어려운 사실을 직시하며 제자들에게 귀감을 삼도록 권하는 내용으로 문장을 일단락짓고 있다. 여기서 기술한 문장법에 내재된 논리를 정리하면 <표-77>과 같다.

<표-77> 내재논리 분석도

| 구분 | | 내용 |
|---|---|---|
| 서(敍) | | 공자께서 주실의 장자 태백은 지극히 높은 품행덕성을 지녔다 말할 수 있는 것임 |
| 보(補) | 원인(因) | 태백이 세 차례나 천하를 계력에게 양보하였기에 |
| | 결과(果) | 백성들은 태백을 칭찬할 합당한 언어 표현을 생각하여 얻어내지 못하였음 |

### 신역(信譯)

공자께서 "태백이 지극한 품덕을 지녔다 말할 수 있는 것인데 세 차례 군왕 자리를 양보하였기에 백성들은 칭찬할 적당한 말을 얻어내지 못하였다"라고 말했다.

### 달역(達譯)

공자께서 제자들이여 “고공단부(古公亶父)의 장자 태백이 지극히 높고 고매한 품행덕성을 갖추었다 말할 수 있는 것이라네! 장자 태백이 세 차례 군왕(君王)의 자리를 3남 계력에게 양보해주었기에 백성들은 그를 칭찬할 합당한 언어 표현을 생각해내지 못하였다”라고 말씀하셨다.

### 아역(雅譯)

공자께서 제자들이여 “주나라 시조(始祖) 고공단부(古公亶父)의 장자 태백이 더할 수 없이 높고 순수한 품행과 덕성을 갖추었다 말할 수 있는 것이라네! 왜냐하면 주나라 시조(始祖) 고공단부(古公亶父)의 장자 태백이 세 차례에 걸쳐 지상 군왕(君王)의 자리를 3남 계력에게 양보해주었기 때문에 그래서 국민들은 그(장자 태백)를 칭찬할 합당하고 적절한 언어 표현을 생각하여 얻어내지 못하였습니다”라고 귀감을 삼도록 권하여 말씀하셨습니다.

### 함축의미

<표-78> 함축의미 분석

| 결론 | | 근거 |
|---|---|---|
| 공자께서 태백이 지극히 높은 품행덕성을 지녔다함 | ← | 장자 태백은 세 차례나 천하 패주의 자리를 양위하였기에 |
| | | 백성들은 칭찬할 표현을 생각해지 못하였음 |

## 생각열기

'겸양(謙讓)의 미덕'은 미덕 중의 으뜸이다. 겸양(謙讓)은 겸손(謙遜)과 양보(讓步)가 합성된 의미이며 겸손하게 자신을 낮추고 예의를 갖추어 대하며 상대방을 존중, 배려하는 태도이다. 미덕(美德)은 아름답고 훌륭한 덕성인데 그 가운데 최고는 '겸양'이다. 겸양은 사회적 상호작용에서 중요한 역할을 수행하는 일종의 태도이다. '겸양의 미덕'은 상호 간의 관계를 원활하게 유지하고 긍정적인 인상을 남기며, 자기중심적인 태도나 이기적인 욕구를 억눌러 덜어내거나 제어하여 상호 간의 조화와 협력을 끌어내는 중요한 가치이지 않을까? 그래서 지도력(리더십)에서도 중요한 요소로 작용하지 않을까?

# 제2장

— '예(禮)'로 절제된 일체의 행위 덕목이 사람을 감화(感化)시키고 풍속을 후덕하게함

子曰: "恭而無禮則勞; 愼而無禮則葸; 勇而無禮則亂; 直而無禮則絞.君子篤於親, 則民興於仁.故舊不遺, 則民不偸."

zǐyuē gōngérwúlǐzéláo shènérwúlǐzéxǐ yǒngérwúlǐzéluàn zhíérwúlǐzéjiǎo jūnzǐdǔyú qīn zémínxīngyúrén gùjiùbùyí zémínbùtōu

관련 편장(篇章)

有子曰: "其爲人也孝弟, 而好犯上者, 鮮矣! 不好犯上, 而好作亂者, 未之有也.君子務本, 本立而道生.孝弟也者, 其爲仁之本與!" (「學而」篇 第2章)

"仁者, 人也.親親爲大." (『禮記·中庸』卷第52)

"親親, 仁也." (『孟子·告子』章句下)

"親親, 仁也." (『孟子·盡心』章句上)

## 주석(注釋)

① 공(恭): 형 공경(恭敬)하다.

② 이(而): 접사 (역접관계 표시)'그러나', '도리어'로 해석하며 현대 중국어 '卻(què)', '可是(kěshì)'에 해당함.

③ 칙(則): 접사 (조건관계 표시)'곧', '바로'라 해석하며 현대 중국어 '就(jiù)', '便(biàn)'에 해당함.

④ 노(勞): 동 '고생하다', '수고하다', '헛고생(수고)하다', '헛되이 고생(수고)하다'. 현대 중국어 '勞苦(láokǔ)', '徒勞(túláo)', '徒然勞苦(túránláokǔ)'에 해당함.

⑤ 신(愼): 형 '신중하다', '삼가고 신중하다'. 현대 중국어 '謹愼(jǐnshèn)'에 해당함.

⑥ 사(葸): 형 '겁내다', '두려워하다'. 현대 중국어 '害怕(hàipà)', '畏懼(wèijù)'에 해당함.

⑦ 용(勇): 형 용감(勇敢)하다, 용기(勇氣) 있다.

⑧ 난(亂): '어지럽히다', '질서를 어지럽히다', '모반을 일으키다'. 현대 중국어 '悖亂(bèiluàn)', '作亂(zuòluàn)'에 해당함.

⑨ 직(直): 형 '솔직하다', '정직하다'. 현대 중국어 '直率(zhíshuài)', '正直(zhèngzhí)'에 해당함.

⑩ 교(絞): 동 (새끼를)'꼬다', '꼬아 비틀다'라는 의미인데 여기서 (사람을)'자극하다', '다치게 하다'로 해석해야 함.

⑪ 군자(君子): 명 '위에 자리한 사람', '윗자리에서 백성을 영도하는 사람'. 현대 중국어 '在上位的人(zàishàngwèiderén)', '在上位領導老百姓的人(zàishàngwèilǐngdǎolǎo bǎixìngderén)'에 해당함.

⑫ 독(篤): 형 '두텁다', '돈독하다', '후대하다', '깊고 후덕하다'. 현대 중국어 '篤厚(dǔhòu)', '厚待(hòudài)', '深厚地對待(shēnhòudeduìdài)'에 해당함.

⑬ 흥(興): 동 '일어나다'. '세차게 일어나다'. 현대 중국어 '興起(xìngqi)'에 해당함.

⑭ 인(仁): 명 학습, 실천 및 사고하고 수양으로 덕성을 함양하며 못 미치거나 지나침 없는 중용단계를 거쳐 대상과 범위를 달리한 하위 덕목의 실행을 통해 구현해낸 핵심 덕목 즉 최고의 가치인 '사랑의 정감'을 의미함.

⑮ 고구(故舊): 명 '친분이 두터운 사람과 우정이 깊은 친구'. 중국어 '故人舊友(gùrénjiùyǒu)'에 해당함.

⑯ 투(偸): 동 (행동, 민풍이)가볍다, 경박하다. (사람과 사람 간의 감정)'엷다', '담담하고 엷다', '냉담하고 무정하다', '쓸쓸하고 무정하다'. 중국어 '民風不致偸薄(mínfēngbùzhìtòubó)', '人與人之間感情不致淡薄(rényǔrézhījiāngǎnqíngbùzhìdànbó)'에 해당함.

### 석의(析義)

① 교(絞): 여기서 (말투가 실랄하여)'사람을 자극하다', '마음을 다치게 하다', '기분을 상하게 하다' 등으로 해석해야 한다.
② 독어친(篤於親): 깊고 후덕한 감정으로 친속과 친구 즉 부모형제자매, 친척과 친구(현대 중국어 親戚朋友qīnqīpéngyou에 해당)를 대우하여 접대하다.
③ 흥어인(興於仁): 민간에서 소문으로 들어 알고 '인(仁) 즉 사랑의 정감'으로 향해가는 풍조가 일어나다.
④ 고구불유(故舊不遺): '불유고구(不遺故舊)'의 어순도치로 '친분이 두터운 사람과 우정이 깊은 친구를 남겨두고 버리지 않다'라는 의미이다.

### 문법구조(文法構造)

전체 원문은 서사성 복합 문장이다. '子'는 주어이고 '曰'은 술어이며 "恭而無禮則勞; 愼而無禮則葸; 勇而無禮則亂; 直而無禮則絞。君子篤於親, 則民興於仁。故舊不遺, 則民不偸"는 목적어이다. 인용부호 속의 앞 네 마디는 평행관계로 구성된 장문이다. 그 가운데 각 한 마디마다 모두 조건관계로 구성된 장문이며 조건 단문 또한 모두 역접관계로 구성된 장문이다. '恭、愼、勇、直'은 네 마디 태도를 표시하는 단문의 술어이고 주어는 '任何人'이며 개괄성을 띠어 생략되었다. '而'는 역접관계를 표시하는 접속사이고 '無禮'는 유무관계 단문이며 그 주어 역시 개괄성을 띠어 생략되었다. '勞、葸、亂、絞' 역시 네 마디 태도를 표시하는 단문 속의 술어로 이것들의 주어 역시 개괄성을 띠어 생략되었고 앞에 '則'은 조건관계 뒤 단문 머리에 더해지는 접속사이며 현대 중국어 '就', '便'에 해당한다. 제5 문장 "君子篤於親, 則民興於仁" 역시 조건관계로 구성된 장문이다. 조건 문장 '君子篤於親'은 태도를 표시하는 복합 장문인데 '君子'는 주어이고 '篤於親'은 어휘결합 형태의 술어이며 '篤'은 행위를 표시하는 동사, '於'는 장소보어 '親'자 앞에 놓이는 전치사이다. 후속결과 표시 문장 '民興於仁' 역시 태도를 표시하는 복합 장문인데 '民'은 주어이고 '興於仁'은 어휘결합 형태의 술어이며 '興'은 행위를 표시하는 동사, '於'는 장소보어 '仁'자 앞에 놓이는 전치사이다. 제6 문장 "故舊不遺, 則民不偸" 역시 조건관계로 구성된 장문이다. 조건 문장 '故舊不遺'는 서사성 단문인데 '故舊'는 연합식 의미연계 복합 어휘로 그 중시를 위해 문장 머리에 위치시키고 술어 '遺'의 목적어이며 그 앞에 부정표시 부사 '不'가 더해져 수식한다. 후속결과 문장 '民不偸'는 태도를 표시하는 복합 장문인데 '民'은 주어, '不偸'는 어휘결합 형태의 술어이고 '偸'는 '薄'자의 의미로 행위를 표시하는 동사이며 그 앞에 부정표시 부사 '不'가 더해져 수식한다. 제5 문장과 제6 문장의 후속결과 문장 머리에 접속사 '則'이 더해졌다.

평행관계로 구성된 큰 폭의 장문과 그 뒤 두 마디 조건관계로 구성된 장문은 단지 연합관 계로 이루어졌다 말할 수 있다. 제5 문장과 제6 문장은 보충관계로 구성된 것이다.

### 문장법 분석(文章法分析)

본문 내용은 '원인(因)—결과(果)' 구조의 변화를 통한 전개이다. 전체 원문은 공자께서 공경하나 예의가 없다면 헛되이 수고롭고, 신중하나 예의가 없다면 겁나서 두렵고, 용감하나 예의가 없다면 질서를 어지럽히고, 정직하나 예의가 없다면 마음을 다치게하기에 군왕(주)이 가족, 친척과 친구에게 깊고 후덕하다면 바로 민간에 '인(仁)'이 일어나게하며 친분 있는 사람과 우정 어린 친구를 내버리지 않는다면 민간의 풍속이 옅고 경박하지 않을 것이다라고 말씀한 내용이다. 제1, 제2, 제3, 제4 문장은 '원인(因)'에 속하는데 각 문장이 '정(正)—반(反)' 구조를 포함하고 그 중에 '반(反)'은 다시 '조건(條件)—후속결과(後果)' 구조를 포함한 관계이다. 공자께서 공경할지라도 도리어 예로 절제하지 않으면 헛되이 수고스럽고, 삼가고 신중할지라도 도리어 예로 절제하지 않으면 두려워 겁이나고, 호기롭고 용감할지라도 도리어 예로 절제하지 않으면 모반하여 질서를 어지럽히고, 정직하고 진솔할지라도 도리어 예로 절제하지 않으면 사람 마음을 자극하여 다치게하기 때문이다라고 말씀하셨다. 제5, 제6 문장은 '결과(果)'에 속하는데 '서(敍)—보(補)' 구조를 포함하고 '서(敍)'는 다시 '조건(條件)—후속결과(後果)' 구조, '보(補)' 역시 '조건(條件)—후속결과(後果)' 구조를 포함한 관계이다. 공자께서 군왕(주)이 혈연 관계의 가족과 친척 및 우정어린 친구에게 후덕하게 대우한다면 민간에서 감화가 일어나 '인(仁) 즉 사랑의 정감'을 추구하여 구현해갈 것이며 친분이 두터운 사람과 우정이 깊은 친구를 남겨 내버리지 않는다면 민간의 감정이 옅고 냉담하지도, 풍속이 경박하지도 않을 것이다라고 말씀하셨다.

공자께서 제자들에게 공경, 신중, 용감, 정직 모두 예의로 절제하여야 비로소 알맞고 적절하여 반대급부의 폐단이 없기에 위에 자리한 군왕(주)은 깊고 후덕하게 사람들을 대우하고 내버려 포기하지 않아야 한다. 그러면 민간에 감화가 일어나 '인(仁) 즉 사랑의 정감'이 구현되어 무정하지도, 풍속이 교정되어 경솔하여 투박하지도 않다라고 설명한 내용으로 문장을 일단락짓고 있다. 여기서 기술한 문장법에 내재된 논리를 정리하면 <표-79>와 같다.

### <표-79> 내재논리 분석도

| 구분 | 구조 | 항목 | 내용 |
|---|---|---|---|
| 원인(因) | 정(正) | | 공자께서 오로지 공경할지라도 |
| | 반(反) | 조건(条件) | 도리어 예의로 절제하지 않으면 |
| | | 후속결과(後果) | 헛되이 수고스럽고 |
| | 정(正) | | 오로지 삼가고 신중할지라도 |
| | 반(反) | 조건(条件) | 도리어 예의로 절제하지 않으면 |
| | | 후속결과(後果) | 두려워 겁이나고 |
| | 정(正) | | 오로지 호기롭고 용감할지라도 |
| | 반(反) | 조건(条件) | 도리어 예의로 절제하지 않으면 |
| | | 후속결과(後果) | 모반하여 질서를 어지럽히고 |
| | 정(正) | | 오로지 정직하고 진솔할지라도 |
| | 반(反) | 조건(条件) | 도리어 예의로 절제하지 않으면 |
| | | 후속결과(後果) | 사람 마음을 자극하여 다치게하기 때문에 |
| 결과(果) | 서(敍) | 조건(条件) | 군왕(주)이 혈연 관계의 가족과 친척 및 친구에게 두텁고 후덕하게 대우한다면 |
| | | 후속결과(後果) | 민간에서 감화가 일어나 '인(仁) 즉 사랑의 정감'을 추구하여 구현해갈 것이며 |
| | 보(補) | 조건(条件) | 친분이 두터운 사람과 우정이 깊은 친구를 내버리고 포기하지 않는다면 |
| | | 후속결과(後果) | 민간의 감정이 엷고 냉담하지도, 풍속이 경박하지도 않을 것임 |

### 신역(信譯)

공자께서 "공경하나 예의가 없다면 헛되이 수고롭고, 신중하나 예의가 없다면 겁나서 두렵고, 용감하나 예의가 없다면 질서를 어지럽히고, 정직하나 예의가 없다면 마음을 다치게한다. 군왕(주)이 가족과 친척에게 깊고 후덕하다면 바로 민간에 '인(仁) 즉 사랑의 정감'이 일어나며 친분 있는 사람과 우정 어린 친구를 내버리지 않는다면 민간에서 인정이 냉담하고 풍속이 경박하지 않을 것이다"라고 말했다.

### 달역(達譯)

공자께서 제자들이여 "공경할지라도 도리어 예의로 절제하지 않으면 헛되이 수고롭고, 삼가고 신중할지라도 도리어 예의로 절제하지 않으면 겁이나서 두렵고, 호기롭고 용감할지라도 도리어 예의로 절제하지 않으면 질서를 어지럽히고, 정직하고 진솔할지라도 도리어 예의로 절제하지 않으면 사람 마음을 다치게하기 때문이다. 군왕(주)이 혈연 관계의 가족과 친척에게 후덕하게 대우한다면 민간에서 감화가 일어나 '인(仁)'을 추구하여 구현해갈 것이며 친분이 두터운 사람과 우정이 깊은 친구를 남겨버리지 않는다면 민간에서 인정이 냉담하지도, 풍속이 경박하지도 않을 것이다"라고 말씀하셨다.

아역(雅譯)

공자께서 제자들이여 "비록 그저 공경할지라도 그러나 예의범절로 절제하지 않는다면 헛되이 수고롭고, 비록 그저 삼가고 신중할지라도 그러나 예의범절로 절제하지 않는다면 겁이나서 두렵고, 비록 그저 호기롭고 용감할지라도 그러나 예의범벌로 절제하지 않는다면 모반하여 질서를 어지럽히고, 비록 그저 정직하고 진솔할지라도 그러나 예의로 절제하지 않는다면 사람 마음을 자극하여 다치게하기 때문입니다. 그래서 위에 자리한 군왕(주)이 혈연 관계의 친족(부모, 형제, 자매)과 친척에게 두텁고 후덕하게 대우한다면 민간(백성들 사이)에서 감화가 일어나 '인(仁) 즉 사랑의 정감'이란 최고의 가치를 추구하여 구현해갈 것이며 친분이 두터운 사람과 우정이 깊은 친구를 남겨 내버리지 않는다면 민간(백성들 사이)에서 인정이 옅고 냉담하지도, 풍속이 들떠 경박하지도 않을 것입니다"라고 일깨워 말씀하셨습니다.

함축의미

<표-80> 함축의미 분석

| | | |
|---|---|---|
| • 공경하나 예의가 없다면 헛되이 수고로움<br>• 신중하나 예의가 없다면 겁나서 두려움<br>• 용감하나 예의가 없다면 질서를 어지럽힘<br>• 정직하나 예의가 없다면 마음을 다치게함 | ⇨ | • 군왕(주)이 가족과 친척에게 깊고 후덕하다면 바로 민간에 '인(仁) 즉 사랑의 정감'이 일어남<br>• 친분 있는 사람과 우정 어린 친구를 내버리지 않는다면 민간에서 인정이 냉담하고 풍속이 경박하지 않음 |

## 생각열기

"공경, 신중, 용감, 정직 등 덕목에 예의가 결여된다면?" 바로 형식적인 빈 껍데기의 공경, 신중, 용감, 정직으로 전락하지 않을까? 그야말로 내용을 결여한 보여주기식 표현에 불과하여 '속빈 강정'의 취급을 받게 될 것이다. 구체적으로 살펴보면, 공경에 예의가 결여되면 선의의 감정이 포함된 존중하는 마음을 전달하기 어렵고, 신중에 예의가 결여되면 선의의 감정이 포함된 배려하는 마음을 전달하기 어렵고, 용감에 예의가 결여되면 선의의 감정이 포함된 정의로운 마음을 전달하기 어렵고, 정직에 예의가 결여되면 선의의 감정이 포한된 신뢰하는 마음을 전달하기 어렵지 않을까? 결국 공경, 신중, 용감, 정직 등 덕목에 예의가 적절히 결합되어야 비로소 충분한 효과를 낼 수 있다. 이렇게 예의는 바로 공경의 감정에서 존중의 마음으로, 신중의 감정에서 배려의 마음으로, 용감의 감정에서 정의의 마음으로, 정직의 감정에서 신뢰의 마음으로 과도할 수 있게 돕는 촉매제이지 않을까? 결국 공경, 신중, 용감, 정직 등 덕목에 예의가 결여된다면, 개인 자신의 인격을 저하시키고, 사회적 관계의 신뢰를 무너뜨리며, 사회 전체의 건강을 해치는 등 부정적인 영향을 미칠 수 있다. 따라서, 각종 덕목에 예의가 결여되지 않도록 각별히 유념해야 하지 않을까?'

# 제3장

— 자신의 건전한 마음, 온전함 신체을 지키는 일이 바로 부모님께 감은(感恩)하는 길

曾子有疾，召門弟子曰: “啓予足，啓予手.『詩』云: ‘戰戰兢兢，如臨深淵，如履薄氷.’ 而今而後，吾知免夫！小子!”

zēngzǐyǒují zhàoméndìzǐyuē qǐyúzú qǐyúshǒu shīyún zhànzhànjīngjīng rúlínshēnyuān rúlǚbóbīng érjīnérhòu wúzhīmiǎnfū xiǎozǐ

관련 편장(篇章)

孟武伯問孝.子曰: “父母唯其疾之憂.” (「爲政」篇 第6章)

“仲尼居，曾子侍.……子曰: ‘夫孝，德之本也，敎之所由生也.復坐，吾語汝.身體髮膚，受之父母，　敢毁傷，孝之始也. 身行道，揚名於後世，以顯父母，孝之終也.夫孝，始於事親，中於事君，終於　身.「大雅」云: ‘無念爾祖，聿脩厥德.’ ” (『孝經·開宗明義章』第一)

曾子曰: “身也者，父母之遺體也.行父母之遺體，敢不敬乎?” (『禮記·祭義』篇 卷第四十八)

“吾聞諸曾子，曾子聞諸夫子曰: ‘天之所生，地之所養，無人爲大！父母全而生之，子全而歸之，可謂孝矣！不虧其體，不辱其身，可謂全矣！故君子頃步而弗敢忘孝也.今予忘孝之道，予是以有憂色也.’ ” (『禮記·祭義』篇 卷第四十八)

## 주석(注釋)

① 소(召): 동 '불러 모으다', '소집하다'. 현대 중국어 '召集(zhàojí)', '召見(zhàoijiàn)'에 해당함.

② 문제자(門弟子): 명 증자(曾子)의 학생을 가리킴.

③ 계(啓): 동 '보다', '들춰보다'. 현대 중국어 '看(kàn)', '視(shì)', '揭開看(jiēkāikàn)'에 해당함.

④ 전전긍긍(戰戰兢兢): 형 '전전(戰戰)', 겁내 두려워하는 모양. '긍긍(兢兢)', 경계하고 신중하며 조심하는 모양.

⑤ 여림심연(如臨深淵): '임(臨)', 동 '다다르다', '당면하다', '앞에 놓여있다'. 현대 중국어 '面對(miànduì)', '面臨(miànlín)'에 해당함. 때문에 '여림심연'은 마치 깊은 연못가에 다다른(놓여있는) 것처럼 위험천만하여 매우 조심스럽고 신중하게 행동하다라고 해석해야 함.

⑥ 여리박빙(如履薄氷): '리(履)', 동 '밟다', '밟고 걷다', '걸어가다'. 현대 중국어 '步行(bùxíng )', 마치 살얼음을 밟는 것처럼 아슬아슬하여 매우 조심스럽고 신중하게 행동하다라고 해석해야 함.

⑦ 이금이후(而今而後): 명 오늘 이후, 지금 이후.

⑧ 면(免): 동 '……을 면하다', '……에서 벗어나다'. 현대 중국어 '免於(miǎnyú)'에 해당함.

⑨ 부(夫): 조사 (문장 끝에 더해져)추측 어투를 표시하는데 '거야', '겁니다'라고 해석하며 현대 중국어 '吧(ba)'에 해당함.

⑩ 소자(小子): 대사 선생님의 학생에 대한 호칭.

### 석의(析義)

① 문제자(門弟子): 명 옛날에 학생을 제자(弟子)라 불렀고 다시 그 제자 이하를 문인(門人)이라 불렀다. 여기서 '문인'과 '제자'를 연용하여 넓게 학생을 가리키는데 즉 증자의 학생을 가리킨다.

② 면(免): '증자가 죽음에 이른 그런 후에 그 몸이 훼손되는 벌(죄과)을 면하다'라고 해석해야 한다.

## 문법구조(文法構造)

전체 원문은 서사성 복합 문장이다. 제1 문장 "曾子有疾"은 유무관계 단문인데 '曾子'는 주어이고 '有'는 술어이며 '疾'은 목적어이다. 제2 문장 '召門弟子'와 '曰'뒤 한 마디 "啓予足, 啓予手.『詩』云: '戰戰兢兢, 如臨深淵, 如履薄氷.' 而今而後, 吾知免夫! 小子!"는 서사성 복합 문장이 시간 선후관계로 구성된 장문이다. '召門弟子'는 서사성 단문이고 '召'는 술어이며 '門弟子'는 목적어이다. '曰'뒤 인용부호 속 두 마디 "啓予足, 啓予手"는 서사성 단문이 평행관계로 구성된 장문인데 '啓'는 한 글자 어휘의 앞뒤 문장 술어로 그 목적어 '予足'과 '予手'를 이끌고 앞뒤 문장 속 '予'는 관형어이며 뒤 중심어 '足'과 '手'를 수식한다. 제3 문장 "『詩』云: '……'"는 서사성 복합 문장이고 쌍 인용부호 속은 두 마디 준판단성 문장이 평행관계로 구성된 장문이다. '戰戰兢兢'은 2개의 중첩 글자가 연음 복합 어휘의 어휘연계 형태이며 이 두 마디 준판단성 문장의 주어이다. '如'자는 준접속사, '臨深淵'과 '履薄氷'은 두 마디 준판단성 복합 문장의 술어인데 즉 술어 '臨'과 '履'가 보어 '深淵'과 '薄氷'를 이끌며 모두 어휘결합 형태이다. 제4 문장 "而今而後, 吾知免夫! 小子"는 서사성 단문이다. 앞 '而'자의 작용은 단지 1개의 어조사가 더해져 있는 것에 지나지 않고 뒤 '而'자의 작용과 '之'자를 더한 것 같은 조사이다. '今後'는 시간 보충어휘이고 관형어 '今'과 중심어 '後' 앞에 모두 '而'자가 더해졌다. 뒤 문장의 '吾'는 주어, '知'는 술어, '免'은 목적어이고 '夫'는 문장 끝에 더해지는 추측 어투의 조사이며 현대 중국어 '吧'자에 해당한다. '小子'는 증자가 그의 제자를 부를 때 사용하는 어휘이며 독립하여 사용할 수 있다.

"曾子有疾" 문장과 "召門弟子曰:……" 사이는 시간 선후관계로 구성된 것이다.

### 문장법 분석(文章法分析)

본문 내용은 '원인(因)—결과(果)' 구조의 변화를 통한 전개이다. 전체 원문은 증자가 병을 앓아 위중해져서 그 문하 제자들을 소집하여 내 발을 봐라, 내 손을 봐라! 『詩經 · 小旻』편에 "삼가고 신중하며 조심하길 마치 깊은 연못가에 다다른 것 같고 마치 얇게 언 얼음 위를 걸음 걷는 것 같다"라고 말하며 금후에 자신은 신체가 훼손되는 죄과를 모면하게 되었구나 제자들이여!라고 말했다는 내용이다. 제1 문장은 '원인(因)'에 속하며 증자가 병을 앓아 위중한 지경에 이르렀기에라고 불러올 결과를 이끌어내려 원인을 전제하여 말하였다는 것이다. 제2, 제3, 제4 문장은 '결과(果)'에 속하는데 시간 '선(先)—후(後)' 구조를 포함하고 '후(後)'는 다시 '후일(後一)—후이(後二)' 구조를 포함하며 '후일(後一)'은 더하여 '서(敍)—론(論)' 구조를 포함한 관계이다. 증자가 그 자신 문하의 제자들을 병상 앞에 불러 모아 분부하여 그대들이 이불을 들추어 내 다리를 보라, 이불을 들추어 내 손을 보라! 훼손시킨 곳이 있는가? 『詩經 · 小旻』편에 "겁내 두려워하여 경계하고 신중하며 조심하기가 마치 깊은 연못가에 다다른 것처럼 위험천만하여 매우 조심스럽고 신중하게 행동하는 것처럼, 마치 얇게 얼은 살얼음을 밟는 것처럼 아슬아슬하여 매우 조심스럽고 신중하게 행동하는 것처럼" 마음 졸인 채 감히 자신을 지키기를 소홀히 하지 않았다며 오늘 이후 자신은 비로소 부모로부터 받은 신체를 훼손시키는 죄과(罪過)의 벌을 모면하게 되었다 알게되었지요, 제자들이여!라고 말하였다.

『孝經 · 開宗明義章』에 "왜냐하면 본래 우리 신체의 한 올 머리카락, 일부의 피부 조차도 모두 부모로부터 부여받은 것이기 때문에 그래서 감히 신체를 훼손하거나 다치지 않은 것이 바로 '효'도 실천의 시작이다(身體髮膚, 受之父母, 不敢毁傷, 孝之始也)"라고 언급된 기술을 연상케하는 장구이다. 증자께서 임종(臨終)을 앞두고 일생동안 신중하고 조심하며 신체를 온전히 지켜내 부모의 은혜를 소중히 여기고 효도를 다한 면모를 통해 그 문하 제자들에게 훈계하여 깨닫게한 내용으로 문장을 일단락짓고 있다. 여기서 기술한 문장법에 내재된 논리를 정리하면 <표-81>과 같다.

<표-81> 내재논리 분석도

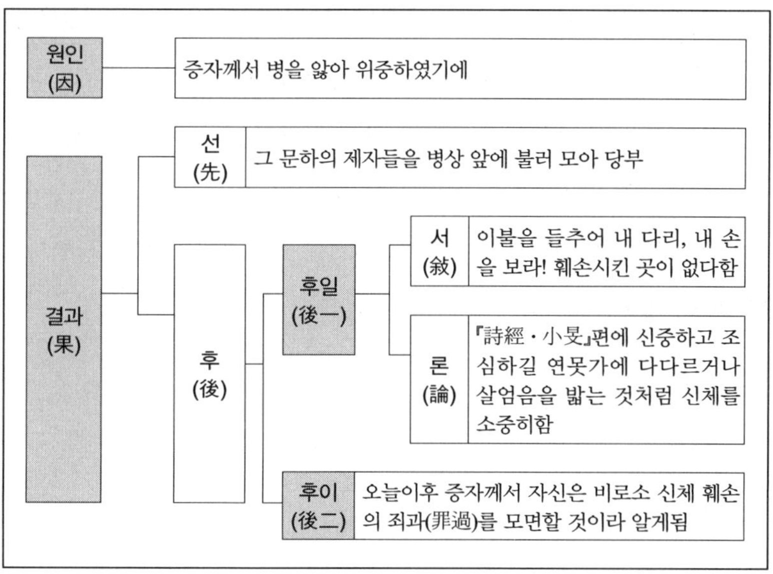

### 신역(信譯)

증자가 병을 앓아 위중해져서 그 문하 제자들을 소집하여 "내 발을 봐라! 내 손을 봐라! 『詩経 · 小旻』편에 '삼가고 신중하며 조심하길 마치 깊은 연못가에 다다른 것 같고 마치 얇게 언 살얼음 위를 걸음 걷는 것 같다'라고 이르며 자신은 신체가 훼손되는 죄과를 모면하게 될 것을 알았지, 제자들이여!"라고 말했다.

### 달역(達譯)

증자가 병을 앓아 위중한 지경에 이르렀기에 문하의 제자들을 병상 앞에 불러 모아 "그대들이 이불을 들추어 내 다리를 한 번 보라! 이불을 들추어 내 손을 한 번 보라! 『詩経 · 小旻』편에 '겁나 두려워 신중하고 조심하기가 마치 깊은 연못가에 다다른 것처럼, 마치 얇은 살얼음을 밟는 것처럼 감히 자신을 지키기를 소홀히하지 않았는데 오늘이후 증자 자신은 비로소 부모로부터 받은 신체를 훼손시키는 죄과(罪過)의 벌을 모면하게 될 것을 알았지, 제자들이여!"라고 말하였다.

### 아역(雅譯)

왜냐하면 증자가 병을 앓아 위중한 지경에 이르렀기 때문에 그래서 증자가 그 자신 문하의 제자들을 병상 앞에 불러 모아 분부하여 "그대들이 이불을 들추어 내 다리를 한 번 자세히 살펴보라! 이불을 들추어 내 손을 한 번 자세히 살펴보라! 어디 훼손시킨 곳이 있습니까? 『詩経 · 小旻』편에 '겁나 두려워 경계하고 삼가며 신중하기가 마치 깊은 연못가에 다다라(놓여있어) 위험천만하여 매우 조심스럽게 행동하는 것처럼, 마치 얇게 얼은 살얼음을 밟고 걷기가 아슬아슬하여 매우 조심스럽고 신중하게 행동하는 것처럼' 마음 조마조마한 채 감히 자신을 지키기를 소홀히하지 않았는데 오늘 이후 나 자신은 비로소 부모로부터 받은 신체를 훼손시키는 죄과(罪過)의 징벌을 모면하게 될 것을 알게되었지요, 제자들이여!"라고 말하였다.

### 함축의미

<표-82> 함축의미 분석

| | |
|---|---|
| 증자가 병을 앓아 위중하였기에 | 그 문하의 제자들을 불러모아 당부하여 이불을 들추어 내 발을 봐라, 내 손을 봐라! 온전한지 확인시킴 |
| | 『詩經 · 小旻』편에 '삼가고 신중하며 조심하길 마치 깊은 연못가에 다다른 것처럼, 마치 살얼음 위를 걸음 걷는 것처럼'이라 한 것처럼 소홀히 하지 않음 |
| | 자신은 신체가 훼손되는 죄과를 모면하게 될 것을 알았다, 제자들이여!라고 말함 |

## 생각열기

"진정한 감은(感恩)은 몸과 마음을 잘 지키는 것"이라는 개념은 몸과 마음의 건강이 생명의 근원임을 강조한 표현이지 않을까? '몸'은 육체를 가리키는 외재적 부분이고 '마음'은 정신을 포함하는 내재적 부분이다. 특히 마음과 정신(Mind, Heart, Sprit, Soul)은 감정, 도덕, 사고, 의지, 정서 등을 포함하는 개념인데 생각하고 판단하는 일이 모두 이 영역에서 이루어지지 않을까? 몸이 건강하고 마음이 건전하여 바른 상태일 때, 우리의 언행을 올바른 길로 인도할 수도, 삶도 건강하고 바르게 유지할 수도 있게 되지 않을까? 따라서, 건강한 몸과 건전한 마음을 유지하기 위해 운동 식사, 생활 습관, 자기 성찰, 유혹 경계 등 부분에 각별히 신경 쓸 필요가 있지 않을까?

# 제4장

— 자신의 수신양성(修身養性)이 벼슬길에 나가 국정에 참여하는 바탕(근본)

曾子有疾，孟敬子問之。曾子曰："鳥之將死，其鳴也哀；人之將死，其言也善。君子所貴乎道者三：動容貌，斯遠暴慢矣；正顏色，斯近信矣；出辭氣，斯遠鄙倍(背)矣！籩豆之事，則有司存。"

zēngzǐyǒují mèngjìngzǐwènzhī zēngzǐyuē niǎozhījiāngsǐ qímíngyěāi rénzhījiāngsǐ qíyányěshàn jūnzǐsuǒguìhūdàozhěsān dòngróng-mào sīyuànbàomànyǐ zhèngyánsè sījìnxìnyǐ chūcíqì sīyuànbǐbèiyǐ biāndòuzhīshì zéyǒusīcún

관련 편장(篇章)

"修身而後家齊，家齊而後國治，國治而後天下平。……自天子以至於庶人，壹是皆以修身爲本。其本亂而末治者否矣，其所厚者薄，而其所薄者厚，未之有也!"(『大學』)

**주석(注釋)**

① 맹경자(孟敬子): ❶ 중손 씨(仲孫氏)가 후에 맹손 씨(孟孫氏)로 개명하고 맹자(孟

子)라 부르기도 하며 '경(敬)'은 휘호, '자(子)'는 존칭이다.

② 문(問): 동 '위문하다', '찾아가 문병하다'. 현대 중국어 '探望(tānwàng)', '探問(tānwèn)'에 해당함.

③ 지(之): 재대 '증자'를 가리킴.

④ 군자(君子): 학습, 실천 및 사고하고 수신양성(修身養性)으로 덕성을 함양하며 못 미치거나 지나침 없는 중용의 단계를 거쳐 최고의 가치인 '인(仁) 즉 사랑의 정감'을 구현하여 마침내 도덕(진리)정신에 도달한 이상 인물형상을 가리킴. 뒤 문 장의 '有司'와 서로 대조적인 형상.

⑤ 귀(貴): 형 '귀중하게 여기다', '중시하다'. 중국어 '重(zhòng)', 현대 중국어 '注重(zhù zhòng)', '重視(zhòngshì)'에 해당함.

⑥ 도(道): 명사람을 대(접)하고 사물을 받아들이는 도리(이치), 법칙(준칙, 원칙)을 가리킴.

⑦ 동(動): 동 '바꾸다', '변동하다'. 현대 중국어 '變動(biàndòng)', '改動(gǎidòng)'에 해당함.

⑧ 용모(容貌): 명 '용모, 언사와 행동거지'. 중국어 '容止體貌(rongzhitimao)'에 해당함.

⑨ 원(遠): 동 '멀리 떨어지다', '피해 모면하다'. 현대 중국어 '避免(bìmiǎn)', '遠離(yuǎnlí)'에 해당함.

⑩ 폭(暴): 형 '거칠고 난폭하며 예의없다'. 중국어 '粗暴無禮(cūbàowúlǐ)'에 해당함.

⑪ 만(慢): 형 '게으르고 존중할 줄 모르다(불경스럽다)', '게으르고 업신여기다(깔보다, 얕보다)'. 중국어 '怠慢不敬(dàimànbújìng)', '懈怠侮慢(xièdàiwǔmàn)'에 해당함.

⑫ 정(正): 형 '단정하다', '적절하고 마땅하며 예의에 부합하다'. 현대 중국어 '端正(duān zhèng)', '適宜合禮(shìyíhélǐ)'에 해당함.

⑬ 안색(顏色): 명 '안색', '얼굴기색'이. 현대 중국어 '臉色(liǎnsè)', '容顏氣色(róngyánqìsè)'에 해당함.

⑭ 신(信): 형 '신실하다', '신용있다', '진정어리고 믿을만하다'. 현대 중국어 '誠信(chéngxìn)', '信實(xìnshí)'에 해당함.

⑮ 근(近): 형 '……에 가깝다', '근접하다', '접근하다'. 현대 중국어 '近於(jìnyú)', '接近(jiējìn)' , '靠近(kàojìn)'에 해당함.

⑯ 출(出): 동 '말하다', '말해내다', '표출하다'. 현대 중국어 '表出(biǎochū)', '說出(shuōchū)', '說話(shuōhuà)'에 해당함.

⑰ 사(辭): 명 언사, 현대 중국어 '言辭(yáncí)'에 해당함.

⑱ 기(氣): 명 '말투', '어투'. 현대 중국어 '口氣(kǒuqì)', '語氣(yǔqì)'에 해당함.

⑲ 비(鄙): '비루하다', '식견이 좁다', '비루하고 거칠며 투박하다'. 현대 중국어 '鄙陋(bǐlòu)', '鄙陋野粗(bǐlòuyěcū)'에 해당함.

⑳ 배(倍): '배속으로……하게하다', '위배하다'현대 중국어 '使……倍速(shǐ……béisù)', '違背(weibei)'에 해당함.

㉑ 변(籩): 명 고대 대나무로 만든 제기(祭器)로 굽이 높고 뚜껑이 있으며 말린 것이나 과실을 담는데 사용함.

㉒ 두(豆): 명 고대 나무로 제작된 변(籩)과 유사한 제기(祭器)로 즙(汁)이 있는 물건을 담는데 사용함.

㉓ 변두지사(籩豆之事): 제례 가운데 모든 잡다하고 작아 하찮으며 지엽적인 말단의 일을 가리킴.

㉔ 유사(有司): 제례 의식를 관장하는 직책의 하급 관리를 가리킴.

㉕ 존(存): 동 '있다', '존재하다'. 현대 중국어 '有(yǒu)', '在(zài)'에 해당함.

## 석의(析義)

① 맹경자(孟敬子): 노나라 대부 중손첩(仲孫捷)인데 맹무백(孟武伯)의 아들이다.

② 언왈(言曰): 대체로 상대방이 묻지 않았는데 그 스스로 말할 때 '언왈(言曰)'을 사용한다.

③ 조지장사, 기명야애; 인지장사, 기언야선(鳥之將死, 其鳴也哀; 人之將死, 其言也善): "새가 장차 죽음에 다다랐을 때 그 울음도 슬프고 애처러우며, 사람이 장차 죽음에 다다랐을 때 그 언행도 바르고 착하다"라는 의미로 사람, 사물을 막론하고 그 마지막 가는 길에 당면하면 바르고 진실된 즉 진정성을 회복하게 된다고 비유한 말이다. 대체로 이 네 마디는 사물의 일을 통해 사람의 일을 연상해내는 상징(象徵) 수사 기법으로『詩經』의 '흥(興)'과 유사하며 당시의 속담이라 추정한다.

④ 변(籩): 고대 대나무를 사용해서 엮어 만든 일종의 제사 용기로 하단에 둥근 밑바닥이 있고 중앙에는 높은 다리(굽)이 있으며 상단에 그릇 모양의 뚜껑이 있는데 제사지낼 때 과실이나 말린 것을 담아놓는 제기(祭器)이다.

⑤ 두(豆): 고대 나무를 사용해서 제작한 제사 용기로 상단에 덮개가 있고 제사지

낼 때 즙(汁)이 있는 음식물을 담는놓는 제기(祭器)이다.

⑥ 유사존(有司存): 절로 제례 의식을 주관하는 낮은 신분의 하급 관리가 있어 자신은 많이 마음 조릴 필요가 없다는 의미이다.

## 문법구조(文法構造)

전체 원문은 서사성 복합 문장이다. 첫째 번 문장 '曾子有疾'은 유문관계 단문인데 '曾子'는 주어이고 '有'는 술어이며 '疾'은 목적어이다.

둘째 번 문장 '孟敬子問之'는 서사성 단문인데 '孟敬子'는 주어이고 '問'은 술어이며 '之'는 대명사로 '曾子'를 기리키는 목적어이다. 이 두 마디는 시간 관계로 구성된 장문이다.

셋째 번 "曾子曰: '鳥之將死, 其鳴也哀; 人之將死, 其言也善。君子所貴乎道者三: 動容貌, 斯遠暴慢矣; 正顔色, 斯近信矣; 出辭氣, 斯遠鄙倍(背)矣! 籩豆之事, 則有司存'" 문장 중의 '曾子'는 주어이고 '曰'은 술어이며 뒤 각 문장은 모두 목적어인데 그 분석은 아래와 같다. 제1 문장 "鳥之將死, 其鳴也哀"는 시간 선후관계로 구성된 장문이다. '鳥之將死'는 서사성 단문이며 조합식 어휘결합 형태를 채택한 것이다. '鳥'는 주어이고 '之'는 주격조사이며 '將'은 부사어로 뒤 술어 '死'를 수식한다. '其鳴也哀'는 태도를 표시하는 단문인데 '其鳴'은 어휘조합 형태의 주어이고 뒤에 멈춤 어투를 표시하는 조사 '也'가 더해졌으며 '哀'는 한 글자 어휘의 술어이다. 제2 문장 "人之將死, 其言也善"은 역시 시간 선후관계로 구성된 장문이며 문법은 제 1 문장과 완전히 같기에 그래서 다시 분석하지 않는다. 이 두 문장은 평행관계로 구성된 장문이다. 제3 문장 "君子

所貴乎道者三"은 태도를 표시하는 단문인데 '君子所貴乎道者'는 주어로 '君子'는 관형어이고 뒤 중심어 '所貴乎道者'를 수식하며 중심어 자체가 역시 어휘조합 형태이다. 다시 '所貴乎道'는 관형어이고 이는 접두사 '所'를 동반한 어휘결합 형태이며 '者'는 중심어이다. '三'은 이 한마디 태도를 표시하는 단문의 술어이다. 제4 문장 "動容貌, 斯遠暴慢矣"는 조건관계로 구성된 장문이다. '動容貌'는 본래 '以禮使容貌動'이라는 사역동사 용법이 전용 변화해서 이루어진 서사성 단문이며 '以禮' 2자를 생략한 채 언급되었다. '斯遠暴慢矣' 중의 '斯'자는 뒤 후속결과 문장 머리에 더해진 접속사이고 그것은 관형어로부터 전용 변화하여 이루어진 것이며 현대 중국어 '就'자에 해당한다. '矣'자는 문장 끝에 더해져 감탄 어투를 표시하는 조사로 현대 중국어 '啦(la)'에 해당한다. '遠暴慢' 역시 '使暴慢遠'이라는 사역동사 용법이 전용 변화해서 이루어진 서사성 단문이다. 제5 문장 "正顏色, 斯近信矣" 역시 조건관계로 구성된 장문이다. '正顏色' 역시 '以禮使顏色正'이라는 사역동사 용법이 전용 변화하여 이루어진 서사성 단문이며 '斯近信矣' 중의 '斯'자는 앞 제4 문장 용법과 같아서 분석하지 않는다. '近信'은 태도를 표시하는 문장의 술어인데 왜냐하면 술어 동사 '近' 뒤에 장소보어 '信'자가 더해진 형태이며 게다가 그 앞에 전치사 '於'자가 더해지지 않았다. 제6 문장 "出辭氣, 斯遠鄙倍(背)矣" 역시 조건관계로 구성된 장문이다. '出辭氣' 역시 '以禮使辭氣出'이라는 사역동사 용법이 전용 변화하여 이루어진 서사성 단문이다. '斯遠鄙倍(背)'는 '使鄙倍(背)遠'으로부터 전용 변화하여 이루어진 서사성 단문이다. 이상 제4, 제5, 제6 문장들과 앞 제3 문장은 보충관계로 이루어진 것이다. 제3 문장은 제시된 요강(要綱)이고 제4, 제5, 제6 각 문장은 분별하여 '君

子所貴乎道'를 서술하며 이런 종류의 보충관계와 일반적인 보충관계는 약간 다른 용례이다. 이 분별하여 서술한 세 마디는 단지 연합관계라 말할 수 있을 뿐이다. 제7 문장 "籩豆之事, 則有司存"은 판단성 복합 문장으로 간주해도 좋을 것 같다. '籩豆之事'는 어휘조합 형태의 주어이고 관형어 '籩豆'는 연합관계의 의미 연계 복합어휘로 제사(祭祀)의 의미이며 '則'은 뒤 후속결과 문장 머리에 더해지는데 현대 중국어 '是'에 해당하는 접속사이다. 여기서 접속사 '則'을 사용한 이유는 이 판단성 문장이 조건관계로 구성된 장문으로부터 전용 변화하여 이루어져서이다. '有司存'은 어휘결합 형태의 술어이고 그것의 주어 '有司'는 결합식 의미 연계 복합어휘이다. '籩豆之事'의 앞에 만약 '至於'나 '若論'을 더했다면 바로 조건관계나 가설관계 문장이 되었을 것이다.

### 문장법 분석(文章法分析)

본문 내용은 '문(問)—답(答)' 구조의 변화를 통한 전개이다. 전체 원문은 증자가 병을 앓고 있어서 맹경자가 그를 탐문하니 증자가 새가 죽으려 할 때면 그 울음 소리도 애닯프고 사람이 죽으려 할 때면 그 언사와 행동거지도 선량하다며 군자가 귀중하게 여기는 3가지 도리(원칙)가 있는데 용모가 변동하려면 바로 거칠고 오만에서 멀어지게하며, 안색을 단정하게 하려면 바로 믿을만한 사실에서 근접하게하며, 언사와 말투를 표출하려면 바로 비루한 도리를 위배해서 멀어지게 하며, 제기 사용 예의에 관한 자잘한 일은 의식을 주관하는 관리가 존재하기에 마음 조마할 필요 없다라고 말씀한 내용이다. 첫째, 둘째 번 문장은 '문(問)'에 속하는데 다시 '원인(因)—결과(果)' 구조를 포함한 관계이다. 증자가 병을 앓고 있기에 그래서 맹경자가 그를 병문안하고 탐문하러 갔다라고 말했다. 셋째 번 문장은 ' 답(答 )'에 속하는데 '서(敍)—보(補)' 구조를 포함하고 다시 '서(敍)'는 제1, 제2 문장으로 각각 '조건(條件)—후속결과(後果)' 구조를 포함하며 '보(補)'는 '보일(補一)—보이(補二)' 구조에 더하여 '보일(補一)'은 3개의 '조건(條件)—후속결과(後果)' 구조, '보이(補二)'은 1개의 '조건(條件)—후속결과(後果)' 구조를 포함한 관계이다. 증자가 새가 죽으려 할 때면 그것이 우는 소리 마저도 구슬프고 애닯으며, 사람이 죽으려 할 때면 그가 말한 언사와 행동거지 마저도 바르고 착하다며, 군자가 사람을 대하고 사물을 받아들이는데 귀중하게 여기는 도리(원칙)는 세 가지 방면으로 예로써 언사와 행동거지가 바뀌어 변동되려면 바로 거칠고 난폭한 무례와 태만에서 멀리 떨어지며, 예로써 얼굴과 기색이 적절하고 마땅하여 단정하려면 바로 진실하고 믿을만 신실함에 가까이 인접하며, 예로써 언사와 말투가 합리적이고 품격에 맞게 표출하려면 바로 거칠고 투박한 비루함과 감정과 이치를 위배함에서 멀리 떨어지는데 '변(籩)'과 '두(豆)'를 사용하는 자잘한 제례의식의 일은 자연히 주관하는 관리가 존재하여 있기 마련이다라고 말하였다.

증자가 병을 앓고 있을 때 맹경자가 병문안 자청해 와서 위로하며 탐문하는데 증자가 그에게 용모와 행동거지, 얼굴기색, 언사말투 등 자기 수양이 벼슬에 나가 정치하는 근본적인 밑거름이라 일깨워 대답해준 내용으로 문장을 일단락짓과 있다. 여기서 기술한 문장법에 내재된 논리를 정리하면 <표-83>과 같다. .

### <표-83> 내재논리 분석도

- 문(問)
  - 원인(因): 증자가 병을 앓고 있어서
  - 결과(果): 맹경자가 문병하러 와 증자에게 탐문함
- 답(答)
  - 서(敍)
    - 조건(條件): 증자가 새는 죽으려 할 때면
    - 후속결과(後果): 그 울음 마저도 슬프고 애닯으며,
    - 조건(條件): 사람이 죽으려 할 때면
    - 후속결과(後果): 그 언사행동 마저도 바르고 착함
  - 보(補)
    - 보일(補一)
      - 조건(條件): 군자가 중시하는 도리 3가지: 용모로하여 고쳐 변동하려면
      - 후속결과(後果): 바로 난폭하고 태만함에서 멀리 떠나며,
      - 조건(條件): 안색으로하여 단정하게 하려면
      - 후속결과(後果): 바로 진정어린 믿음에 근접하며,
      - 조건(條件): 언사와 말투를 적절히 표출하려면
      - 후속결과(後果): 바로 거칠고 비루함과 이 치의 위배에서 멀리 떠나 야함
    - 보이(補二)
      - 조건(條件): '변(籩)'과 '두(豆)'를 사용하는 제례의식의 일
      - 후속결과(後果): 주관하는 관리가 존재해 있기 마련(마음 조릴 필요 없음)

### 신역(信譯)

증자가 병을 앓고 있어서 맹경자가 그를 문병하였다. 증자가 "새가 죽으려 할 때면 그 울음 소리도 애닯프고 사람이 죽으려 할 때면 그 언사와 행동거지도 선량하다 한다. 군자가 귀중히하는 3가지 도리(원칙)이 있는데 용모를 변동하려면 바로 거칠고 태만함에서 멀리 떨어지며, 안색을 단정하게 하려면 바로 믿을만한 사실에 근접하며, 언사와 말투를 표출하려면 바로 비루하고 도리를 저버림에서 멀어지게 하는데, '변(籩)'과 '두(豆)'를 사용하는 일은 관리가 존재하여 있기 마련이다"라고 말했다.

### 달역(達譯)

증자가 병을 앓고 있어서 맹경자가 그를 병문안하러 갔다. 증자가 맹경자에게 "새가 죽으려하면 그것이 우는 소리 마저도 애닲으며, 사람이 죽으려하면 그가 말한 언사와 행동 마저도 선량하다 한다. 군자가 수양을 할 때 귀중하게 여기는 도리(원칙)은 세 가지로 언사와 행동거지를 변화하여 고치려면 바로 거칠고 난폭한 무례와 태만에서 멀리 떨어지게 하며, 얼굴과 기색이 마땅하며 바르려면 바로 진실하고 믿을만한 신실함에 가까이 인접하게 하며, 언사와 말투를 품격에 맞게 표출하려면 바로 비루함과 감정, 도리를 위배함에서 멀리 떨어지게 하는데 '변(籩)'과 '두(豆)'를 사용하는 자잘한 제례의식의 일은 자연히 주관하는 관리가 존재하여 있기 마련이다"라고 말하였다.

아역(雅譯)

왜냐하면 증자가 병을 앓고 있었기 때문에 그래서 맹경자가 증자 그를 병문안하러 갔다. 증자가 맹경자에게 "새가 죽을 때가 가까워지면 그것이 우는 소리 마저도 구슬프고 애닲으며, 사람이 죽을 때가 가까워지면 그가 말한 언사와 행동거지 마저도 바르고 착하다 합니다. 군자가 사람을 대하고 사물을 받아들이는데 귀중하게 여기는 도리(원칙)은 세 가지 방면인데 예로써 언사와 행동거지가 바꾸어 변동하려면 바로 거칠고 난폭한 무례와 태만에서 멀리 떨어지게 하며, 예로써 얼굴과 기색을 마땅하고 적절하여 단정하려면 바로 진정어린 신실함에 가 닿아 근접하게 하며, 예로써 언사와 말투를 합리적이고 품격에 맞게 표출하려면 바로 거칠고 조잡한 비루함과 감정 도리를 위배함에서 멀리 떨어지게 한다는 겁니다! '변(籩)'과 '두(豆)'를 사용하는 자잘한 제례의식의 일은 자연히 주관하는 하급 관리가 존재하여 있기 마련입(어서 마음 조릴 필요없습)니다"라고 근본에 힘쓰고 말단에 매몰되지 않기를 바라며 말하였다.

함축의미

<표-84> 함축의미 분석

| 증자 측 | | 맹경자 측 |
|---|---|---|
| 증자가 병을 앓고 있어서 | ⬅ | 맹경자가 증자를 문병하러 감 |
| 증자가 맹경자에게<br>• 새가 죽을 때면 그 울음도 애닲프고, 사람이 죽을 때면 그 언행도 선량함<br>• 용모를 고쳐 변동하려면 난폭과 태만에서 멀리 떠나야 하며, 안색을 단정하게 하려면 진정어린 믿음에 근접해야 하며, 언사나 말투를 표출하려면 비루와 위배에서 멀리 떠나야 함.<br>• '변(籩)'과 '두(豆)'를 사용하는 자잘한 일은 제례의식을 주관하는 관리가 존재하여 있기 마련이라 말함 | ⇨ | |

## 생각열기

"수신양성(修身養性)을 바탕으로 정치에 종사하다"라는 말은 '수신양성'을 통해 정치에 입문하여 정치적 참여, 행동 및 결정을 하다라는 의미의 표현이라 할 수 있지 않을까? 그것은 정치에 입문하기 위한 선행 과정이기도, 정치적 행동을 위한 결정에 영향을 미치는 중요한 토대이지 않을까? 다시 말해 '수신양성'은 공복이 되거나 정치에 참여하기 위해 거쳐야 할 과정인데 공무 수행, 정치 행동의 결정에 중요한 영향을 미치는 것이라 할 수 있지 않을까? 정치적 행동의 결정은 개인의 '수신양성'과 관련이 깊기에 그 종사자는 자신의 행동이 사회에 미치는 영향을 고려하며 긍정적인 사회 변화, 발전의 추구에 성심을 다해야 할 것이다.

# 제5장

— 자기 수양으로 쌓인 공력이 사람들로 하여 겸소하게도, 관용하게도 함

曾子曰: “以能問於不能, 以多問於寡。有若無, 實若虛, 犯而不校, 昔者吾友嘗從事於斯矣。”

zēngzǐyuē yǐnéngwènyúbùneng yǐduōwènyúguǎ yǒuruòwú shíruòxū fànérbùjiào xízhěwúyǒuchángcóngshìyúsīyǐ

관련 편장(篇章)

子貢問曰: “孔文子何以謂之‘文’也?” 子曰: “敏而好學, 恥下問, 是以謂之‘文’也。” (「公冶長」篇 第15章)

顔淵、季路侍。子曰: “盍各言爾志?” 子路曰: “願車馬、衣輕裘, 與朋友共, 敝之而無憾。” 顔淵曰: “願無伐善, 無施勞。” 子路曰: “願聞子之志。” 子曰: “老者安之, 朋友信之, 少者懷之。” (「公冶長」篇 第26章)

樊遲請學稼。子曰: “吾不知老農。” 請學爲圃。曰: “吾不如老圃。” 樊遲出。子曰: “小人哉! 樊須也。上號禮, 則民莫敢不敬; 上好義, 則民莫敢不服。上好信, 則民莫敢不用情。 夫如是, 則四方之民, 襁負其子而至矣! 焉用稼?” !(「子路」篇 第4章)

子曰: “舜其大知也與! 舜好問而好察邇言, 隱惡而揚善, 執其兩端, 用其中於民, 其斯以爲舜乎!。” (『禮記·中庸』篇 卷第五十二)

## 주석(注釋)

① 이(以): 전치 ……로(써), ……으로.

② 능(能): 명 본래 '재능', '능력'. 현대 중국어 '才能(cái néng)', '能力(nénglì)'에 해당함.

③ 다(多): 형 '많다', '풍부하다'. 현대 중국어 '多(duō)', '豐富(fēngfù)'에 해당함.

④ 유약무(有若無): '자신은 재능이 있으나 스스로 과장하지 않고 바로 마치 재능이 없는 것 같이하다'라고 해석함.

⑤ 실약허(實若虛): '자신은 학문지식이 충실하고 가득하나 자만하지 않고 바로 마치 학문지식이 텅비어 없는 것 같이하다'라고 해석함.

⑥ 범(犯): 동 '무례한 짓을 하다', '실례를 범하다', '(언행에 예의가 없어)상대방의 기분을 상하게 하다', '저촉되어 서로 맞지 않다'. 현대 중국어 '冒犯(màofàn)', '觸犯(chùfàn)', '相抵觸(xiāngdǐchù)'에 해당함.

⑦ 이(而): 접사 (역접관계 표시)'그러나', '도리어'. 현대 중국어 '可是(kěshì)', '卻(què)'에 해당함.

⑧ 교(校): 동 '교(較)'자와 통하며 '따지다', '염두에 두다'. 현대 중국어 '計較(jìjiào)'에 해당함.

⑨ 석자오우(昔者吾友): 명 안연(顏淵)을 가리킴.

⑩ 상(嘗): 부사 '일찍이'. 현대 중국어 '曾經(céngjīng)'에 해당함.

⑪ 종사(從事): 동 '종사하다', '일을 하다', '노력하다', '(……방면에)공력을 쌓다'. 현대 중국어 '做事(zuòshì)', '努力(nǔlì)', '下(xià)……工夫(gōngfu)'에 해당함,

⑫ 사(斯): 지대 앞에 언급한 몇 방면의 자기수양을 가리킴.

## 석의(析義)

① 능(能): 여기서 '재능'이나 '능력'보다는 오히려 어떤 방면의 재능을 가리켜 말한 것으로 뒤 '불능(不能)'과 상대되는 표현으로 '능력을 지닌(이 있는) 사람(有才能的人yǒucái néngderén), 有能力的人(yǒunénglìdrén)'이라 해석해야 한다.

② 다(多): (견문, 지식, 학문 등이)많거나 풍부하다라는 의미이며 뒤 '과(寡)'자와 상대되는 표현으로 현대 중국어 '見聞多(jiànwénduō)', '知道的多(zhīdàodeduō)', '知識(學問)豐富(zhīshìxuéwènfēngfù)'라 해석해야 한다.

③ 석자오우(昔者吾友): 마융(馬融)의『注』에 "친구는 안연을 이른다(友謂顏淵。)"라고 하였는데 왜냐하면 당시 증자가 언급할 때 안연은 이미 죽고 세상에 없었기 때문에 그래서 '석자(昔者)'라 말하였으며 '종전(從前)', '이전(以前)'이라는 의미이다.

## 문법구조(文法構造)

전체 원문은 서사성 복합 문장이다. '曾子'는 주어이고 '曰'은 술어이며 "以能問於不能, 以多問於寡。有若無, 實若虛, 犯而不校(較), 昔者吾友嘗從事於斯矣"는 목적어이다. 인용부호 속의 제1 문장 '以能問於不能'은 서사성 단문이며 주어는 개괄성을 띠어 생략되었다. '以'자는 전치사이고 '能'은 핑계보어, '問'은 술어, '於'는 현대 중국어 '向'에 해당하는 전치사이며 '不能'은 '不能之人'의 생략된 형태로 술어의 동작을 받는 대상이지만 목적어는 역시 개괄성을 띠어 생략되었다. 제2 문장 '以多問於寡' 역시 서사성 단문이고 문법이 제1 문장과 서로 같아서 분석은 생략한다. 제1 문장과 제2 문장은 연합관계로 구성된 것이다.

제3 문장 "有若無, 實若虛, 犯而不校(較)"는 서사성 복합 문장인데 뒤 문장의 외부에 위치한 목적어이고 그 자체가 두 마디 준 판단성 단문이 평행관계로 구성된 장문과 두 마디 서사성 단문이 역접관계로 구성된 장문이다. "昔者吾友嘗從事於斯矣"는 사사성 장문이다. '昔者'는 본래 어휘조합 형태로 시간보어로 쓰였는데 후인들이 '者'자를 멈춤 어투를 표시하는 조사로 간주하여 겨우 '昔'자를 시간 관형어로 간주한다. '吾友'는 어휘조합 형태의 주어이고 '從事'는 결합식 의미연계 복합 어휘이며 이 한 마디 속에서 술어로 사용되었다. '於'자는 형식상의 장소 목적어

'斯' 앞에 놓인 전치사이다. 이 두 마디 장문은 연합관계로 구성된 다른 한 개의 편폭이 긴 장문이다.

### 문장법 분석(文章法分析)

본문 내용은 '서(敍)—보(補)' 구조의 변화를 통한 전개이다. 전체 원문은 증자가 재능있는 사람이 재능없는 사람에게 묻고 견문이 많은 사람이 견문이 적은 사람에게 물으며, 재능이 있지만 재능없는 것처럼하고 학문이 충실하지만 텅빈 것처럼하며 다른 사람이 자신에게 무례를 범할지라도 도리어 따지지 않는데 이전에 내 친구는 일찍이 이러한 것들에 노력했었다라고 말했다는 내용이다. 첫째 번 문장의 제1, 제2 문장은 '서(敍)'에 속하는데 제1, 제2 문장 모두 '정(正)—반(反)' 구조를 포함한 관계이다. 증자는 자기가 재능이 있지만 도리어 스스로 능력있다 하지 않고 재능 없는 사람에게 가 묻기도 하고, 자기가 보거나 들은 것이 많지만 도리어 스스로 보거나 들은 것이 많다 하지 않고 보거나 들은 것이 적은 사람에게 가 묻기도 한다라고 말했다. 둘째 번 문장 제3, 제4, 제5 문장들은 모두 '보(補)'에 속하는데 제3, 제4, 제5 문장들은 '보일(補一)' 구조를 포함하고 다시 모두 '정(正)—반(反)' 구조를 포함한 관계이며 제6 문장은 '보이(補二)' 구조의 관계이다. 증자는 자신이 재능이 있지만 도리어 자기를 과장하지 않고 마치 재능이 없는 것처럼하고 하기도, 자신의 학문지식이 충실하지만 도리어 자기만족하지 않고 마치 학문지식이 텅빈 사람처럼 하기도 하며 상대방의 언행에 무례를 범해 기분을 상하게 할지라도 도리어 염두에 두고 따지지 않는데 이전에 증자 자신의 친구 안연이 일찍이 이러한 방면에 공들여 노력하였었다라고 말했다.

증자가 자신의 친구 안연의 자기수양을 떠올려 기리며 사람됨이 관용해야하고, 일 수행처리가 공정해야하며, 예의로 절제하여 사람들과 함께 교류활동해야 한다라고 겸허한 자세를 일깨운 내용으로 문장을 일단락짓고 있다. 여기서 기술한 문장법에 내재된 논리를 정리하면 <표-85>와 같다.

**<표-85> 내재논리 분석도**

| 구분 | 세부 | 정/반 | 내용 |
|---|---|---|---|
| 서(敍) | 사례일(事例一) | 정(正) | 증자는 자기가 재능이 있지만 |
| | | 반(反) | 도리어 재능 없는 사람에게 가 묻기도 하고 |
| | 사례이(事例二) | 정(正) | 자기가 보거나 들은 것이 많지만 |
| | | 반(反) | 도리어 보거나 들은 것이 적은 사람에게 가 묻기도 함 |
| 보(補) | 보일(補一) | 정(正) | 자신이 재능이 있지만 |
| | | 반(反) | 도리어 마치 재능이 없는 것처럼하고 하기도 |
| | | 정(正) | 자신의 학문지식이 충실하지만 |
| | | 반(反) | 도리어 마치 학문지식이 텅빈 사람처럼 하기도 하며 |
| | | 정(正) | 상대방의 언행에 무례를 범해 기분을 상하게 할지라도 |
| | | 반(反) | 도리어 마음에 두고 따지지 않음 |
| | 보이(補二) | | 이전에 증자 자신의 친구 안연이 일찍이 이러한 방면에 공들여 노력하였었음 |

### 신역(信譯)

증자가 "재능이 있지만 재능없는 사람에게 묻고 견문이 많지만 견문이 적은 사람에게 물으며, 재능이 있지만 재능없는 것처럼하고 학문이 충실하지만 텅빈 것처럼하며 다른 사람이 자신에게 무례를 범할지라도 도리어 따지지 않는데 이전에 내 친구는 일찍이 이러한 것들에 노력했었다"라고 말했다.

### 달역(達譯)

증자는 학우들이여 "자기가 재능이 있지만 도리어 재능 없는 사람에게 가 묻기도 하고, 자기가 보거나 들은 것이 많지만 도리어 보거나 들은 것이 적은 사람에게 가 묻기도 하였다. 자신이 재능이 있지만 도리어 마치 재능이 없는 것처럼하고 하기도, 자신의 학문지식이 충실하지만 도리어 마치 학문지식이 텅빈 사람처럼 하기도 하며 상대방의 언행이 기분을 상하게 할지라도 도리어 따지지 않는데 이전에 자신의 친구가 일찍이 이러한 방면에 노력하였었다"라고 말하였다.

### 아역(雅譯)

증자는 학우들이여 "자기가 재능이 있지만 도리어 스스로 능력있다 하지 않고 재능 없는 사람에게 가 묻기도 하고, 자기가 보거나 들은 것이 많고 풍부하지만 도리어 스스로 보거나 들은 것이 많고 풍부하다 하지 않고 보거나 들은 것이 적고 부족한 사람에게 가 묻기도 하였다. 자신이 재능이 있지만 도리어 자기과장하지 않고 마치 재능이 없는 것처럼 하기도 하고, 자신의 학문지식이 충실하지만 도리어 자기만족하지 않고 마치 학문지식이 텅빈 사람처럼 하기도 하며 상대방의 언행이 실례를 범해 기분을 상하게 할지라도 도리어 염두에 두고 따지지 않는데 이전에 증자 자신의 친구 안연이 일찍이 이러한 방면에 공들여 노력하였었다"라고 말하였다.

함축의미

<표-86> 함축의미 분석

| | | |
|---|---|---|
| • 재능이 있지만 재능없는 사람에게 물음<br>• 견문이 풍부하지만 견문이 적은 사람에게 물음 | ⬅ | • 다른 사람이 자신에게 무례를 범할지라도 도리어 따지지 않음<br>• 이전에 내 친구는 일찍이 이러한 것들에 노력했었음 |
| • 재능이 있지만 재능없는 것처럼함<br>• 학문이 충실하지만 텅빈 것처럼함 | | |

## 생각열기

"학문, 수양으로 쌓은 지식과 덕성은 겸허와 관용으로 발현된다"는 말은 'IQ(논리적 사고, 문제 해결 능력, 패턴 인식 등의 인지 능력)'와 'EQ(자기인식, 자기관리, 사회적 인식 및 관계 관리 등의 감정을 이해하고, 조절하는 종합적 능력)'라는 지능 유형이 연계된 도덕적 삶을 위한 과정을 통해 언행 속에서 자연스럽게 겸허와 관용이라는 가치 덕목이 발현된다는 표현은 아닐까? 학문은 과거의 사건 중에서 지식과 관련된 부분을 정리한 지식체계나 지식을 추구하는 행위를 포함하는 개념이다. 수양은 도덕적 삶을 위한 각성과 성장을 통해 바람직한 인간상을 수립하는 과정으로, 내적인 각성과 사회적 교육의 방법을 포함하는 개념이다. 간단히 정리하면 학문과 수양을 통해 자연과 인간에 대한 올바른 이해, 사람됨의 진정한 의미 및 도리를 체득할 수 있지 않을까? 이것이 바로 학문과 수양이 지닌 중요한 역할은 아닐까?

# 제6장

— 중임(重任)을 받아 수행하고 처리할 재능과 덕성, 변화에 대응해 대처할 절개와 지조

曾子曰: "可以託六尺之孤, 可以寄百里之命, 臨大節而不可奪也。君子人與(歟)? 君子人也。"

zēngzǐyuē kěyǐtuōliùchǐzhīgū kěyǐjìbǎilǐzhīmìng líndàjiéérbùkěduóyě jūnzǐrényú jūnzǐrényě

## 관련 편장(篇章)

子曰: "三軍可奪帥也, 匹夫不可奪志也。" (「子罕」篇 第章)

"富貴 能淫, 貧賤 能移, 威武 能屈, 此之謂大丈夫。" (『孟子·滕文公』章句下)

"臨財毋苟得, 臨亂毋苟免。" (『禮記·曲禮上』篇 第一)

## 주석(注釋)

① 탁(託): 동 '부탁하다', '위탁하다'. 현대 중국어 '付託(fùtuō)'에 해당함.

② 육척(六尺): 명 시정(市井)의 척(尺) 즉 자로 환산하면 4尺1寸4分(㎝)인데 일척(一尺) 즉 지금 1자는 33㎝에 해당하기데 대략 138㎝쯤이다.

③ 고(孤): 명 본래 '부모가 없는 사람'이라 해석하지만 여기서 '아버지 없는 사람'이라 해석해야 함.

④ 기(寄): 동 '맡기다', '부탁하다', '위탁하다'. 현대 중국어 '寄託(jìtuō)'에 해당함.

⑤ 백리(百里): 명 고대 제후국의 영토가 4방 100리(里)였음.

⑥ 명(命): 동 명(命): 명 명령(命令).

⑦ 임(臨): 동 '당면하다', '직면하다', '만나다'. 현대 중국어 '面臨(miànlín)', '遇到(yùdào)'에 해당함.

⑧ 대절(大節): 명 '큰 변환점', '국가의 안위존망 및 개인의 생사이해의 시기경계'. 현대 중국어 '大變化的關鍵(dàbiànhuàdeguānjiàn)', '國家安危存亡、個人生死利害的環節(guójiāānwēicúnwánggèrénshēngsǐlìhàidehuánjié)'에 해당함.

⑨ 탈(奪): 동 '탈취하다', '동요하다', '흔들리다'. 현대 중국어 '奪取(duóqǔ)', '動搖(dòngyáo)'에 해당함.

⑩ 여(與): 조사 (문장 끝)반문 어투를 표시하며 '……이겠는가?', '어디(찌) 그러하겠는가?'라고 해석해야함.

## 석의(析義)

① 육척지고(六尺之孤): 신장이 대략 138㎝쯤되는 고아(孤兒) 아이라는 의미이며 정현(鄭玄)의 『注』에 "나이 15세 이하(年十五以下。)"라고 하여 15세 이하의 사람으로 부왕(父王)이 이미 붕어하시고 남겨진 나이 어린 국군(國君) 즉 나라의 군주를 가리킨다.

② 백리(百里): 명 『孟子 · 萬章下』에 "천자의 분봉제도는 그 봉지가 4방 1,000리, 공 · 후작이 4방 100리, 백작이 70리, 자、남작이 50리이며 대체로 4등급이다"[30] 라고 하였다.

③ 기백리지명(寄百里之命): '공、후(公侯)의 작위에 걸맞은 봉지의 명령을 받은 신하에게 천자를 보좌(輔佐)하도록 부탁하다'라는 의미이다.

④ 군자인여(君子人與): '군자와 비슷(유사)한 사람이겠는가?', '군자 동류(같

30) "天子之制, 地方千里, 公、侯皆方百里, 伯七十里, 子、男五十里, 四等。"(『孟子』, 十三經注疏本, 臺北: 藝文印書館, 1986, p.177)

은 부류)의 사람이겠는가?'라고 해석하며 현대 중국어 '類似君子的人嗎(lèisijūnzǐderénma)', '是君子一流的人嗎(shìjūnzǐyìliúderénma)'에 해당한다.

## 문법구조(文法構造)

전체 원문은 서사성 복합 문장이다. '曾子'는 주어이고 '曰'은 술어이며 "可以託六尺之孤, 可以寄百里之命, 臨大節而不可奪也。君子人與(歟)? 君子人也"는 목적어이다. 인용부호 속 제1 문장 "可以託六尺之孤"는 태도를 표시하는 장문인데 주어는 개괄성을 띠어 생략되었다. 술어 '可以託'은 어휘결합 형태이고 '六尺之孤'는 어휘조합 형태로 그것의 목적어가 되며 '可'는 조동사로 술어동사 '託'을 수식하는 부사어이고 뒤에 전치사 '以'자가 더해졌다. 제2 문장 "可以寄百里之命" 역시 태도를 표시하는 장문인데 문법이 제1 문장과 일치하기에 분석을 생략한다. 이 두 마디는 평행관계로 구성된 것이다. 제3 문장 "臨大節而不可奪也"는 두 마디 서사성 단문이 역접관계로 구성된 장문이며 이들의 주어도 역시 모두 개괄성을 띠어 생략되었다. 이 제3 문장과 앞 두 마디 제1, 제2 문장은 단지 연합관계일 뿐이라 설명할 수 있다. 제4 문장 "君子人與(歟)? 君子人也"는 두 마디 판단성 단문이 자문자답(自問自答)의 방식을 채택하였기에 그래서 앞뒤 이 두 마디는 단지 연합관계일 뿐이라 말할 수 있다. 그 주어는 "可以託六尺之孤, ……臨大節而不可奪也"한 사람이며 생략하고 언급하지 않았다. 술어 '君子人'은 동일하게 관형어 '君子'가 중심어 '人'를 수식하는 어휘조합 형태이고 '與'자는 '歟'자와 같으며 문장 끝에 더해진 반문 어투를 표시하는 의문조사, '也'자는 판단에 대한 확정 어투를 표시하는 조사이다.

### 문장법 분석(文章法分析)

본문 내용은 '조건(條件)—후속결과(後果)' 구조의 변화를 통한 전개이다. 전제 원문은 증자가 고아인 어린 군주의 보좌를 부탁할 수 있고 국가 정사의 명령을 통괄(활)하게 맡길 수 있으며 국가 대사의 변환점에 당면할지라도 도리어 동요하지 않을 수 있다면 군자와 비슷(유사)한 사람이겠는가라고 말했다는 내용이다. 첫째 번 제1, 제2, 제3 문장은 '조건(條件)'에 속하는데 '사일(事一)—사이(事二)—사삼(事三)' 구조를 포함하고 '사삼(事三)'은 다시 '정(精)—반(反)' 구조를 포함한 관계이다. 증자가 부왕(父王)이 붕어(崩御)하여 고아된 어린 군주의 보좌를 부탁할 수 있고, 국가 정사의 명령 통괄(활)을 맡길 수 있으며 국가의 존망(存亡)과 개인의 생사(生死) 관계에 당면할지라도 도리어 그 굳은 지조와 절개가 흔들리지 않을 수 있다면이라 말했다. 둘째 번 제4 문장은 '후속결과(後果)'에 속하며 증자가 그러면 군자 같은 부류의 사람이겠는가? 군자 동류(같은 부류)의 사람이다라고 자문자답하여 말했다는 것이다.

증자가 신하되는 사람은 모름지기 군주의 보필을 부탁받거나 국가 정사의 명령권을 부여받거나 모두 마땅히 대처할 재능과 덕성을 갖추고 국가 존망, 개인 생사에 동요하지 않을 지조와 절개를 지키길 바란다. 그래서 이렇게 설문(設問) 방식의 수사법으로 그 형상을 자리매김하며 문장을 일단락짓고 있다. 여기서 기술한 문장법에 내재된 논리를 정리하면 <표-87>과 같다.

<표-87> 내재논리 분석도

| | | |
|---|---|---|
| 조건(條件) | 사일(事一) | 증자가 부왕(父王)이 붕어(崩御)하여 고아된 어린 군주를 보좌할 중임(重任)을 부탁할 수 있고 |
| | 사이(事二) | 국가를 다스리고 정사를 돌보는 명령체계의 통괄(활)을 맡길 수 있으며 |
| | 정(正) | 국가의 안위존망(安危存亡)과 개인의 생사이해(生死利害) 관계에 당면할지라도 |
| | 반(反) | 도리어 그 굳은 지조와 절개가 움직여 흔들리지 않을 수 있다면 |
| 후속결과(後果) | 문(問) | 이러한 사람이 군자 같은 부류의 인물형상이겠는가? |
| | 답(答) | 군자 동류(같은 부류)의 인물형상이다라고 말하였음 |

### 신역(信譯)

증자가 "고아가 된 어린 군주의 보좌를 부탁할 수 있고 국가의 정사 명령을 통괄(활)하게 맡길 수 있으며 국가 대사의 변환점에 당면할지라도 도리어 동요하지 않을 수 있다면 군자와 비슷(유사)한 사람 아니겠는가? 군자와 비슷(유사)한 사람이다"라고 말했다.

### 달역(達譯)

증자가 학우들이여 "부왕(父王)이 죽어 고아된 어린 군주의 보좌를 부탁할 수 있고, 국가 정사를 돌보는 명령체계의 통괄(활)을 맡길 수 있으며 국가의 존망(存亡)과 개인의 생사(生死)에 관한 큰 일에 당면할지라도 도리어 그 굳은 지조와 절개가 흔들리지 않을 수 있다면 그러면 군자와 동류의 사람 아니겠는가? (군자와 동류의 사람이다)"라고 말하였다.

아역(雅譯)

증자가 학우들이여 "부왕(父王)이 이미 붕어(崩御)하여 고아된 어린 군주를 보좌할 중임(重任)을 그 사람에게 부탁할 수 있으며, 국가를 다스리고 정사를 돌보는 명령체계의 통괄(활)을 그 사람에게 맡길 수 있는데 비록 국가의 안위존망(安危存亡)과 개인의 생사이해(生死利害) 관계에 당면할지라도 그러나 그 굳세고 확고한 지조와 절개가 움직여 흔들리지 않을 수 있다면 그러면 이러한 사람이 군자 동류(같은 부류)의 인물형상 아니겠습니까? 군자 동류(같은 부류)의 인물형상입니다"라고 자문자답하여 말하였다.

함축의미

<표-88> 함축의미 분석

고아가 된 어린 군주의 보좌를 부탁할 수 있고

국가의 정사 명령을 통활하게 맡길 수 있으며

국가 대사의 변환점에 당면할지라도 도리어 동요하지 않을 수 있다면

⇨

- 그러면 군자와 동류의 사람 아니겠는가?
- 군자와 동류의 사람이다

## 생각열기

'임기응변(臨機應變)하여 변화에 대응하는 능력'은 상황에 따라 즉각적으로 판단하고, 그에 맞게 행동하며 사물과 일의 변화에 유연하게 대응하고 대처하는 능력이라는 의미는 아닐까? 즉 순간의 판단으로 상황을 바꾸고 그에 맞게 행동하여 문제를 해결하거나 대처해갈 수 있는 힘이다. 급변하는 사회 속에서 예기치 못한 상황을 맞을 가능성은 상당히 높다. '임기응변'은 다양한 분야에서 중요한 역할을 하는데 예를 들면 정치, 경제, 외교, 협상, 리더십, 위기관리 및 일상생활 전반에 이르기까지 실전 전략으로 유효할 것이다. 다만 '임기응변'은 고정된 매뉴얼보다 실시간 상황 분석과 유연한 판단이 핵심은 아닐까? 그래야 누구도 알 수 없는 돌발 상황에 효과적으로 대응, 대처할 수 있지 않를까?

# 제7장

— 무릇 사람은 원대한 뜻을 세우고 굳센 의지를 지니며 최고의 가치인 '인(仁) 즉 사랑의 정감'을 실행하는 중임(重任)을 맡아 죽도록 그 일에 사명을 다해야 함

曾子曰: "士不可以不弘毅, 任重而道遠。仁以爲己任, 不亦重乎? 死而後已, 不亦遠乎?"

zēngzǐyuē shìbùkěyǐbùhǒngyìrènzhòngérdàoyuìn rényǐwéijǐrèn bùyìzhònghū sǐér hòuyǐ bùyìyuìnhū

관련 편장(篇章)

子曰: "剛、毅、木、訥, 近仁。"(「子路」篇 第章)

"思天下之民、匹夫匹婦有不被堯、舜之澤者, 若以推而內(納)之溝中, 其自任以天下之重也。"(『孟子·萬章』章句下)

"先天下之憂而憂, 後天下之樂而樂。"(范仲淹「岳陽樓記」)

**주석(注釋)**

① 사(士): ❸ '공부인', '지식인', '학자'를 가리키며 현대 중국어 '讀書人(dúshūrén)', '文人學士(wénrénxuéshì)', '知識份子(zhīshìfènzǐ)'에 해당함.

② 홍(弘): 형 '넓고 크다'. 현대 중국어 '弘大(hǒngdà)'에 해당하며 여기서 '마음이 넓고 크며 바람이 원대하다(心胸寬大而志向遠大xīnxiōngkuāndàūrzhìxiàngyuǎndà)'를 가리킴.
③ 의(毅): 형 '굳세고 강하다'라는 의미로 현대 중국어 '强毅(qiángyì)'에 해당하며 '강하고 굳세 힘이 있다(剛强而有毅力的意志、精神gāngqiángéryǒuyìlìdeyìzhì jīngshén)'를 가리킴.
④ 임(任): 명 '임무', '책임'. 현대 중국어 '任務(rènwù)', '責任(zérèn)'에 해당함.
⑤ 중(重): 형 '중대하다', '심각하고 무겁다'. 현대 중국어 '沉重(chénzhòng)', '重大(zhòngdà)'에 해당함.
⑥ 도(道): 명 '길', '도로', '노정'. 현대 중국어 '道路(dàolù)', '路程(lùchéng)'에 해당함.
⑦ 원(遠): 형 '아득히 멀다', '요원하다'. 현대 중국어 '遙遠(yáoyuǎn)'에 해당함.
⑧ 이(已): 동 '그만두다', '다하다', '다 없어지다', '멈추다', '손을 놓다'. 현대 중국어 '罷休(bàxiū)', '窮盡(qióngjìn)', '停止(tíngzhǐ)'에 해당함.

### 석의(析義)

① 임중이도원(任重而道遠): 책임져야할 임무는 심각하고 무거우며 게다가 일생 그 임무를 지고가야할 시간, 걸아가야할 길이 모두 길고도 멀다라는 의미이다.
② 인이위기임(仁以爲己任): '以仁爲己任'의 어순도치 형태로 바로 널리 '인(仁) 즉 사랑의 정감'을 실행하고 드러내 밝혀서 확산, 보급하는 것을 자신이 마땅히 온힘을 다해야할 책임이라 여기다라는 의미이다.
③ 사이후이(死而後已): 이미 죽고 그런 후 이 책임이 비로소 멈추다(다 없어지다)라는 의미이다.

## 문법구조(文法構造)

전체 원문은 서사성 복합 문장이다. '曾子'는 주어이고 '曰'은 술어이며 "士不可以不弘毅, 任重而道遠。仁以爲己任, 不亦重乎? 死而後已, 不亦遠乎?"는 목적어이다. 인용부호 속의 제1 문장은 태도를 표시하는 복합 장문인데 '士'는 한 개 어휘로 된 주어이고 '不可'는 부사어이며 뒤에 전치사 '以'를 사용하여 앞뒤를 연계시키고 있다. 다시 뒤 '不'는 술어 '弘毅' 앞에 더해졌으며 뒤 '弘毅'는 어휘연계 형태의 술어이다. 제2 문장은 두 마디 태도를 표시하는 단문이 의미연계 형태로 더해져 구성된 장문이어서 접속사 '而'자는 현대 중국어의 '幷且(bìngqiě)'에 해당한다. 제1, 제2 문장은 인과관계로 구성된 장문이며 원인 단문이 도리어 결과 단문 뒤에 놓였을 뿐이다. 제3 문장 "仁以爲己任, 不亦重乎"는 판단성 장문인데 '仁以爲己任'은 주어이고 겸어문이며 주어는 개괄성을 띠어 생략되었다. '以'는 사역동사로 술어이고 '仁'은 '以'에 대해서 말하면 목적어이며 뒤 준접속사 '爲'에 대해서 말하면 주어이다. '己任'은 어휘조합 형태로 '爲'의 술어인데 '仁'은 본래 '以'자 뒤에 놓아야 하지만 그것의 중요성을 나타내기 위해서 그것을 문장 머리의 위치에 언급해서 결국 '以'자 앞에 있게 되었으며 이는 특별한 용례이다. '不亦重'은 어휘결합 형태의 술어이고 '不'는 부정표시 부사, '亦'은 반복 범위표시 어투의 조사이며 '不'자 어투를 가중시키기 위한 반어법적 표현이라 할 수 있다. 제4 문장 "死而後已, 不亦遠乎" 역시 판단성 장문이다. '死而後已'는 주어로 두 마디 태도를 표시하는 단문이 시간 선후관계로 구성된 장문이다. '死'와 '已'는 모두 행위동작을 표시하는 술어동사이고 '而後'와 '然後'는 어휘조합 형태로 같으며 시간 선후관계로 구성된 장문의 접속사이다. '不亦遠乎'는 어휘결합 형태의 술어이며 그 문법과 '不亦重'이 서로 같기에 다시 분석하지 않는다. 이 두 마디 문장 끝에 모두 '乎'를 사용하는데 반어법적 의문어투를 표시하며 현대 중국어 '嗎(ma)'에 해당한다.

### 문장법 분석(文章法分析)

본문 내용은 '답(答)—문(問)' 구조의 변화를 통한 전개이다. 전체 원문은 증자가 공부인은 넓은 가슴과 뜻, 굳센 의지가 있지 않을 수 없는데 책임이 중대하고 길은 요원하기 때문이며 인(仁)을 실행하고 드러내 밝히기를 자신의 책임으로 여기는 것은 또한 중대하지 아니한가? 죽고 그런 후에 책임 멈추게 되는 것은 또한 요원하지 아니한가?라고 말했다는 내용이다. 첫째 번 제1, 제2 문장은 '답(答)'에 속하는데 다시 '결과(果)—원인(因)' 구조를 포함한 관계이다. 증자가 학문, 수양을 거친 지식인은 넓고 큰 마음과 뜻, 굳세고 강한 의지가 있지 않을 수 없는데 그가 담당할 책임은 중대하고 걸어갈 노정은 아득히 멀기 때문이다라고 말했다. 둘째 번 문장은 '문(問)'에 속하는데 제3 문장은 '정(正)—반(反)' 구조 포함하고, 제4 문장 역시 '정(正)—반(反)' 구조를 포함하며 제4 문장의 '정(正)'은 다시 시간 '선(先)—후(後)' 구조를 포함한 관계이다. 증자가 '인(仁) 즉 사랑의 정감'을 실행하고 드러내 밝히는 것을 자신의 마땅한 책임으로 여기는 것은 또한 심각하고 중대하지 않겠는가? 이렇게 분투하다 죽은 그런 후에 비로소 손을 놓는 것은 또한 아득하고 요원하지 않겠는가?라고 말했다.

증자는 지식인들이 큰 뜻을 정하고 굳센 의지를 길러 '인(仁) 즉 사랑의 정감'을 실행하며 드러내 밝히는 중대한 소임을 죽도록 노력을 다해 가길 바라며 격려하는 내용으로 문장을 일단락짓고 있다.

<표-89> 내재논리 분석도

| 구분 | | | 내용 |
|---|---|---|---|
| 답(答) | 결과(果) | | 증자가 지식인은 넓고 큰 마음과 뜻, 굳세고 강한 의지가 있지 않을 수 없는데 |
| | 원인(因) | | 그가 담당해야할 책임은 중대하고 걸어가야할 노정은 아득히 멀기 때문임 |
| 문(問) | 정(正) | | '인(仁) 즉 사랑의 정감'을 실행하고 드러내 밝히는 것을 자신이 마땅히 다해야 할 책임으로 여기는 것은 |
| | 반(反) | | 또한 심각하고 중대하지 않겠는가? |
| | 정(正) | 선(先) | 분투하다 죽고 |
| | | 후(後) | 그런 후에 비로소 손을 놓고 그만드는 것은 |
| | 반(反) | | 또한 아득하고 요원하지 않겠는가? |

신역(信譯)

증자가 "공부인은 넓은 마음과 뜻, 굳센 의지가 있지 않을 수 없는데 책임이 중대하고 길은 요원하기 때문이다. 인(仁)을 실행하고 드러내 밝히기를 자신의 책임으로 여기는 것은 또한 중대하지 아니할까? 죽고 그런 후에 책임을 멈추게 되는 것은 또한 요원하지 아니할까?라고 말했다.

### 달역(達譯)

증자가 학우들이여 "학문, 수양을 거친 지식인은 넓고 큰 마음과 뜻, 굳세고 강한 의지가 있지 않을 수 없는데 그가 맡을 책임은 중대하고 걸어갈 노정은 아득히 멀기 때문이다. '인(仁) 즉 사랑의 정감'을 실행하고 드러내 밝히는 것을 자신의 마땅한 책임으로 여기는 것은 또한 심각하고 중대하지 않겠는가? 이렇게 분투하다 죽은 그런 후에 비로소 손을 놓는 것은 또한 아득하고 요원하지 않겠는가?"라고 말했다.

### 아역(雅譯)

증자가 학우들이여 "학문, 수양을 통한 도덕(진리)의 추구에 뜻과 포부가 있는 지식인은 넓고 큰 마음과 뜻, 굳세고 강한 의지가 있지 않을 수 없는데 왜냐하면 그가 담당해야할 책임은 중요하고 원대하며 걸어가야 할 노정은 아득히 멀기 때문입니다. '인(仁) 즉 사랑의 정감'을 실행하고 드러내 밝히며 확대 보급하는 것을 자신이 마땅히 힘써야 할 책임으로 여기는 것은 또한 심각하고 중대하지 않겠습니까? 이렇게 책임을 다해 분투하다 죽은 그런 후에 비로소 손을 놓고 그만드는 것은 또한 아득하고 요원하지 않겠습니까?"라고 말하였다.

## 함축의미

<표-90> 함축의미 분석

| 원문 | | 함축의미 |
|---|---|---|
| 증자가 "공부인은 넓은 마음과 뜻, 굳센 의지가 있지 않을 수 없는데<br>책임이 중대하고 길은 요원하기 때문 | ⬅ | • 인(仁)을 실행하고 드러내는 것이 책임이라 여긴 것 또한 중대하지 아니할까?<br>• 죽고 그런 후에 책임을 멈추는 것은 또한 요원하지 아니할까가? |

## 생각열기

"주어진 임무를 온 힘을 다해 수행하다"는 말은 해당 임무 수행자가 자신의 모든 역량을 동원하여 책임을 충실히 수행하다라는 의미이지 않을까? 여기서 중요한 점은 주어진 업무를 충실히 수행하는 과정에서 개인적인 성장의 기회를 찾는 것이다. 그 임무를 통해 새로운 기술과 지식을 학습하여 터득하고, 자신의 한계를 넓혀가는데 집중할 필요가 있지 않을까? 일반적으로 요구되는 정도의 노력, 시간과 주의 이상을 기울이며 그 주어진 임무가 수행되도록 최선을 다하는 행위가 뒤 따라야 한다. 임무 수행의 관행을 반복하지 않고 가능한 최선의 방법론을 구현하여 임무를 완수하는 행위가 수반될 수 있을까?

# 제8장

— 시문, 예의, 음악으로 마음을 감동시켜 움직이고, 자립하여 사귀고 처세하며, 성정이 길러져 완성됨

子曰: "興於詩, 立於禮, 成於樂。"

zǐyuē xīngyúshī. lìyúlǐ chéngyúyuè

관련 편장(篇章)

子曰: "『詩三百』, 一言以蔽之, 曰: '思無邪。'" (「爲政」篇 第2章)

子曰: "陳亢問於伯魚曰: '子亦有異聞乎?' 對曰: '未也。嘗獨立, 鯉趨而過庭, 曰: 學詩乎?' 對曰: '未也。不學詩, 無以言。' 鯉退而學詩。他日又獨立。鯉推而過庭, 曰: '學禮乎?' 對曰: '未也。不學禮. 無以立。' 鯉退而學禮。聞斯二者。" (「季氏」篇 第13章)

子曰: "不知命, 無以爲君子也。不知禮, 無以立也。不知言, 無以知人也。" (「堯曰」篇 第6章)

"凡陰者, 生於人心者也。樂者, 通 理者也。是故知聲而不知音者, 禽獸是也。知音而不知樂者, 衆庶是也。唯君子爲能知樂。" (『禮記·樂記』篇 卷第三十七)

## 주석(注釋)

① 흥(興): ⓢ '일어나다', '흥기하다', '세차게 일어나다'. 현대 중국어 '感發(gǎnfā)', '興發(xīngfā)', '興起(xīngqǐ)'에 해당함.
② 어(於): ⓟ '……때문에', '……로 인해서', '……로 말미암아'라고 해석하며 현대 중국어 '由於(yóuyú)'에 해당함.
③ 입(立): ⓢ '자립하다', '자립하여 홀로서기 하다', '자립하여 행사하며 처세하다'. 현대 중국어 '立身(lìshēn)', '自立(zìlì)'에 해당함.
④ 성(成): ⓢ '완성하다', '덕성이 양성되다'. 현대 중국어 '完成(wánchéng)', '成性(chéngxìng)', '養性(yǎngxìng)'에 해당함.

### 석의(析義)

① 흥(興): '마음을 감동시켜 움직이는 것이 있다', '흥미를 일으키는 것이 있다'라는 의미이며 현대 중국어 '有所感發(yǒusuǒgǎnfā)', '有所興發(yǒusuǒxīngfā)'에 해당한다.
② 입(立): '자주적으로 형상을 수립하여 행사하며 처세한 것이 있다'라는 의미이며 현대 중국어 '有所自立(yǒusuǒzìlì)'에 해당한다.
③ 성(成): '덕성이 완성된 것이 있다'. '품성이 양성된 것이 있다'라는 의미이며 현대 중국어 '有所成性(yǒusuǒchéngxìng)'에 해당한다.

### 문법구조(文法構造)

전체 원문은 서사성 복합 문장이다. '子'는 주어이고 '曰'은 술어이며 "興於詩, 立於禮, 成於樂"은 목적어이다. 인용부호 속의 세 마디는 서사성 단문이고 평행관계로 구성된 장문이다. 이 세 마디 서사성 단문의 주어는 모두 개괄성을 띠어 생략되었다. '興、立、成'은 술어이며 '詩、禮、樂'은 술어를 보충설명하는 원인 보어인데 그 앞에 현대 중국어 '由於'에 해당하는 전치사 '於'자가 더해졌다.

### 문장법 분석(文章法分析)

본문 내용은 '천(淺)—심(深)' 구조의 변화를 통한 전개이다. 전체 원문은 공자께서 시(詩) 때문에 사람이 흥미를 일으키고 예(禮) 때문에 사람이 자립하여 행사 및 처세하며, 악(樂) 때문에 사람이 덕성을 함양하고 완성한다라고 말씀한 내용이다. 제1 문장은 '천(淺)'에 속하며 공자께서 시문(詩文)으로 인해서 사람들이 마음을 움직이고 흥미를 불러 일으키게 된다라고 말씀한 것이다. 제2, 제3 문장은 '심(深)'에 속하는데 다시 '심일(深一)—심이(深二)' 구조를 포함한 관계이다. 공자께서 예의(禮儀)로 인해서 사람들이 자주적으로 인격을 형성, 형상을 수립하여 일을 수행처리하고 서로 사귀어서 함께 사회 생활하게 되며, 음악(音樂)으로 인해서 사람들이 고상하고 완전하며 지극한 감정과 덕성을 양성하게 된다라고 말씀하셨다.

공자께서 제자들에게 시문, 예의, 음악으로 가르쳐 각자 형상을 확립하고 인격을 완성하며 고상하여 완전한 성정을 함양하도록 점층 방식의 수사법을 통해 일깨운 내용으로 문장을 일단락짓고 있다. 여기서 기술한 문장법에 내재된 논리를 정리하면 <표-91>과 같다.

<표-91> 내재논리 분석도

| 구분 | 세부 | 내용 |
| --- | --- | --- |
| 천(淺) | | 공자께서 시문(詩文)으로 인해서 사람들이 마음을 감동시켜 움직이고 흥미를 불러 일으키게 됨 |
| 심(深) | 심일(深一) | 예의(禮儀)로 인해서 사람들이 자주적으로 인격을 형성, 형상을 수립하여 행사하며 처세하게 됨 |
| | 심이(深二) | 음악(音樂)으로 인해서 사람들이 고상하고 완전하며 지극한 경지의 감정과 덕성을 양성하게 됨 |

신역(信譯)

공자께서 시(詩) 때문에 사람이 흥미를 일으키고 예(禮) 때문에 사람이 자립하여 행사 및 처세하며, 악(樂) 때문에 사람이 덕성을 함양하고 완성한다라고 말했다.

달역(達譯)

공자께서 제자들이여 "시문(詩文) 때문에 사람들이 마음을 움직여 흥미를 유발하게 되며, 예의(禮儀) 때문에 사람들이 자주적으로 인격, 형상을 수립하여 일을 수행처리하고 서로 사귀어 함께 사회 생활하게 되며, 음악(音樂) 때문에 사람들이 고상하고 완전한 성정을 배양하게 된다"라고 말씀하셨다.

### 아역(雅譯)

선생님 공자께서 제자들이여 "시문(詩文)으로 인해서 사람들이 마음을 감동시켜 움직이고 흥미를 불러 일으키게 되며, 예의(禮儀)로 인해서 사람들이 자주적으로 인격을 형성하기도 형상을 수립하기도 하여 일을 수행처리하고 서로 사귀어 교유해서 함께 사회 생활하게 되며, 음악(音樂)으로 인해서 사람들이 고상하고 완전하며 지극한 경지의 감정과 덕성을 함양하여 완성하게 됩니다"라고 가르쳐 말씀하셨습니다.

### 함축의미

<표-92> 함축의미 분석

| |
|---|
| 음악(音樂) 때문에 사람들이 고상하고 완전한 성정을 양성하게 됨 |
| ⬆ |
| 예의(禮儀) 때문에 사람들이 자주적으로 인격, 형상을 수립하여 행사하고 처세하게 됨 |
| ⬆ |
| 시문(詩文) 때문에 사람들이 마음을 움직여 흥미를 유발하게 됨 |

### 생각열기

시(詩)로써 감성을 키우고, 예(禮)로써 언행을 절제하며, 악(樂)으로써 성정을 길러가서  덕성이 함양된 고상한 인간상을 수립해나갈 수 있을까?

# 제9장

ㅡ 국가 구성원들의 입장을 고려하여 꼭 알맞는 시정(施政) 방향과 원칙을 제시 해야함

子曰: “民可使由之，不可使知之。”

zǐyuē mínkěshǐyóuzhī bùkěshǐzhīzhī

관련 편장(篇章)

子曰: “默而識之，學而不厭，誨人不倦，何有於我哉?”(「述而」篇 第2章)

子之武城，……子游對曰: “昔者，偃也諸夫子曰: ‘君子學道，則愛人; 小人學道，則易使也。’”(「陽貨」第4章)

子曰: 哀公問政。子曰: “……仁者人也，親親爲大。……凡爲天下國家有九，『經』曰: 修身也，尊賢也，親親也，敬大臣也，體羣臣也，子庶民也，來百工也，柔遠人也，懷諸侯也。”(『禮記·中庸』篇 卷第五十二)

孟子曰: “行之而不著焉，習矣而不察焉，終身由之而不知其道者，衆也。”(『孟子·盡心』章句下)

孟子曰: “民爲貴，社稷次之，君爲輕。”(『孟子·盡心』章句下)

## 주석(注釋)

① 민(民): 명 '국민', '일반 백성'. 현대 중국어 '老百姓(lǎobǎixìng)', '一般人民(yìbānrénmín)'에 해당함.
② 사(使): 동 (……에게)……하게 하다, ……시키다.
③ 유(由): 동 '따르다', '복종하다', '좇아서 행하다', '그대로 실행하(따르)다'. 현대 중국어 '遵從(zūncóng)', '遵行(zūnxíng)'에 해당함.
④ 지(之): 동 '(……해)가다', '내려가다'. 현대 중국어 '往(wǎng)', '到(dào)', '去做下去 qùzuò xiàqu)'에 해당함.
⑤ 지(知): 동 '알다', '이해하다', '분명하게 알다'. 현대 중국어 '知道(zhīdào)', '了解(liǎojiě)', '明白(míngbai)'에 해당함.

### 석의(析義)

① 민(民): 지식 수준의 정도가 높지 않은 백성을 가리킨다.
② 가사유지(可使由之): 그(백성)들로하여 우리들이 지시한 이치에 따라 좇아서 그대로 실행해가(따라하)게 할 수 있다.
③ 가(可)……불가(不可): '능(能)……불능(不能)'과 같은데 「公冶長」편에 "其知可及也, 其愚不可及也" 중의 '可……不可'와 같은 용법이다.
④ 불가사지지(不可使知之): 그(백성)들로하여 왜 우리들이 지시한 이치에 따라 좇아서 그대로 실행해가(따르)는지 이치를 알(이해하)게 할 수 없다.

### 문법구조(文法構造)

전체 원문은 서사성 복합 문장이다. '子'는 주어이고 '曰'은 술어이며 "民可使由之, 不可使知之"는 목적어이다. 인용부호 속 제1, 제2 문장은 겸어문이며 대립적 관계로 구성된 장문이다. '民'은 겸어문 중 문장 머리에 위치한 목적어 겸 주어이다. '使'는 사역동사로 술어이고 제1 문장 '使'자 앞에 조동사로 부사어인 '可'자가 더해졌으며 제2 문장은 곧 부사어 '不可'가 더해진 것이다. '由之'와 '知之' 중의 '之'자는 모두 마땅히 접미사로 간주되고 '由之'와 '知之'는 접미사 '之'를 동반한 연음 복합어휘이며 여기서 목적어 겸 주어 '民' 뒤의 동사술어이다.

### 문장법 분석(文章法分析)

본문 내용은 '정(正)—반(反)' 구조의 문장 전개이다. 전체 원문은 공자께서 백성들 그들이 좇아서 그대로 실행하가게 할 수 있지만 그들이 좇아서 그대로 실행해는 이치를 알게 할 수 없다라고 말씀한 내용이다. 제1 문장은 '정(正)'에 속하며 공자께서 일반 백성들은 지식의 수준정도가 높지 않아 그들로하여 우리들이 지시한 이치에 따라 좇아서 그대로 실행해가(따라하)게 할수 있지만이라고 긍정적 입장에서 말씀한 것이다. 제2 문장은 '반(反)'에 속하며 공자께서 백성들 그들로하여 왜 우리들이 지시한대로 따라 좇아서 그대로 실행하는지 그 이치를 알게 할 수 없다라고 부정적 입장에서 말씀한 것이다.

공자께서 무지한 백성들이 지시한 대로 좇아서 실행하게 할 수 있지만 왜 그렇게 실행하는지 이치를 알게 할 수 없다고 시정(施政) 원칙을 설명하셨다. 그 핵심은 바로 백성들의 지식 수준, 정도를 고려한 입장이라 일깨운 내용으로 문장을 일단락짓고 있다. 여기서 기술한 문장법에 내재된

논리를 정리하면 <표-93>과 같다.

<표-93> 내재논리 분석도

|  |  |
|---|---|
| 정(正) | 공자께서 일반 백성들 그들로하여 우리들이 지시한 이치에 따라 좇아서 그대로 실행해가(따라하)게 할수 있지만 |
| 반(反) | 백성들 그들로하여 왜 우리들이 지시한대로 따라 좇아서 그대로 실행해가(따라하)는지 그 이치를 알게 할 수 없음 |

신역(信譯)

공자께서 "백성들 그들이 좇아서 그대로 실행해가게 할 수 있지만 그들이 좇아서 그대로 실행하는 이치를 알게 할 수 없다"라고 말했다.

달역(達譯)

공자께서 제자들이여 "백성들 그들로하여 지시한 이치에 따라 좇아서 그대로 실행해가게 할수 있지만 백성들 그들로하여 왜 지시한대로 따라 좇아서 그대로 실행하는지 이치를 알게 할 수 없다"라고 말씀하셨다.

아역(雅譯)

공자께서 제자들이여 "왜냐하면 일반 백성들은 지식의 수준, 정도가 높지 않아 그들로하여 우리들이 지시한 이치에 따라 좇아서 그대로 실행해가(따라하)게 할 수 있을지라도 그러나 일반 백성들 그들로하여 왜 우리들이 지시한 대로 따라 좇아서 그대로 실행하(따라하)는지 그 이치를 알게(우리들은 손을 놓고 백성들이 이치를 터득하여 알아서하게) 할 수 없습니다"라고 백성들의 입장을 고려한 시정원칙을 일깨워 말씀하셨습니다.

함축의미

<표-94> 함축의미 분석

| 백성들 그들이 지시한 이치에 따라 좇아서 그대로 실행해가게 할 수 있음 |
|---|
| ⇧ |
| 백성들 그들이 왜 지시대로 좇아서 그대로 실행하는 이치를 알게 할 수 없음 |

## 생각열기

'국민들의 입장을 충분히 고려한 시정(施政) 원칙'은 어떤 것들일까? 그 원칙은 대체로 다음과 같은 기본 원칙들을 포함하지 않을까? 구분하여 열거하면 아래 5가지이다.

첫째, 신뢰보호 원칙이다. 국사기관의 언행에 대한 국민의 정당한 신뢰를 보호한다,

둘째, 비례 원칙이다. 행정 작용의 목적과 수단이 합리적인 비례관계여야 한다.

셋째, 평등 원칙이다. 국가기관은 모든 국민에게 동등한 대우를 제공해야 한다.

넷째, 자기구속 원칙이다. 국가기관은 그 권한을 행사할 때 일관성을 유지해야 한다.

다섯째, 권한남용 금지 원칙이다. 국가기관이 그 권한을 남용하여 국민의 권익을 해치지 않아야 한다.

이러한 원칙들은 국가기관이 시행하는 행정의 민주성과 적법성을 확보하고 국민의 권익을 보호하는데 필수적이지 않을까?

# 제10장

— 재앙과 변란의 근원을 없애는 방법이 평화, 안분, 관용 등에 있음

子曰: "好勇疾貧, 亂也。人而不仁, 疾之已甚, 亂也。"
zǐyuē hàoyǒngjípín luànyě rénérbùren jízhīyǐshèn luànyě

## 관련 편장(篇章)

子曰: "道不行, 乘桴浮於海, 從我者其由與?" 子路聞之喜。子曰: "由也, 好勇過我, 無所取材。"(「公冶長」篇 第7章)

子曰: "恭而無禮則勞; 愼而無禮則葸; 勇而無禮則亂; 直而無禮則絞。君子篤於親, 則民興於仁。故舊不遺, 則民不偸。"(「泰伯」篇 第2章)

## 주석(注釋)

① 호(好): 형 좋아하다, 현대 중국어 '喜歡(xǐhuan)'에 해당함.

② 용(勇): 명 '용감함', '용맹', '용기'. 현대 중국어 '勇敢(yǒnggǎn)', '勇猛(yǒngmèng)', '勇氣(yǒngqì)'에 해당함.

③ 질(疾): 동 '몹시 미워(원망)하다', '상심하다', '가슴아파하다'. 현대 중국어 '痛恨(tònghèn)', '痛心(tòngxīn)'에 해당함.

④ 빈(貧): 명형 '빈곤', '빈궁', '빈천하다(가난하고 천하다)'. 현대 중국어 '貧困(pínkùn)', '貧窮(pínqióng)', '貧賤(pínjiàn)'에 해당함.

⑤ 난(亂): 명 '화근', '문제', '재난과 변란'. 현대 중국어 '禍根(huògēn)', '禍害(huòhài)', '禍亂(huòluàn)'에 해당함.

### 석의(析義)

① 호용(好勇): '용감(맹)하길 좋아하다', '용기를 나타내(드러내)길 좋아하다'라고 해석하며 현재 중국어 '喜歡勇敢(xǐhuanyǒnggǎn)', '喜歡勇猛(xǐhuanyǒngmèng)', '喜歡呈露勇氣(xǐhuanchénglùyǒngqì)'에 해당한다.

② 질빈(疾貧): '가난하고 궁핍함을 몹시 원망하다', '가난하고 곤란함을 가슴아파하다', '가난하고 천함을 상심하다'라는 의미로 해석해야 한다.

### 문법구조(文法構造)

전체 원문은 서사성 복합 문장이다. '子'는 주어이고 '曰'은 술어이며 "好勇疾貧, 亂也。人而不仁, 疾之已甚, 亂也"는 목적어이다. 인용부호 속의 제1 문장은 판단성 장문이다. '好勇疾貧'은 주어로 2개의 서사성 단문이 평행관계를 이룬 장문이고 그것들의 주어는 모두 개괄성을 띠어 생략되었으며 '亂'은 한 글자 어휘의 술어이다. 제2 문장 역시 판단성 장문인데 '人而不仁, 疾之已甚'은 주어로 가설관계를 이룬 장문이고 가설단문 '人而不仁'은 태도를 표시하는 장문이다. '仁'은 주어이고 '而'는 가설관계를 표시하는 접속사로 그 작용은 '如'자와 같으며 '不仁'은 어휘결합 형태의 술어이다. 가설로부터 생겨난 사실 문장 '疾之已甚'은 태도를 표시하는 단문인데 주어 '疾之'와 술어 '已甚'은 모두 어휘결합 형태이고

'之'는대명사로 '不仁的人'을 가리키며 동사 '疾'의 목적어이다. '已'는 술어 동사 '甚'을 수시하는 부사어이다. 제2 판단 복합 문장의 술어, 제1 문장과 같이 1개의 한 글자 어휘이다.

제1, 제2 이 두 마디 판단성 복합 장문은 단지 연합관계일 뿐이라 말할 수 있다.

### 문장법 분석(文章法分析)

본문 내용은 '천(淺)—심(深)' 구조의 변화를 통한 전개이다. 전체 원문은 공자께서 용감함을 드러내기 좋아하고 빈천함을 원망하는 것은 일종의 화근인데 사람이 '인(仁)'을 결여한 것 같더라도 그러한 사람을 원망함이 이미 심한 것은 역시 화근이다라고 말씀한 내용이다. 제1 문장은 '천(淺)'에 속하며 공자께서 사람이 용맹한 호기를 나타내기 좋아하고 빈천한 신분. 지위에 대해 몹시 원망하는 것은 일종의 재앙을 불러오는 근원이라 말씀한 것이다. 제2 문장은 '심(深)'에 속하며 공자께서 학문, 수양을 거친 사람이 '인(仁) 즉 사랑의 정감'을 구현하지 못한 사람 같더라도 그러한 사람에 대해 몹시 상심한 원망이 이미 너무 지나친 것은 일종의 재난과 변란을 볼러오는 근원이라 말씀한 것이다.

공자께서 재난과 변란의 근원은 용맹을 좋아하고 빈천을 원망하는 점인데 이러한 근원을 없애는 방법은 마음가짐과 태도 및 처지 등 방면에서 심기를 평온히 할 수도, 자기분수를 지킬 수도, 자기긍정할 수도 있어야 한다 일깨우신 내용으로 문장을 일단락짓고 있다. 여기서 기술한 문장법에 내재된 논리를 정리하면 <표-95>와 같다.

<표-95> 내재논리 분석도

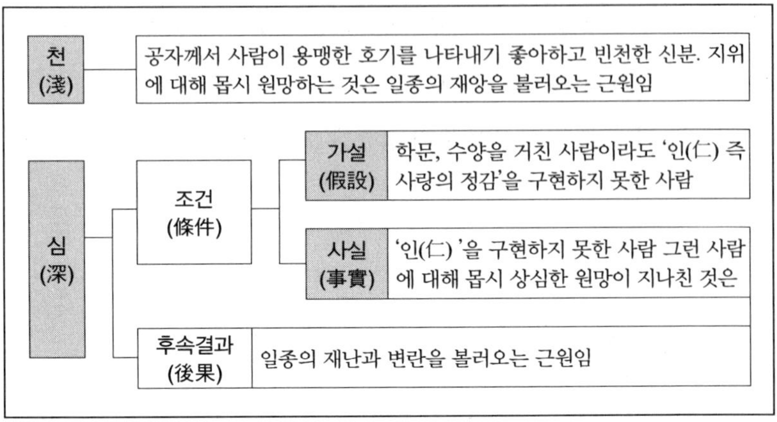


신역(信譯)

공자께서 "용감함을 드러내기 좋아하고 빈천함을 원망하는 것은 일종의 화근인데 사람이 '인(仁)'의 구현을 결여한 것 같더라도 그러한 사람을 원망함이 너무 심한 것은 역시 화근이다"라고 말했다.

달역(達譯)

공자께서 제자들이여 "사람이 용맹한 호기를 나타내기 좋아하고 빈천한 신분. 지위의 처지에 대해 몹시 원망하는 것은 재앙을 불러오는 근원인데 학문, 수양을 거친 사람이 '인(仁) 즉 사랑의 정감'을 구현하지 못한 사람 같다하더라도 그러한 사람에 대해 몹시 원망하여 이미 지나친 것은 화근을 불러오는 근원이다"라고 말씀하셨다.

아역(雅譯)

공자께서 제자들이여 "사람이 용맹한 호기를 나타내 드러내기 좋아하고 가난과 낮은 신분. 지위의 처지에 대해 몹시 원망하는 것은 일종의 재앙을 불러오는 근원인데 학문, 수양을 거친 인격체인 사람이 '인(仁) 즉 사랑의 정감'을 구현하지 못한 사람 같다하더라도 그러한('인(仁) 즉 사랑의 정감'을 구현하지 못한) 사람에 대해 몹시 상심하며 원망하여 이미 너무 지나친 것은 일종의 재난과 변란을 불러오는 근원입니다"라고 말씀하셨습니다.

함축의미

<표-96> 함축의미 분석

| 용감함을 드러내기 좋아하고 빈천함을 원망하는 것은 일종의 화근임 |
|---|
| ⬇ |
| 사람이 '인(仁)'의 구현을 결여한 것 같더라도 그러한 사람을 원망함이 너무 심한 것은 역시 화근임 |

## 생각열기

용감함을 뽐내고 빈천함을 원망하며 심지어 '인(仁)'의 결여를 심하게 원망하는 것을 넘어 자기 과시욕, 열악한 처지 및 지나친 인격적 모욕은 재난과 변란의 화근이지 않을까?

# 제11장

— 아무리 훌륭하고 빼어난 재능을 지녔다하더라도 그것에 기대 교만하고 인색하다면 나머지 장점은 볼 가치도 없음

子曰: "如有周公之才之美, 使驕且吝, 其餘不足觀也已!"

zǐyuē rúyǒuzhōugōngzhīcáizhīměi shǐjiāoqiělìn qíyúbùzúguānyěyǐ

관련 편장(篇章)

子曰: "君子泰而不驕, 小人驕而不泰。" (「子路」篇 第26章)

子貢曰: "如有博施於民, 而能濟衆, 何如? 可謂仁乎?" 子曰: "何事於仁, 必也聖乎! 堯、舜其猶病諸! 夫仁者, 己所立而入人, 己所達而達人, 能近取譬, 可謂仁之方也已。" (「雍也」篇篇 第29章)

주석(注釋)

① 여(如): 접사 (가설을 표시)가령(만일, 설사), 현대 중국어 '假如(jiărú)'에 해당함.

② 주공(周公): 명 주(周)나라 무왕(武王)의 동생으로 조카 성왕(成王)을 보좌했던

주공단(旦)을 가리킴.

③ 사(使): 접사 (가설을 표시)'만일……이라면'이라 해석하며 현대 중국어 '如果(rúguǒ)'에 해당함.

④ 교(驕): 형 '교만하다', '뽐내다', '자랑하다'. 현대 중국어 '驕傲(jiāoào)'에 해당함.

⑤ 차(且): 접사 '게다가', '또한', '……뿐만 아니라'라고 해석하며 현대 중국어 '而且(érqiě)'에 해당함.

⑥ 인(吝): 형 '인색하다', '째째하다'. 현대 중국어 '吝嗇(lìnsè)'에 해당함.

## 석의(析義)

① 주공지재(周公之才): 조카 성왕을 보좌하여 국정을 안정시키고 정치체제를 정비하였는데 예를 들면 주나라의 '예악'을 통한 정치교화 체제는 대부분 주공이 창제한 것이었기에 옛날부터 그를 다재다능한 인물로 칭송하였다.

② 사교차린(使驕且吝): '(만약)그가 교만하기도, 인색하기도 하다면'이라 해석하며 현대 중국어 '如果他驕傲, 而且吝嗇(rúguǒtājiāoào érqiělìnsè)'에 해당함.

③ 부족관(不足觀): '보기에 충분하지 않다', '볼만한 가치가 없다'. 현대 중국어 '不足道觀看(bùzúdàoguānkàn)', '不值得觀賞(bùzhídeguānshǎng)', '不值得一看(bùzhídeyíkàn)'에 해당한다.

## 문법구조(文法構造)

전체 원문은 서사성 복합 문장이다. '子'는 주어이고 '曰'은 술어이며 "如有周公之才之美, 使驕且吝, 其餘不足觀也已"는 목적어이다. 인용부호 속 각 문장은 수여(내려 주는)관계로 구성된 장문이다. 수여관계의 제1 문장 '如有周公之才之美'는 한 마디 유무관계 단문이다. '如'는 '縱

然(zòngrán)', '卽使'의 의미이고 수여관계 단문 머리에 더해지는 접속사이며 '有'는 한 글자 어휘의 술어이다. '周公之才之美'는 목적어인데 그 자체는 본래 '周公之才'와 '周公之美'라는 두 마디 어휘조합 형태인데 왜냐하면 관형(수식)어가 같아서 그것을 병합해내 바로'周公之才之美'의 형태가 되었다. '才'와 '美'가 설령 어휘조합 형태의 중심어였기 때문에 그것들은 모두 1급 어휘가 되었다. 수여관계의 제2 문장 '使驕且吝, 其餘不足觀也已' 역시 가설관계로 구성된 장문이다. 가설관계 문장은 태도를 표시하는 장문인데 주어와 유무관계 문장의 주어와 마찬가지로 모두 개괄성을 띠어 생략되었고 '使'는 가설 단문 머리에 더해진 접속사로 현대 중국어 '假使'에 해당하며 사실관계 단문 '其餘不足觀也已'는 한 마디 판단성 복합 문장이다. '其餘'는 본래 '其餘所行善行'이 생략된 형태로 주어이며 관형어가 승급되어 1급 어휘가 되었다. '不足觀'은 어휘결합 형태의 술어이고 그 뒤에 흔히 긍정 어투의 판단성 문장이 더해지는 조사 '也'자가 더해졌으며 '也'자 뒤에 그래서 또다른 1개의 상심 의미 어투를 강화하기 위해 '已'자를 더하였다. 이 '也已'는 현대 중국어 '了呀(lea)'에 해당한다 말할 수 있다.

### 문장법 분석(文章法分析)

본문 내용은 '가설(假設)—사실(事實)' 구조의 변화를 통한 전개이다. 전체 원문은 공자께서 가령 주공 같은 재능의 뛰어남을 내려 주어 지녔다하더라도 만약 교만하기도, 인색하기도 한 사람이라면 그의 나머지 재능도 볼 가치가 없을거다라고 말씀한 내용이다. 제1 문장은 '가설(假設)'에 속하며 공자께서 한 사람이 가령 주공 같은 다재다능의 뛰어남을 내려 주어 지니게 하였더라도라고 가설을 전제하여 말씀한 것이다. 제2 문장은 '사실(事實)'에 속하며 '조건(條件)—후속결과(後果)' 구조를 포함하며 '후속결과(後果)'는 다시 '가설(假設)—사실(事實)' 구조를 포함한 관계이다. 공자께서 만약 그가 겸손을 모르고 교만하기도, 내 놓을 줄 모르고 인색하기도 한 사람이라면 가령 그가 지닌 다른 재능 조차도 바로 한 번 볼만한 가치가 없을 거다라고 말씀하셨다.

공자께서 사람이 제아무리 재능이 뛰어나더라도 교만하면 퇴보하고 인색하면 관계할 수 없기에 그 나머지 방면은 볼 필요도 없을 것이라며 재능만 믿는(재능 만능주의) 풍조를 경계하도록 일깨운 내용으로 문장을 일단락짓고 있다. 여기서 기술한 문장법에 내재된 논리를 정리하면 <표-97>과 같다.

**<표-97> 내재논리 분석도**

| | | | |
|---|---|---|---|
| 가설(假設) | 한 사람이 가령 주공 같은 다재다능의 뛰어남을 내려 주어 지니게 하였더라도라고 | | |
| 사실(事實) | 조건(條件) | 만약 그가 겸손을 모르고 교만하기도, 내 놓을 줄 모르고 인색하기도 한 사람이라면 | |
| | 후속결과(後果) | 가설(假設) | 가령 그가 지닌 다른 재능 조차도 |
| | | 사실(事實) | 바로 한 번 볼만한 가치가 없을 거다라고 말함. |

신역(信譯)

공자께서 "가령 주공 같은 재능의 뛰어남을 내려 주어 지녔다하더라도 만약 교만하기도, 인색하기도 한 사람이라면 그의 나머지 재능도 볼 가치가 없을거다"라고 말했다.

달역(達譯)

공자께서 제자들이여 "한 사람이 가령 주공 같은 재능의 뛰어남을 지녔더라도라고 만약 그가 겸손을 모르고 교만하기도, 나눔을 모르고 인색하기도 한 사람이라면 가령 그가 지닌 다른 재능도 바로 볼만한 가치가 없을 거다"라고 말씀하셨다.

아역(雅譯)

공자께서 제자들이여 "어떤 한 사람이 가령 주공 같은 다재다능의 뛰어남을 내려 주어 지니게 하였더라도 만약 그가(주공 같은 다재다능의 뛰어남을 부여받은 사람이) 겸손을 모르고 교만하기도, 내 놓아 나눌 줄을 모르고 인색하기도 한 사람이라면 가령 그가 지닌 다른 재능 조차도 바로 한 번 볼만한 가치가 없을 겁니다"라고 경계하도록 말씀하셨습니다.

## 함축의미

<표-98> 함축의미 분석

| 가령 주공 같은 재능의 뛰어남을 내려 주어 지녔더라도 |
|---|
| ⇕ |
| 만약 교만하기도, 인색하기도 한 사람이라면 |
| ⬇ |
| 가령 그가 지닌 다른 재능도 볼만한 가치가 없음 |

## 생각열기

'교만(驕慢)과 인색(吝嗇)'은 모두 학문, 수양을 통한 덕성 함양이 결여되어 생긴 결과이다. '교만'은 잘난 체하는 태도로 겸손함이 없이 건방진 행위이며 '인색(吝嗇)'은 재물을 지나치게 아껴서 베풀는 일, 잘못을 바로잡아 고치는 일 따위를 지나치게 꺼리는 행위이다. 이 두 가지는 모두 인간의 덕성을 깍아내리거나 무너뜨리는 요소들이지 않을까? 학문, 수양을 통한 덕성 함양'은 자신의 능력을 극대화하고, 개인의 인격을 드높이며, 사회적 발전을 견인하는 도덕적 토대이지 않을까? 왜냐하면 그 산물인 겸허와 관용을 통해 사회가 조화롭고 건강하게 유지되도록 할 수 있기 때문이다.

# 제12장

— 학문, 수양을 통해 도덕(진리)를 추구하여 성취가 있지만 관직에 뜻이 없는 사람을 찾기 어려움

子曰: "三年學, 不至於穀, 不易得也。"

zǐyuē sānniánxué bùzhìyúgǔ bùyìdéyě

## 관련 편장(篇章)

子使漆雕開仕, 對曰: "吾斯之未能信。" 子說。(「公冶長」篇 第6章)

子謂顔淵曰: "用之則行, 舍之則藏, 唯我與爾有是夫!" (「述而」篇 第10章)

子路問君子。……(子)曰: "修己以安人。" 曰: "如斯而已乎?" 曰: "修己以安百姓, 修己以安百姓, 堯舜其猶病諸!" (「憲問」篇 第42章)

子曰: "鄙夫, 可與事君也與哉? 其未得之也, 患得之。旣得之, 患失之。苟患失之. 無所不至矣!" (「陽貨」篇 第15章)

## 주석(注釋)

① 삼(三): 명 (허수)'몇', '여러'. 현대 중국어 '多(duō)'에 해당함.

② 지(至): 동 '출사하다', '벼슬 길에 나가다', '벼슬길에 나가 관직을 지내다'. 현대 중국어 '出仕(chūshì)', '仕進(shìjìn)', '出仕做官(chūshìzuòguān)'에 해당함.
③ 곡(穀): 명 (옛날에 벼슬하면 봉록을 곡물로 받았음)여기서 '급료', '봉급'이라 해석하며 현대 중국어 '官祿(guānlù)', '俸祿(fènglù)', '薪資(xīnzī)', '薪水(xīnshuǐ)'에 해당함.
④ 역(易): 형 '쉽다', '용이하다'. 현대 중국어 '容易(róngyì)'에 해당함.

## 석의(析義)

① 삼년(三年): '몇 년', '여러 해'라고 해석하며 현대 중국어 '多年(duōnián)'에 해당한다.
② 부지어곡(不至於穀): 마음 속 뜻이 벼슬에 나가 봉록을 받고 관직을 역임하려는 생각이 아예 없다라는 의미이다.

## 문법구조(文法構造)

원문은 서사성 복합 문장이다. '子'는 주어이고 '曰'은 술어이며 "三年學, 不至於穀, 不易得也"는 목적어이다. 인용부호 속 각 문장은 조건관계로 구성된 장문이다. 조건 문장 '三年學, 不至於穀'은 역접관계로 구성된 장문인데 그 제1 문장 '三年學'은 서사성 단문이며 주어는 개괄성을 띠어 생략되었다. '三年'은 시간 부사어이고 뒤 동사 '學'을 수식하며 여기서 '三'자는 다수(多數)를 가리키는 것이다. 그 제2 문장 '不至於穀'은 서사성 단문인데 '不'는 부정표시 부사어로 뒤 술어 '至'를 수식하고 그 장소보어 '穀'은 '祿位俸薪'을 가리켜 말한 것이며 앞에 전치사 '於'자가 더해졌다. 제3 문장 '不易得也'는 어휘결합 형태이고 판단성 복합 문장의 술어이며 주어는 '三年學, 不至於穀的人'으로 생략하고 언급하지 않았다.

### 문장법 분석(文章法分析)

본문 내용은 '조건(條件)—후속결과(後果)' 구조의 변화를 통한 전개이다. 전체 원문은 공자께서 여러 해 학문을 추구하고 수양을 거치며 사회적 소양을 갖추지만 관직과 녹봉에 마음이 미치지 않는다면 쉽게 얻지 못할 사람이다라고 말씀한 내용이다. 제1, 제2 문장은 '조건(條件)'에 속하는데 다시 '정(正)—반(反)' 구조를 포함한 관계이다. 공자께서 여러 해 학습, 실천 및 사고하고 수양을 쌓아 덕성을 함양하며 사회적 소양을 갖추었지만 도리어 마음속의 뜻이 벼슬길에 나가 관직을 역임하며 곡물로 지급하던 녹봉(급여)에 미치지 않는다면이라고 조건을 전제하여 말씀하셨다. 제3 문장은 '후속결과(後果)'에 속하며 전제한 조건의 결과로 공자께서 이 종류의 사람은 참으로 얻기가 쉽지 않다라고 말씀한 것이다.

공자께서 학문, 수양하고 덕성을 함양하여 사회적 소양이 갖추어진 사람이지만 관직과 녹봉이라는 명리(名利)에 마음이 미치지 않는 바로 이런 사람은 결코 얻기 쉽지 않다라며 당시 시대적 풍조에 비추어 일깨우신 내용으로 문장을 일단락짓고 있다. 여기서 기술한 문장법에 내재된 논리를 정리하면 <표-99>와 같다.

<표-99> 내재논리 분석도

| 구분 | | 내용 |
| --- | --- | --- |
| 조건(條件) | 정(正) | 여러 해 학습, 실천 및 사고하고 수양을 쌓아 덕성을 함양하며 사회적 소양을 갖추었지만 |
| | 반(反) | 도리어 마음속의 뜻이 벼슬길에 나가 관직을 역임하며 관직과 녹봉(급여)에 미치지 않는다면 |
| 후속결과(後果) | | 바로 이 종류의 사람은 참으로 얻기가 쉽지 않음 |

신역(信譯)

공자께서 "여러 해 학문을 추구하고 수양을 거치며 사회적 소양을 갖추었지만 관직과 녹봉에 마음이 미치지 않는다면 바로 얻기 쉽지 않은 사람이다"라고 말했다.

달역(達譯)

공자께서 제자들이여 "여러 해 학습, 실천 및 사고하고 수양을 쌓아 덕성을 함양하며 사회적 소양을 갖추었지만 도리어 그 뜻이 관직역임과 녹봉(급여) 수급에 미치지 않는다면 바로 이 종류 사람은 참으로 얻기가 쉽지 않다"라고 말씀하셨다.

아역(雅譯)

공자께서 제자들이여 "비록 여러 해 동안 학습, 실천 및 사고하고 수양을 거쳐 덕성을 함양하며 소양을 살아 사회적 능력을 갖추었을지라도 그러나 그 마음 속 뜻이 벼슬 길에 나가 관직을 역임하며 곡물로 지급 받는 녹봉(급여) 즉 명리(名利)에 미치지 않는(벼슬에 나가 봉록을 받고 관직을 역임하려는 생각이 아예 없)다면 바로 이 종류의 사람은 참으로 얻기가 쉽지 않습니다"라고 당시 사회적 풍조에 비추어 일깨워 말씀하셨습니다.

함축의미

<표-100> 함축의미 분석

| 내용 | | 결론 |
|---|---|---|
| 여러 해 학문, 수양하고 덕성을 함양하며 사회적 소양을 갖추었음 | ⬅ | 바로 이 종류 사람은 참으로 얻기가 쉽지 않음 |
| 그 뜻이 관직역임과 녹봉(급여) 수급에 미치 있지 않음 | | |

## 생각열기

'학문, 수양으로 도덕(진리)을 추구하지만 관직에 뜻이 없는 사람'은 도덕 정신과 가치를 추구하는 것과는 별개로, 개인의 진정한 의미 찾기에 나서 다른 경로를 탐색해가는 주체이지 않을까? '도덕(진리)'을 추구하는 것은 학문적, 윤리적 측면이지만 도리어 관직이 꼭 개인의 진정한 의미를 찾는 경로일 필요는 없지 않을까? 도덕(진리)을 추구하는 것은 학문과 수양의 중요한 부분이다. 다만 도덕성은 개인의 내면적 규범으로, 사회적 규범과는 다소 차별화된 개념이라 할 수 있지 않을까?

# 제13장

— 사람은 학문, 절조, 처세 방면에서 올바른 도리(이치)를 굳게 지켜나가야 함

子曰: "篤信好學; 守死善道。危邦不入, 亂邦不居。天下有道則見(現), 無道則隱。邦有道, 貧且賤焉, 恥也; 邦無道, 富且貴焉, 恥也。"

zǐyuē dǔxìnhàoxué shǒusǐshàndào wéibāngbùrù luànbāngbùjū tiānxiàyǒudàozé xiàn wúdàozéyǐn bāngyǒudào pínqiějiànyān chǐyě bāngwúdào fùqiěguìyān chǐyě

관련 편장(篇章)

子謂: "南容, 邦有道, 不廢; 邦無道, 免於刑戮。" 以其兄之子妻之。(「公冶長」篇 第2章)

子路曰: "子行三軍則誰與?" 子曰: "暴虎馮河, 死而無悔者, 吾不與也; 必也, 臨事而懼, 好謀而成者也。" (「述而」篇 第11章)

子曰: "邦有道, 危言危行。邦無道, 危行言孫(遜)。" (「憲問」篇 第4章)

子曰: "直哉!。史魚。邦有道如矢, 邦無道如矢, 君子哉! 蘧伯玉。邦有道, 則仕, 邦無道, 則可卷而懷之。" (「衛靈公」篇 第7章)

## 주석(注釋)

① 독신(篤信): 동 굳게 믿다, 깊게 믿다, 진심으로 믿다.

② 호학(好學): 동 학문하여 도덕(진리)을 추구하길 좋아하다, 여기여 학습, 실천 및 사고하고 수양을 쌓아 덕성을 함양하며 못 미치거나 지나침 없는 중용의 단계를 지나 최고의 가치인 '인(仁) 즉 사랑의 정감'을 구현하여 도덕(진리)를 추구해가다라는 의미임.

③ 수(守): 동 '고수하다', '지키다', '굳건히 지키다'. 현대 중국어 '堅守(jianshou)'에 해당함,

④ 선(善): 형 (……에)능숙하다, (……을)잘하다, 잘 해내다.

⑤ 도(道): 명 '도덕(진리)의 추구', '도덕(진리)를 추구하여 체득하는 일이라 해석하며, 현대 중국어 '求得道德之事(qiúdédào dézhīshì)'에 해당함.

⑥ 위(危): 형 (정세가)'위급하다', '위태롭다', '위험하다'. 현대 중국어 '危險(weixian)', '情勢危急(qigshiweiji)'에 해당함.

⑦ 입(入): 동 '들어가다', '진입하다'. 현대 중국어 '不去(búqù)', '不進入(bújìnrù)'에 해당함.

⑧ 난방(亂邦): '사회가 들끓고 동요하는 나라', '기강이 해이해지고 정치가 혼란한 국가'. 현대 중국어 '動蕩的國家(dòngdàngdeguójiā)', '紀綱廢弛、政治混亂的國家(jìgāngfèichízhèngzhìhūn luàndeguójiā)'에 해당함.

⑨ 거(居): '거주하다', '머무르다', '기거하여 머무르다'. 현대 중국어 '居住(jūzhù)', '停留(tíngliú)', '居留(jūliú)'에 해당함.

⑩ 현(見): 본래 '나타나다', '출현하다'라는 의미이지만 여기서 '출사하다(出仕chūshì)', '관직에 나가다(出來做官chūláizuòguān)', '나가 벼슬하다'라고 해석해야 함.

### 석의(析義)

① 독(篤): 「子張」편에 "학문, 수양하여 도덕(진리)을 믿고 추구하는데 진실로 하지 않다(信道不篤)"[31] 중 '篤'자의 쓰임과 같다.

② 수사(守死): '죽도록 줄곧 굳건히 지키다', '임종이 이미 가까워서도 여전히 굳건

31) 『論語』, 十三經注疏本, 臺北: 藝文印書館, 1986, p171.

히 지키다', 현대 중국어 '臨到死時一路堅守(líndàosǐshíyílùjiānshǒu)', '死期已近還堅守(sǐqīyǐjìnhái jiānshǒu)'에 해당한다.

③ 선(善):「衛靈公」편에 "일하는 사람이 그 일을 잘 해내려 한다면 반드시 먼저 그 도구를 예리하(날카롭게)게 해야 한다(工欲善其事, 必先利其器)"[32] 중 '善'자의 쓰임과 같다.

④ 방유도(邦有道): 국가에 일정한 치국의 도가 정비되어 있다. 구체적으로 말하면 국가 사회가 안정되어 평화롭고, 정치가 공정하며 청렴하여 질서 있는 일정한 궤도에 진입하였는 의미이다.

⑤ 방무도(邦無道): 국가에 치국의 도가 유명무실해지(有名無實, 이름만 남고 그 실체를 찾을 수 없)다. 구체적으로 말하면 국가 사회가 어두어져 분란이 일어나고, 정치가 불공정하며 부패하여 질서 없는 뒤틀린 궤도에 진입하였다는 의미이다.

## 문법구조(文法構造)

전체 원문은 서사성 복합 문장이다. '子'는 주어이고 '曰'은 술어이며 "篤信好學; 守死善道。危邦不入, 亂邦不居。天下有道則見(現), 無道則隱。邦有道, 貧且賤焉, 恥也; 邦無道, 富且貴焉, 恥也"는 목적어이다. 인용부호 속 첫째 번 문장 "篤信好學; 守死善道"는 태도를 표시하는 네 마디가 연합관계로 구성된 장문이다. 그 주어는 개괄성을 띠어 생략되었고 '篤信'、'好學'、'守死'、'善道' 등은 모두 어휘결합 형태의 술어여서 이 네 마디는 복합 문장이다.

둘째 번 문장 "危邦不入, 亂邦不居"는 태도를 표시하는 두 마디가 평행관계로 구성된 장문이다. '危邦'과 '亂邦'은 모두 어휘조합 형태의 주어이고 '不入'과 '不居'는 모두 어휘결합 형태의 술어이며 '不'는 부정을 표시하는 부사어로 뒤 술어 '入'과 '居'를 수식한다.

셋째 번 문장 "天下有道則見(現), 無道則隱" 역시 평행관계로 구성된

32)『論語』, 十三經注疏本, 臺北: 藝文印書館, 1986, p.138.

장문이다. 게다가 앞 한 마디 태도를 표시하는 복합 문장과 뒤 한 마디 태도를 표시하는 장문이 시간관계로 구성된 장문이다. 앞 태도를 표시하는 문장의 '天下'는 주어, '有'는 술어, '道'는 목적어이고 '則'은 후속결과 한 마디의 접속사이며 '見(現)'은 술어이다. 뒤 태도를 표시하는 문장 주어 역시 '天下'이지만 위 한 마디를 이어 생략되었고 '無'는 술어, '道'는 목적어이고 '則'은 후속결과 한 마디의 접속사이며 '隱'은 술어이다.

넷째 번 "邦有道, 貧且賤焉, 恥也"는 판단성 복합 문장이다. '邦有道, 貧且賤焉'은 주어로 시간관계로 구성된 장문이며 그중에도 약간의 역접관계의 의미가 숨겨져 포함되었다. '邦有道'는 태도를 표시하는 유무관계 단문이다. '貧且賤焉'은 태도를 표시하는 단문인데 그 주어는 개괄성을 띠어 생략되었고 술어 '貧且賤焉'은 2개의 접미사 '焉'(본래 '貧' 뒤의 접미사 '焉'은 생략되었다)을 동반한 연음 복합어휘의 연계 형태이다. 왜냐하면 '貧'과 '賤'은 모두 형용사가 술어로 쓰인 것이어서 중간에 접속사 '且'자를 사용한 것이다. 이 판단성 복합 문장의 술어는 단지 1개의 한 글자 어휘 '恥'자일 뿐이다.

다섯째 번 "邦無道, 富且貴焉, 恥也"는 역시 판단성 복합 문장이다. 왜냐하면 이 한 마디의 문법과 앞 넷째 번 문장의 문법은 완전히 일치하기 때문에 다시 일일이 분석하지 않는다. 넷째 번 문장과 다섯째 번 이 두 판단성 복합 문장은 평행관계이다.

### 문장법 분석(文章法分析)

본문 내용은 '범(凡)—목(目)' 구조의 변화를 통한 전개이다. 전체 원문은 공자께서 도덕(진리)을 굳게 믿고 죽도록 학문하여 도덕(진리)을 추구해가길 좋아하며 도덕(진리) 추구를 잘하려 하는데 위험한 국가에 들어가지 않기도, 동요하는 국가에 거주하지 않기도 한다. 천하에 도덕(진리)가 구현되면 나가 활동하고 도덕(진리)가 구현되지 않으면 물러나 은거한다. 국가에 일정한 치국의 도가 정비되어 있지만 빈궁하고도 비천하다면 바로 수치스런 것이며 국가에 치국의 도가 유명무실해져 있지만 부유하고도 존귀하다면 바로 수치스런 것이다라고 말씀한 내용이다. 첫째, 둘째 번 문장은 '범(凡)'에 속하는데 다시 '사일(事一)—사이(事二)' 구조를 포함한 관계이다. 공자께서 학문, 수양을 통한 도덕(진리) 추구를 진심으로 믿고 게다가 학습, 실천 및 사고하고 수양을 쌓아 덕성을 함양하며 못 미치거나 지나침 없는 중용의 단계를 지나 최고의 가치인 '인(仁) 즉 사랑의 정감'을 구현해서 도덕(진리)을 추구하길 좋아하여 죽도록 줄곧 견지한 채 도덕(진리)의 추구를 잘하려 한다라고 말씀하셨다. 셋째, 넷째, 다섯째 번 문장은 '목(目)'에 속하는데 다시 '목일(目一)—목이(目二)' 구조를 포함한 관계이다. 공자께서 정세가 위태로워 되돌리기 어려운 국가에 들어가지 않아야 하고, 기강이 무너져 정치가 문란한 국가에 오래 머물거나 거주하지 않아야 한다. 세상에 '인(仁) 즉 사랑의 정감'이 실행되어 도덕(진리)가 구현되면 나가 처세하고 사회활동하며 '인(仁) 즉 사랑의 정감'이 실행되지도 도덕(진리)가 구현되지도 않으면 물러나 조용히 은거하는데 국가를 경영하고 정사를 돌보는 체제와 도리가 정비되어 있지만 가난하고 궁핍하다거나 비천하다 업신여김 당하는 것은 수치스런 것이다. 국가를 경영하고 정사를 돌보는 체제와 도리가 유명 무실해져 있지만 부유하고 여유롭거나 존귀하다 대접받으려 하는 것은 수치스런 것이기도

하다라고 말씀하셨다.

공자께서 사람은 마땅히 학문을 통한 도덕(진리) 추구, 청렴 결백한 자질과 품행, 예의로 절제된 처세 등 방면에 올바른 도리를 굳게 지켜가야 하는 것이다라고 배열대비(排比) 수사방법을 통해 힘써 격려하는 내용으로 문장을 일단락짓고 있다. 여기서 기술한 문장법에 내재된 논리를 정리하면 <표-101>과 같다.

<표-101> 내재논리 분석도

| | | | |
|---|---|---|---|
| 범(凡) | 사일(事一) | | 공자께서 학문을 통한 도덕(진리) 추구를 굳게 믿고 죽도록 학문하여 도덕(진리)을 추구해가길 좋아하며 |
| | 사이(事二) | | 정세가 위태로운 국가에 들어가지 않아야 하고, 기강이 무너져 정치가 문란한 국가에 머물러 거주하지 않아야함 |
| 목(目) | 목일(目一) | 조건(條件) | 세상에 '인(仁) 즉 사랑의 정감'이 실행되어 도덕(진리)가 구현되면 |
| | | 후속결과(後果) | 밖에 나가 처세하고 사회활동함 |
| | | 조건(條件) | '인(仁) 즉 사랑의 정감'이 실행되지도 도덕(진리)가 구현되지도 않으면 |
| | | 후속결과(後果) | 사회에서 물러나 조용히 은거함 |
| | 목이(目二) | 정(正) | 국가를 경영하고 정사를 돌보는 체제와 도리가 정비되어 있지만 |
| | | 반(反) | 가난하고 궁핍하다거나 비천하다 업신여김 당하는 것은 수치스런 것임 |
| | | 정(正) | 국가를 경영하고 정사를 돌보는 체제와 도리가 유명 무실해져 있지만 |
| | | 반(反) | 부유하고 여유롭거나 존귀하다 대접받으려 하는 것임 |

### 신역(信譯)

공자께서 "도덕(진리)을 굳게 믿고 학문하여 도덕(진리)을 추구해가길 좋아하며 죽도록까지 도덕(진리) 추구를 잘하려 한다. 위험한 국가에 들어가지 않아야 하고, 동요하는 국가에 거주하지 않아야 한다. 세상에 도덕(진리)가 구현되면 나가 활동하고 도덕(진리)가 구현되지 않으면 물러나 은거해야 한다. 국가에 일정한 치국의 도가 정비되어 있지만 빈궁하고도 비천하다면 바로 수치스런 것이며 국가에 치국의 도가 유명무실해져 있지만 부유하고도 존귀하다면 바로 수치스런 것이다"라고 말했다.

### 달역(達譯)

공자께서 제자들이여 "학문, 수양을 통한 도덕(진리) 추구를 진심으로 믿고 게다가 학습, 실천과 사고 그리고 수양을 쌓아 '인(仁) 즉 사랑의 정감'을 구현해서 도덕(진리)을 추구하길 좋아해서 죽도록 줄곧 견지하여 도덕(진리)의 추구를 잘하려 한다. 정세가 위태로운 국가에 들어가지 않아야 하고, 기강이 문란한 국가에 거주하지 않아야 한다. 세상에 '인(仁) '이 실행되어 도덕(진리)가 구현되면 나가 사회 활동하며 '인(仁) 즉 사랑의 정감'이 실행되지도 도덕(진리)가 구현되지도 않으면 물러나 조용히 은거한다. 국가의 정치 체제와 도리가 정비되어 있지만 빈궁하다거나 비천한 것은 수치스런 것이기도 국가의 정치 체제와 도리가 유명 무실해져 있지만 부유하거나 존귀한 것은 수치스런 것이기도 하다"라고 말씀하셨다.

## 아역(雅譯)

공자께서 제자들이여 "학문, 수양을 통한 도덕(진리) 추구를 진심으로 믿고 게다가 학습, 실천 및 사고하고 수양을 쌓아 덕성을 함양하며 지나치거나 치우침 없는 중용의 단계를 지나 최고의 가치인 '인(仁) 즉 사랑의 정감'을 구현해서 도덕(진리)을 추구하길 좋아하여 죽도록까지 줄곧 굳건히 지킨 채 도덕(진리)의 추구를 잘하려 합니다. 정세가 위태로워 되돌리기 어려운 국가에 들어가지 않아야 하고, 기강이 무너져 정치가 문란한 국가에 오래 머물거나 거주하지 않아야 합니다. 만약 세상에 '인(仁) 즉 사랑의 정감'이 실행되어 도덕(진리)가 구현된다면 바로 사회에 나가 예로 절제하며 처세(處世, 사귀어 함께 교유 활동)하며 만약 '인(仁) 즉 사랑의 정감'이 실행되지도 도덕(진리)가 구현되지도 않으면 바로 물러나 조용히 은거합니다. 비록 국가를 경영하고 정사를 돌보는 체제와 도리가 정비되어 있지만 그러나 가난하고 궁핍하다거나 비천하다 업신여기는 것은 수치스런 것이기도 비록 국가를 경영하고 정사를 돌보는 체제와 도리가 유명 무실해져 있지만 그러나 부유하고 여유롭거나 존귀하다 대접받으려 하는 것은 수치스런 것이기도 합니다"라고 말씀하셨습니다.

## 함축의미

<표-102> 함축의미 분석

| | | |
|---|---|---|
| • 도덕(진리)을 굳게 믿고 학문하여 도덕(진리)을 추구해가길 좋아함<br>• 죽도록까지 도덕(진리) 추구를 잘하려함 | ⇨ | 세상에<br>• 도덕(진리)가 구현되면 나가 예로 절제하며 처세함<br>• 도덕(진리)가 구현되지 않으면 물러나 은거함 |
| • 위험한 국가에 들어가지 않음<br>• 동요하는 국가에 거주하지 않음 | ⇨ | • 국가에 일정한 치국의 도가 정비되어 있지만 빈궁하고 비천하다면 수치스런 것임<br>• 국가에 치국의 도가 유명무실해져 있지만 부유하고 존귀하다면 수치스런 것임 |

## 생각열기

'학문, 수양으로 도덕(진리)을 추구해가길 좋아하며 그 도덕(진리)을 사수(死守)하다'라는 주제는 학문과 수양을 통한 도덕성 함양의 중요성을 강조한 말이다. 도덕적 삶을 영위하게 위한 각성과 성장을 통해 바람직한 인간상을 수립하는 수양론에 초점이 맞춰진 주제는 아닐까? 이러한 수양론은 지식성 추구와 도덕성 함양이 중요한 목표인데 학문은 과거 사건 관련 지식을 정리한 지식체계나 지식을 추구하는데 기여하며, 수양은 인간의 본성을 탐구하고 도덕적 삶을 실현하는데 기여하지 않을까? 결과 도덕성 함양의 목표는 대체로 도덕적 삶에 대한 의지를 갖는 단계, 도덕적 판단의 내적 근거를 마련하는 단계, 도덕적으로 생활하며 편안함을 느끼는 단계 등을 통해 이루어지는 것이라 할 수 있지 않을까?

# 제14장

— 그 자리에 없으면 그 직권의 행사를 꾀하지 않는 공사(公私) 구분이 분명한 태도

子曰: "不在其位, 不謀其政。"

zǐyuē bùzàiqíwèi bùmóuqízhèng

관련 편장(篇章)

子曰: "庖人雖不治庖, 尸祝不越樽俎而代之矣!" (『莊子·逍遙遊』篇)

## 주석(注釋)

① 위(位): 명 '관직지위', '직위'를 가리키며 현대 중국어 '官位(guānwèi)', '職位(zhíwèi)'에 해당함.

② 모(謀): 동 '상의하다', '의논하다'. 현대 중국어 '商量(shāngliáng)', '計議(jìyì)'에 해당함.

③ 정(政): '정무', '정치상의 사무'. 현대 중국어 '政務(zhèngwù)', '政治上的事務(zhèngzhì shàngdeshìwù)'에 해당함.

### 석의(析義)

① 부재기위(不在其位): 그 관직에 해당하는 자리에 있지 않다.
② 불모기정(不謀其政): 그 해당 정치상의 직무(사무)를 상의(의논)하지 않는다.

### 문법구조(文法構造)

전체 원문은 서사성 복합 문장이다. '子'는 주어이고 '曰'은 술어이며 "不在其位, 不謀其政"은 목적어이다. 인용부호 속 두 문장은 조건관계로 구성된 장문이다. 앞 한 마디 문장과 뒤 한 마디 문장 모두 서사성 단문이다. 앞 문장 "不在其位" 중의 '不'는 부정표시 부사어로 뒤 술어 '在'를 수식하고 '其位'는 어휘조합 형태의 장소보어이다. 장소보어 앞에 전치사 '於'자를 더하지 않았다. 뒤 문장 "不謀其政" 중의 '不'는 부정표시 부사어로 뒤 술어 '謀'를 수식하고 '其政'은 목적어이다.

### 문장법 분석(文章法分析)

본문 내용은 '조건(條件)—후속결과(後果)' 구조의 변화를 통한 전개이다. 전체 원문은 공자께서 그 관직에 있지 않으면 그 정무를 상의하지 않는다라고 말씀한 내용이다. 제1 문장은 '조건(條件)'에 속하며 공자께서 그 관리의 직위에 있지 않다면이라 조건을 전제하여 말씀한 것이다. 제2 문장은 '후속결과(後果)'에 속하며 공자께서 바로 참여하여 그 직위의 정치상의 사무를 의논하지 않는다라고 말씀한 것이다.

공자께서 관직에 임용되어 정사를 논의하고 정무를 집행하는 태도는 마땅히 그 본분을 지켜 책임을 다하며 직권을 벗어나 책무를 수행, 처리해서는 안 된다고 훈계하신 내용으로 문장을 일단락짓고 있다. 여기서 기술한 문장법에 내재된 논리를 정리하면 <표-103>과 같다.

<표-103> 내재논리 분석도

|  |  |
|---|---|
| 조건(條件) | 공자께서 그 관리의 직위에 있지 않다면 |
| 후속결과(後果) | 바로 참여하여 그 직위의 정치상의 사무를 의논하지 않음 |

신역(信譯)

공자께서 "그 관직에 있지 않으면 그 정무를 상의하지 않는다"라고 말했다.

달역(達譯)

공자께서 제자들이여 "그 관리의 직위에 있지 않다면 그 해당 직위의 정치상의 사무를 의논하지 않습니다"라고 말씀하셨다.

아역(雅譯)

공자께서 제자들이여 “만약 그 관리의 직위에 처해 있지 않다면 바로 참여하여 그 해당 직위의 정치상의 사무를 의논하지 않습니다”라고 본문을 지키고 책무를 다하도록 훈계하시며 말씀하셨습니다.

함축의미

<표-104> 함축의미 분석

| 그 관직에 있지 않으면 | ⇨ | 바로 그 해당 직위의 정치 상의 사무를 의논하지 않음 |
|---|---|---|

## 생각열기

‘그 자리에서 응분(應分)의 책임을 다하다’라는 말은 직무에 부합하는 직권을 행사하여 역할과 책임을 다하는 자세를 강조한 표현이지 않을까? 이 표현은 직무를 맡은 역할에 따라 직권을 행사하여 책임을 지는 자세로 그 업무을 공명정대하게 수행, 처리해야 한다는 것이지 않을까? 각자가 처한 위치에 맞게 권한, 업무를 충실히 수행하고 그에 따른 책임을 지는 것이 중요하다 생각한다.

# 제15장

— 인재를 귀하게 여기지 않으며 그 재능을 살려주지 못하는 풍토를 개탄(慨歎)함

子曰: "師摯之始, 「關雎」之亂, 洋洋乎盈耳哉!"

zǐyuē shīzhìzhīshǐ guānjūzhīluàn yángyánghūyíngěrzāi

관련 편장(篇章)

子曰: "吾自衛反魯, 然後樂正, 雅頌各得其所。" (「子罕」篇 第14章)

子曰: "大(太)師摯適齊, 亞飯干適楚; 三飯繚適蔡; 四飯缺適秦; 鼓方叔入於河, 播鼗武入於漢; 少師陽擊磬襄入於海。" (「微子」篇 第9章)

## 주석(注釋)

① 사지(師摯): 명 노나라의 이름난 악사(樂師)로 태사(太師)라 부르기도 하였으며 이름은 지(摯)이다.

② 시(始): 명 '시작', '(악곡)연주의 시작'. 현대 중국어 '開始(kāishǐ)'에 해당함.

③ 관저(關雎): 명 『詩經 · 國風 · 周南』의 제1편인데 당시의 『詩』는 모두 음악을 연주하는 가운데 반주에 따라 가송(歌頌)할 수 있었음.

④ 난(亂): 명 '마침', '(악곡)연주의 마침'. 중국어 '終(zhōng)', 현대 중국어 '終了(zhōngliǎo)', '結束(jiéshù)'에 해당함.
⑤ 양양호(洋洋乎): 소리는 감정이 충만해(넘쳐흘러)서 성대하고 우아하며 아름다운 모양. '乎'는 부사화 접미사로 현대 중국어 '然(rán)'에 해당함.
⑥ 영(盈): 동 '만(滿)'과 같아 '가득차다', '충만하다', '한 가득하다'. 중국어 '滿(mǎn)', 현대 중국어 '充滿(chōngmǎn)'에 해당함.

### 석의(析義)

① 사지(師摯): 「微子」편에 "태사 지(摯)께서 제나라에 가셨다(太師摯適齊)"라고 하였는데 바로 여기서 언급된 지(摯)이다.
② 난(亂): 『爾雅 · 釋詁』, 『說文解字』에 모두 '치(治)' 즉 '관리하다', '정리하다', '처리하다'라고 해석한다. 고대 악곡은 그 시작을 '승가(升歌)'라 불렀고 마침을 '합악(合樂)'이라 불렀으며 '승가(升歌)'로부터 '합악(合樂)'까지 즉 악곡 연주의 마침인데 시작으로부터 마침까지를 '일성(一成)' 즉 '한 차례 연주의 완성'이라 불렀다. 악곡 연주에서 '합악'에 이를 때 조리(條理)있게 정돈되어 정연하고 음률(音律)은 질서가 있으며 점차 전체 악장을 완성해서 마칠 때의 '합악'을 '난'이라 불렀다 한다.

### 문법구조(文法構造)

전체 원문은 서사성 복합 문장이다. '子'는 주어이고 '曰'은 술어이며, "師摯之始, 「關雎」之亂, 洋洋乎盈耳哉"는 목적어이다. 인용부호 속의 문장은 태도를 표시하는 복합 장문이다. 제1 문장 '師摯之始, 「關雎」之亂'은 두 마디 태도를 표시하는 단문으로 주어이며 조합식 어휘결합 형태를 채택하고 있다. 술어 '洋洋乎盈耳哉'는 어휘결합 형태이고 '洋洋乎'

는 접미사 '乎'를 동반한 연음 복합어휘이며 부사어로 사용되었다. '盈'은 술어동사이고 '耳'는 장소보어이며 그 앞에 전치사 '於'가 더해지지 않았다.

## 문장법 분석(文章法分析)

본문 내용은 '서(敍)—보(補)' 구조를 통한 전개이다. 전체 원문은 공자께서 태사 지(摯)가 연주로 시작해서 「關雎」곡의 연주로 종료하는 것이 감정이 충만하고 성대하며 우아하게 귀에 가득한거야라고 말씀한 내용이다. 앞 두 마디 문장은 '서(敍)'에 속하며 공자께서 당년에 태사 지(摯)께서 아직 노나라에 머물러 있었을 때 악공들의 연주는 승가(升歌)로부터 시작하고 「關雎」 한 곡의 합악(合樂)에 이르러 마치는 것이라고 말씀한 것이다. 뒤 한 마디 문장은 '보(補)'에 속하며 공자께서 소리의 감정이 충만해(넘쳐흘러)서 성대하고 우아하며 아름답게 온 귀에 충만하였던거야라고 말씀한 것이다.

공자께서 태사 지(摯)께서 지난날 노나라에 머물러 있었을 때 음악의 성대하고 우아하며 아름다움이 떠올라 감탄하지만 도리어 당시 음악의 쇠퇴에 대해 개탄하는 심정을 토로하는 내용으로 문장을 일단락짓고 있다. 여기서 기술한 문장법에 내재된 논리를 정리하면 <표-105>와 같다.

<표-105> 내재논리 분석도

| | |
|---|---|
| 서(敍) | 당년에 태사 지(摯)께서 노나라에 머무를 때 악공들의 연주는 승가(升歌)로부터 시작하고「關雎」한 곡의 합악(合樂)에 이르러 마친 것이 |
| 보(補) | 소리는 감정이 충만해(넘쳐흘러)서 성대하고 우아하며 아름답게 온 귀에 충만했던거임 |

신역(信譯)

공자께서 "태사 지(摯)가 연주로 시작해서「關雎」곡의 연주로 종료하는 것은 감정이 충만하고 성대하며 우아하게 귀에 가득한거야!"라고 말했다.

달역(達譯)

공자께서 제자들이여 "당년에 태사 지(摯)께서 노나라에 머물러 계실 때 악공들의 연주는 승가(升歌)로부터 시작하고「關雎」한 곡의 합악(合樂)에 이르러 마치는 것은 감정이 충만해(넘쳐흘러)서 성대하고 우아하며 아름답게 온 귀에 충만하였던거야!"라고 말씀하셨다.

아역(雅譯)

공자께서 제자들이여 "당년에 태사 지(摯)께서 지난날 아직 노나라에 머물러 있었을 때 악공들의 연주는 승가(升歌)로부터 시작하고 「關雎」 한 곡의 합악(合樂)에 이르러 마치는 것은 듣기에 소리의 감정이 충만해(넘쳐흘러)서 성대하고 우아하며 아름답게 온 내 자신의 귀에 충만하여 즐겁게했던거랍니다!라고 당시 음악의 쇠퇴에 개탄하며 말씀하셨습니다.

함축의미

<표-106> 함축의미 분석

| 원인 | | 결과 |
|---|---|---|
| 태사 지(摯)가 연주로 시작함 | ⇨ | 소리의 감정이 충만하고 성대하며 우아하게 귀에 가득한거임 |
| 「關雎」곡의 연주로 종료함 | | |

## 생각열기

"사람 귀한 줄 모르다가 떠나 보내고 후회하다"라는 말은 자기 곁에 있거나 많이 가지고 있을 때 그것의 귀하고 소중함을 모르다가 나중에 다 떠나 없어지면 귀한 줄 알게 된다는 의미의 표현이지 않을까? 항상 자기 곁을 지키고 있을거라 생각해서 그 소중함을 모르죠! 항상 많이 가지고 있을거라 생각해서 그 귀중함을 모르죠! 그리고 사람에게 가해하여 상처주거나 물건을 함부로 쓰고 낭비하기 일쑤인데 정말 어리석기 짝이 없는 작태이지 않을까? 특히 사람을 상대로 “너 아니면 사람 없는 줄 아냐?”라고 말하는 모멸적 가해는 참기 어려움을 넘어 그 말하는 사람의 인격을 의심하게 만들지 않을까? 그 사람이, 그 것이 떠나거나 없어진 후에야 깨닫거나, 아쉬워하며 간절히 생각한들 다 무슨 소용이겠는가? 아쉬움과 후회가 없는 날마다 새로운 오늘을 위해 뒤돌아보길……

# 제16장

— 사람은 마땅히 충직하고, 신중하며, 신용있어야 함

子曰: "狂而不直, 侗而不愿, 悾悾而不信, 吾不知之矣!"

zǐyuē kuángérbùzhí, tóngérbùyuàn kōngkōngérbùxìn wúbùzhīzhīyǐ

## 관련 편장(篇章)

子曰: "古者民有三疾, 今也或是之亡(無)也。古之狂也肆, 今之狂也蕩。古之矜也廉. 今之矜也忿戾。古之愚也直, 今之愚也詐而已矣。"(「陽貨」篇 第16章)

子曰: "不得中行而與之, 必也狂狷乎! 狂者進取, 狷者有所不爲也。"(「子路」篇 第21章)

## 주석(注釋)

① 광(狂): 형 '몹시 방자하고 오만하다', '분별없고 망령스럽다'. 현대 중국어 '狂妄(kuáng wàng)'에 해당함.

② 이(而): 접사 (……뿐만 아니라)게다가, 현대 중국어 '不但(búdàn)……而且(érqiě)'에 해당함.

③ 직(直): 형 '솔직하다', '정직하다', '정직하고 시원시원하다'. 현대 중국어 '正直(zhèngzhí)', '直率(zhíshuài)', '直爽(zhíshuǎng)'에 해당함.
④ 동(侗): 형 '무지하다', '어리석다'. 현대 중국어 '無知(wúzhī)', '幼稚(yòuzhì)'에 해당함.
⑤ 원(愿): 형 '삼가고 신중하다', '성실하고 간절하다'. '현대 중국어 '謹愼(jǐnshèn)', '誠懇(chéngkěn)'에 해당함.
⑥ 공공(悾 ): 명 '무능하다', '마음 속이 텅비어 지닌 것이 없는 모양', 현재 중국어 '無能(wúnéng)', '胸中空無所有(xiōngzhōngkōngwúsuǒyǒu)'에 해당함.
⑦ 신(信): 형 '신실하다', '신용있고 진실하다'. 현대 중국어 '信實(xìnshí)'에 해당함.

### 석의(析義)

① 오부지지(吾不知之): '나는 그사람이 그러한 까닭을 알지 못하다'라고 해석하며 중국어 '吾不與知(wúbùyǔzhī)', '我就不知道其所以然的(wǒjiùbùzhīdàoqísuǒyǐránde)'에 해당한다.

### 문법구조(文法構造)

전체 원문은 서사성 복합 문장이다. '子'는 주어이고 '曰'은 술어이며 "狂而不直, 侗而不愿, 悾悾而不信, 吾不知之矣"는 목적어이다. 인용부호 속 전체 문장은 태도를 표시하는 복합 장문이다. '狂而不直, 侗而不愿, 悾悾而不信'은 주어로 세 마디 더해 합해서 연계된 관계로 구성된 장문이기도, 연합관계로 구성된 한 개의 긴 편폭의 장문이기도 하다. '狂、侗、悾悾' 등 중에 앞 2개는 한 글자 어휘이고 1개는 연음 중첩 글자의 복합 어휘이며 태도를 표시하는 단문 중에 술어의 역할을 해낸다. '不直、不

愿、不信' 등은 모두 어휘결합 형태의 술어이다. '吾不知之矣'는 어휘결합 형태로 '狂而不直, ……悾悾而不信'의 술어이다. '吾'는 주어이고 '不'는 뒤 술어 '知之'를 수식하는 부정표시 부사어이며 여기서 '知之'는 접미사 '之'를 동반한 연음 복합어휘이다.

### 문장법 분석(文章法分析)

본문 내용은 '조건(條件)—후속결과(後果)' 구조의 변화를 통한 전개이다. 전체 원문은 공자께서 분별없고 망령스러우며 정직하지 않거나, 식견없고 무지하며 성실하지 않거나, 익혀 갖춘 것 없고 무능하며 신용있지 않는 사람이라면은 이런 사람을 자신은 그 까닭을 알지 못한다라고 말씀한 내용이다. 앞 세 마디 문장은 '조건(條件)'에 속하는데 다시 '사일(事一)—사이(事二)—사삼(事三)' 구조를 포함한 관계이다. 공자께서 사람이 몹시 분별없고 망령스러우며 게다가 바르고 솔직하지 않거나, 학습에 게으러 식견 없고 무지하며 게다가 성실하고 간절하지 않거나, 실제와 견주어 익히지 않고 무능하며 게다가 신용있고 진실하지 않거나 한 사람이라면이라 말씀하셨다. 뒤 한 마디 문장은 '후속결과(後果)'에 속하며 공자께서 이 종류의 사람을 선생님 자신은 그렇게 된 까닭을 이해하여 알지 못하겠네요라고 말씀한 것이다.

공자께서 분별없고 망령스러우며 정직하지 않거나, 식견없고 무지하며 성실하지 않거나, 익혀 갖춘 것 없고 무능하며 신용있지 않거나 한 소인적 기질과 품성에 불만스러워 훈계하여 일깨운 내용으로 문장을 일단락짓고 있다. 여기서 기술한 문장법에 내재된 논리를 정리하면 <표-107>과 같다.

<표-107> 내재논리 분석도

| 구분 | 사(事) | 천·심 | 내용 |
|---|---|---|---|
| 조건(條件) - 병렬 | 사일(事一) | 천(淺) | 사람이 몹시 오만방자하여 분별없고 망령스러우며 |
| | | 심(深) | 게다가 바르고 솔직하지 않거나 |
| | 사이(事二) | 천(淺) | 지식이론의 학습에 게으러 식견 없고 무지하며 |
| | | 심(深) | 게다가 성실하고 간절하지 않거나 |
| | 사삼(事三) | 천(淺) | 실제와 견주어 실습, 연습하여 익히지 않아 무능하며 |
| | | 심(深) | 게다가 신용있고 진실하지 않거나 한 사람이라면은 |
| 후속결과(後果) | | | 이런 종류의 사람을 선생님 자신은 그렇게 된 까닭을 이해하지도, 알지도 못하겠음 |

## 신역(信譯)

공자께서 "분별없고 망령스러우며 정직하지 않거나, 식견없고 무지하며 성실하지 않거나, 익혀 갖춘 것 없고 무능하며 신용있지 않는 사람이라면은 이런 사람을 자신은 그렇게 된 까닭을 알지 못한겠네!"라고 말했다.

달역(達譯)

공자께서 제자들이여 "사람이 몹시 분별없고 망령스러우며 게다가 바르고 솔직하지 않거나, 학습에 게으러 식견 없고 무지하며 게다가 성실하고 간절하지 않거나, 실제와 견주어 익히지 않고 무능하며 게다가 신용있고 진실하지 않거나 한 사람이라면은 이런 종류의 사람을 선생님 자신은 그렇게 된 까닭을 알지 못하겠네요!라고 말씀하셨다.

아역(雅譯)

공자께서 제자들이여 "사람이 몹시 오만방자하여 분별없고 망령스러울 뿐아니라 게다가 바르고 솔직하지 않거나, 비록 지식이론의 학습에 게으러 식견 없고 무지할 뿐아니라 게다가 성실하고 간절하지 않거나, 비록 실제와 견주어 실습, 연습하여 익히지 않고 무능할 뿐아니라 게다가 신용있고 진실하지 않거나 한 사람이라면은 이러한 종류의 사람을 선생님 자신은 그렇게 된 까닭을 이해하지도, 알지도 못하겠군요!라고 소인적 기질과 품성에 불만스러워하며 마땅히 정직, 성실, 신용을 굳게 지켜가야 한다 말씀하셨습니다.

## 함축의미

<표-108> 함축의미 분석

| 함축의미 | | 결과 |
|---|---|---|
| 분별없이 망령스러우며 정직하지 않거나, | ⇨ | 이런 사람을 자신은 그렇게 된 까닭을 알지 못한겠음 |
| 식견없고 무지하며 성실하지 않거나, | | |
| 익혀 갖춘 것 없어 무능하며 신용있지 않는 사람 | | |

## 생각열기

‘충직하지도, 성실하지도, 신용있지도 않은 사람’이란 주제는 소인(小人)의 품행과 덕성에 초점이 맞추어진 인간상을 떠올리게 하는 표현이 아닐까? 이러한 소인은 속이 좁고 현명하지 않아 가르쳐도 가치가 있다 여겨지지 않은 사람이다. 반대로 도덕적 삶을 추구하는 사람은 마땅히 충직하기도, 성실하기도, 신용있기도 한 인간상을 목표로 할 것이다. 이러한 덕목들은 개인의 도덕적 삶과 사회적 관계의 유지에 필요한 요소들은 아닐까?

# 제17장

— 학문 추구의 두 가지 두려움이 있는데 학습을 추구하여 목표에 도달할 수 없지 않을까? 학습을 추구하여 목표에 도달하였더라고 그것을 잊어버리지 않을까?라며 스스로 알깨워야함

子曰: "學如不及, 猶恐失之。"

zǐyuē xuérúbùjí yóukǒngshīzhī

관련 편장(篇章)

"天行健, 君子以自强 息。" (『易經·乾卦·象曰』)

## 주석(注釋)

① 학(學): 동 학습, 실천 및 사고하고 일정한 관점을 지닌 견해의 지식이론 정보로 정립하여 식견을 갖추었다는 의미임.

② 여(如): 동 '(……과)같다'. 현대 중국어 '似(sì)', '像(xiàng)'에 해당함.

③ 불급(不及): 동 '미치지 못하(않)다', '……할 수 없다'라고 해석함.

④ 유(猶): 부 '또', '다시', '오히려'라고 해석하며 현대 중국어 '還(hái)', '又(yòu)'에 해당함.

⑤ 공(恐): 동 '두려워하다', '염려하다'라고 해석하며 현대 중국어 '怕(pà)', '恐怕(kǒngpà)'에 해당함.

⑥ 실(失): 동 '잃다', '잃어버리다'. 현대 중국어 '失去(shīqù)', '丟掉(diūdiào)', '忘掉(wàng diào)'에 해당함.

⑦ 지(之): 대사 '학(學)'을 가리키며 학습, 실천 및 사고를 병행하여 일정한 관점을 지닌 견해로 정립한 지식이론 정보를 말함.

## 석의(析義)

① 여불급(如不及): (무엇을 좇아 따라가지만)'여전히(오히려) 따라잡지 못하다', '여전히(오히려) 따라잡을 수 없다'라고 해석하며 현대 중국어 '像追求什麽似的, 還追求不到(hǎoxiàng zhuīqiúshénmesìde háizhuīqiúbudào)', '像追趕什麽似的, 猶趕不上(xiàngzhuīgǎnshénmesìde yóugǎnbushàng)'에 해당한다.

## 문법구조(文法構造)

전체 원문은 서사성 복합 문장이다. '子'는 주어이고 '曰'은 술어이며 "學如不及, 猶恐失之"는 목적어이다. 인용부호 속 두 마디는 더해 합해져 연계된 관계로 구성된 장문이다. 앞 한 문장은 준판단 복합 문장인데 왜냐하면 술어 '不及'은 어휘결합 형태이기 때문이고 '學'은 주어이며 '如'는 동사로 여기서 준접속사로 사용된 것이다. 뒤 한 마디는 서사성 장문인데 '猶'는 본래 부사어이나 이 장문 중에서 접속사로 간주할 수 있다. '恐'은 한 글자 어휘의 술어이고 '失之'는 어휘결합 형태의 목적어이며 '之'는 '學'을 가리키는 대명사이다. 이 한 마디 서사성 장문의 주어는 개괄성을 띠어 생략되었다.

## 문장법 분석(文章法分析)

본문 내용은 '천(淺)—심(深)' 구조를 통한 전개이다. 전체 원문은 공자께서 학문을 추구한 것이 아직 도달하지 못한 것 같은데 다시 추구하여 목표에 도달한 성취 그것도 잃어버릴까 두려워한다라고 말씀한 내용이다. 앞 한 마디 문장은 '천(淺)'에 속하며 공자께서 학습, 실천 및 사고하고 일정한 관점을 지닌 견해의 지식이론 정보로 정립하길 추구한 것이 아직 목표에 도달하지 못한 것 같다라고 말씀한 것이다. 뒤 한 마디 문장은 '심(深)'에 속하며 공자께서 다시 추구하여 목표에 도달한 그것 마저도 잃어버릴까 두렵다라고 말씀한 것이다.

공자께서 학문의 추구는 마땅히 스스로 부족하다 여기며 이미 학습한 지식이론을 반복 학습하고, 새로운 이론지식을 부단히 학습하며 그 깊이와 폭을 넓혀가 스스로 향상, 진보해가길 그치지 않아야 한다 일깨운 내용으로 문장을 일단락짓고 있다. 여기서 기술한 문장법에 내재된 논리를 정리하면 <표-109>와 같다.

<표-109> 내재논리 분석도

|  |  |
|---|---|
| 천(淺) | 공자께서 학습, 실천 및 사고하여 일정한 관점을 지닌 견해의 지식이론 정보로 정립하는 목표에 아직 도달하지 못한 것 같을 뿐만아니라 |
| 심(深) | 다시 추구하여 목표에 도달한 그것(다시 추구하여 도달한 학습목표인 일정한 관점을 지닌 견해의 지식이론 정보) 마저도 잃어버릴까 두려움 |

### 신역(信譯)

공자께서 "학문을 추구한 것이 아직 도달하지 못한 것 같을 뿐만 아니라 다시 추구하여 목표에 도달한 성취 그것도 잃어버릴까 두려워한다" 라고 말했다.

### 달역(達譯)

공자께서 제자들이여 "학습, 실천 및 사고하고 일정한 관점을 지닌 견해의 지식이론 정보로 정립하길 추구한 것이 아직 목표에 도달하지 못한 것 같을 뿐만 아니라 다시 추구하여  목표에 도달한 그것 마저도 잃어버릴까 두려워한다"라고 말씀하셨다.

### 아역(雅譯)

공자께서 제자들이여 "학습, 실천 및 사고하고 일정한 관점을 지닌 견해의 지식이론 정보로 정립하여 식견을 갖추길 추구한 것이 아직 학습목표에 도달하지 못한 것 같을 뿐만 아니라 다시 추구하여 학습목표에 도달한 그(다시 추구하여 도달한 학습목표 즉 성취인 일정한 관점을 지닌 견해의 지식이론 정보로 정립된)것 마저도 잃어버릴까 두려워한답니다"라고 끊임없이 학문을 추구하여 그 부족을 채우고 깊이와 폭을 넓혀가 스스로 향상, 진보해가길 그치지 않아야 한다 일깨우시며 말씀하셨습니다.

## 함축의미

<표-110> 함축의미 분석

| 학문을 추구한 것이 아직 도달하지 못한 것 같을 뿐만 아님 |
|---|
| ⬇ |
| 다시 추구하여 목표에 도달한 성취 그것 마저도 잃어버릴까 두려워함 |

## 생각열기

'경계하고 두려워하는 심정으로 학문을 추구하다'라는 말은 학문추구는 경계와 두려움 2종류 심정에서 이루어져야 한다는 의미이지 않을까? 즉 하나는 추구한 목표에 도달할 수 있을까라는 것이며 다른 하나는 추구한 목표에 도달하였더라도 그것을 잊어버리지 않았을까라는 것이다. 그 때문에 공자께서 「泰伯」편 제17장에 "학습, 실천 및 사고하고 일정한 관점을 지닌 견해의 지식이론 정보로 정립하여 식견을 갖추길 추구한 것이 아직 학습목표에 도달하지 못한 것 같을 뿐만 아니라 다시 추구하여 학습목표에 도달한 그(다시 추구하여 도달한 학습목표 즉 성취인 일정한 관점을 지닌 견해의 지식이론 정보로 정립된)것 마저도 잃어버릴까 두려워한답니다(學如不及, 猶恐失之)"라고 언급하신 것은 아닐까?

# 제18장

— 공적으로 세상을 다스리게 되었지만 도리여 사적으로 세상을 가지려하지 않음

子曰: "巍巍乎! 舜、禹之有天下也, 而不與焉。"
zǐyuē wéiwéihū shùnyǔzhīyǒutiānxiàyě érbùyùyān

관련 편장(篇章)

子貢曰: "如有博施於民, 而能濟衆, 何如? 可謂仁乎?" 子曰: "何事於仁, 必也聖乎! 堯、舜其猶病諸! 夫仁者, 己所立而入人, 己所達而達人, 能近取譬, 可謂仁之方也已。" (「雍也」篇 第29章)

子曰: "大哉! 堯之爲君也。巍巍乎, 唯天爲大, 唯堯則之。蕩蕩乎! 民無能名焉。巍巍乎! 其有成功也。煥乎! 其有文章。" (「泰伯」篇 第19章)

舜有臣五人, 而天下治。(「泰伯」篇 第20章)

## 주석(注釋)

① 위위(巍巍): 형 '높고 큰 모양', '숭고하고 위대한 모양'. 현대 중국어 '高大(gāodà)',

'崇高偉大(chónggāowěidà)'에 해당함.

② 호(乎): 접미 (형용사 뒤에 놓여)……하도다!

③ 순우(舜禹): 명 상고시대 우(虞), 하(夏) 2조대의 제왕. '순'의 본래 성씨는 요(姚)이며, 이름은 중화(重華)이다. '우'의 본래 성씨는 '사(姒)'이며 이름은 문명(文命)이다.

④ 야(也): 어조 멈춤 어투를 표시하는 조사.

⑤ 이(而): 접사 그러나.

⑥ 여(與): 동 '참여하다', '상관하다'. 현대 중국어 '參與(cānyù)'. '相關(xiāngguān)'에 해당함.

⑦ 언(焉): 전치 '이에', '천하에'. 현대 중국어 '於是(yúshì)'에 해당함. 여기서 '시(是)'는 '천하(天下)'를 가리키는 대명사임.

## 석의(析義)

① 순우(舜禹): '순'은 처음에 논밭(시골) 중에 거주한 채 농경에 종사하고 부모님을 받들어 모시며 곡진한 효도를 다하여 요(堯)임금께서 그를 발탁해 기용해서 섭정케하니 오래지 않아 세상이 크게 다스려진다. 그래서 그에게 제왕 자리를 선양하고 그래서 '순'은 천하를 다스리게 되었으며 포판(蒲阪, 지금 산서성山西省 영제현永濟縣에 있음)에 도읍을 건립하여 우 씨(虞氏)라 부르고 있었던 사서에 일컫는 우순(虞舜)이다. 훗날 남쪽으로 순행하다 창오(蒼梧)의 들녘에서 죽었고 48년 동안 재위에 있었으며 아들 남균(南均)이 불초(不肖, 사람의 자식 같지 않음)한 때문에 재위를 치수(治水)에 공로가 있던 '우(禹)'에게 물려주었다. '우'는 처음에 '하(夏, 지금 河南省하남성 우현禹縣에 있음)'에 봉지가 정해졌으며 '요'임금 때 그 부친 '곤(鯀)'이 치수에 실패하자 죽음으로 책임을 물었다. 훗날 '순'임금이 그 아들 '순'에게 명령하여 그 부친 '곤'의 유업(遺業)을 이어받게 하였는데 홍수를 막고 치수에 성공하여 크게 세상에 공로가 있어서 '순'임금이 재위를 '우'에게 선양해주었다. 이로부터 천하를 다스리게 되었고 안읍(安邑, 고성은 지금 산서성 하현夏縣 이북에 있음)에 도읍을 정하기에 사서에 일컫는 하우(夏禹)이다. 훗날 남쪽으로 순행하다 회계(會稽)에서 죽었으며 재위 8년째였다.

② 유천하야(有天下): 순(舜), 우(禹)임금이 선양을 받아 귀하게 천자가 되었으며 세상을 부유하게 하였다.

③ 불여(不與): '상관(참여)하지 않다'라는 의미이며 여기서 마땅히 '천하를 사유(자기가 소유)하는 마음(일)에 상관(참여)하지 않다'라고 해석해야 한다.

## 문법구조(文法構造)

전체 원문은 서사성 복합 문장이다. '子'는 주어이고 '曰'은 술어이며 "巍巍乎! 舜､禹之有天下也, 而不與焉"은 목적어이다. 인용부호 속 한 마디는 태도를 표시하는 복합 장문이다. 술어 '巍巍乎'는 접미사 '乎'를 동반한 연음 복합어휘로 어투의 기세를 가중시키기 위한 것이며 주어 앞에 언급되었다. 주어 '舜､禹之有天下也, 而不與焉'은 역접관계로 구성된 장문이다. 앞 '舜､禹之有天下'는 유무관계 단문이 전용 변화하여 이루어진 조합식 어휘결합 형태이다. 뒤 '不與焉'은 태도를 표시하는 복합 장문으로 술어 '與'는 동사이고 부정표시 부사어 '不'의 수식을 받으며 '焉'은 '於是'와 같은데 '是'는 '有天下'를 가리키는 대명사이다. 왜냐하면 '焉'자를 사용했기 때문에 그 것은 이미 앞에서 언급한 것처럼 '於是'의 합성어라 말할 수 있고 어떤 사람은 동사의 접미사나 문장 끝 어조사로 간주하지만 여기서 '焉'자를 사용한 것이 '於是'를 사용한 것에 비해 훨씬 좋았다.

## 문장법 분석(文章法分析)

본문 내용은 '결과(果)—원인(因)' 구조의 변화를 통한 전개이다. 전체 원문은 공자께서 높고 크도다! 순, 요임금이 천하를 소유하여 다스리지만 그러나 천하를 사유하는 일을 상관하지 않았다라고 말씀한 내용이다. 첫째 번 한마디는 '결과(果)'에 속하며 공자께서 숭고하고 위대하도다!라고 먼저 결과를 언급하여 말씀한 것이다. 둘째 번, 셋째 번 두마디는 '원인(因)'에 속하는데 다시 '정(正)—반(反)' 구조를 포함한 관계이다. 공자께서 순임금, 요임금 이 두 사람은 요임금이 순임금에게, 순임금이 우임금에게 재위를 선양해준 후 천하를 소유하며 다스리는 책무를 다할지라도 그러나 이들은 천하를 소유하며 다스리는 일을 사적인 입장에서 상관하지 않았다라고 말씀하셨다.

공자께서 순임금과 우임금이 재위를 선양받아 천하를 소유하여 다스리는 일을 사적인 입장에서 관여하지 않은 숭고하고 위대한 품덕에 대해 칭송하여 드러내며 문장을 일단락짓고 있다. 여기서 기술한 문장법에 내재된 논리를 정리하면 <표-111>과 같다.

**<표-111> 내재논리 분석도**

| | | |
|---|---|---|
| 결과(果) | | 공자께서 '숭고하고 위대하도다!'라고 칭송하고 드러냄 |
| 원인(因) | 정(正) | 순임금과 요임금 이 두 사람은 요임금, 순임금으로부터 선양받아 천하를 소유하여 다스리기를 다할지라도 |
| | 반(反) | 그러나 이들은 재위를 선양받아 천하를 소유하여 다스리는 일을 사적인 입장에서 상관하지 않았음 |

### 신역(信譯)

공자께서 "높고 크도다! 순, 요임금이 천하를 소유하여 다스리지만 그러나 천하를 사유하는 일을 상관하지 않았다"라고 말했다

### 달역(達譯)

공자께서 제자들이여 "숭고하고 위대하도다! 순임금, 요임금 이 두 사람이 요임금은 순임금에게, 순임금은 우임금에게 재위를 선양해준 후 천하를 소유하며 다스리는 책무를 다하였을지라도 그러나 이들은 천하를 소유하며 다스리는 일을 상관하지 않았다"라고 말씀하셨다.

### 아역(雅譯)

공자께서 제자들이여 "(순임금과 우임금 이 두분은)숭고하고 위대하도다! 비록 순임금, 요임금 이 두 사람이 요임금은 순임금에게 재위를 선양해 주고, 순임금은 우임금에게 재위를 선양해주며 그런 후 천하를 소유하여 다스리는 공적인 입장에서 책무를 다하였을지라도 그러나 이들은 재위를 선양받아 천하를 소유하며 다스리는 일을 사적인 입장에서 상관하지 않았습니다" 라고 말씀하셨습니다.

### 함축의미

<표-112> 함축의미 분석

| | | |
|---|---|---|
| 높고 크도다! | ⬅ | 순임금과 요임금이 천하를 소유하여 다스리지만 |
| | | 그러나 천하를 사유하는 일을 상관하지 않았음 |

## 생각열기

'공적으로 세상을 경영하지만 사적으로 차지하지 않다'라는 주제는 공과 사를 이분법적으로 명확히 구분하는 태도이지 않을까? 고금 역사를 살펴보면, 권력이 공적 영역에서 이탈하여 사적 영역으로 개입해 들어가면 끔찍한 일이 벌어졌다. 더욱이 공적인 질서 유지를 위해 부여된 권력을 사적 욕망을 위하여 쓴다면 공동체는 혼돈과 공멸의 나락으로 떨어지게 되지 않을까? 국가 사회 체제의 지탱과 유지를 위한 가장 기본적 덕목은 공과 사를 명확히 구분하는 태도이지 않을까? 그래서 『明心寶鑑』에 "공적인 것은 사적인 감정으로 흐리지 말며, 사적인 욕심으로 공적인 것을 침해하지 말라(公莫私濁, 私莫侵公)"라고 하였다. 바로 청렴함 마음과 바른 태도의 중요성을 강조한 말은 아닐까? 국가라는 공동체 사회를 이루고 살아갈 수밖에 없는 현실 속에서 그 사회의 유지, 발전을 위해 공적인 부분과 사적인 부분이 적절히 조화되어야 할 것이다. 그런데 무엇이 사적이고 또 무엇이 공적일까? 어디서부터가 공적인 것이고 또 어디서부터가 사적일까? 그리고 공적인 것과 사적인 것은 어떤 관계를 지닐까?

# 제19장

— 정치상의 성취, 문화상의 공헌 등 숭고하고 위대한 발자취를 추종함

子曰: "大哉! 堯之爲君也。巍巍乎, 唯天爲大, 唯堯則之。蕩蕩乎! 民無能名焉。巍巍乎! 其有成功也。煥乎! 其有文章。"

zǐyuē dàzāi yáozhīwéijūnyě wéiwéihū wéitiānwéida wéiyáozézhī dàngdànghū mín wúnéngmíngyān wéiwéihū qíyǒuchénggōngyě huànhū qíyǒuwénzhāng

관련 편장(篇章)

子曰: "巍巍乎! 舜、禹之有天下也, 而不與焉。"(「泰伯」篇 第18章)

子貢曰: "如有博施於民, 而能濟衆, 何如? 可謂仁乎?" 子曰: "何事於仁, 必也聖乎! 堯、舜其猶病諸! 夫仁者, 己所立而入人, 己所達而達人, 能近取譬, 可謂仁之方也已。"(「雍也」篇 第29章)

舜有臣五人, 而天下治。(「泰伯」篇 第20章)

## 주석(注釋)

① 대재(大哉): 감탄을 표시하는 어휘로 현대 중국어 '偉大啊(wěidàā!', '眞偉大呀(zhēnwěi dàyā)!'에 해당함.

② 위위호(巍巍乎): 형 '높고 크다'. 현대 중국어 '高大(gāodà)', '崇高偉大(chónggāowěidà)'에 해당함.

③ 유(唯): 부사 '오직', '유독', '오로지'. 현대 중국어 '只有(zhǐyǒu)'. '惟獨(wéidú)'에 해당함.

④ 칙(則): 동 '본받다', '의거하다', '본보기로 삼다'. 현대 중국어 '準(zhǔn)', '效法(xiàofǎ)'에 해당함.

⑤ 탕탕호(蕩蕩乎): 형 '광대한 모양', '광활한 모양'. 현대 중국어 '廣大(guǎngdà)', '廣闊(guǎngkuò)'에 해당함.

⑥ 명(名): 동 '칭찬(하여말)하다', '찬양하다', '형용하다'라고 해석하며 현대 중국어 '稱述(chēngshù)', '稱讚(chēngzàn)', '形容(xíngróng)'에 해당함.

⑦ 환호(煥乎): 형 '빛나 밝은 모양', '빛나고 밝아 눈부신 모양', '문채(文彩)가 찬란하다'라는 의미이다.

⑧ 문장(文章): 명 요임금이 제정(制訂)한 예악, 문물 및 법령 제도를 가리킴.

## 석의(析義)

① 민무능명(民無能名): '백성들은 언어로 형용(칭찬)할 수 없다', '백성들은 언어로 형용(칭찬)할 방법이 없다'라고 해석해야 한다.

## 문법구조(文法構造)

전체 원문은 서사성 복합 문장이다. '子'는 주어이고 '曰'은 술어이며 "大哉! 堯之爲君也。巍巍乎, 唯天爲大, 唯堯則之。蕩蕩乎! 民無能名焉。

巍巍乎! 其有成功也。煥乎! 其有文章"은 목적어이다. 인용부호 속의 제1 문장 "大哉! 堯之爲君也"는 태도를 표시하는 복합 장문인데 '大'는 술어이고 '哉'는 감탄을 표시하며 현대 중국어 '啊', '呀'에 해당한다. '堯之爲君'은 주어로 준판단성 단문 '堯爲君'이 전용 변화하여 이루어진 조합식 어휘결합 형태이다. 제2 문장 "巍巍乎, 唯天爲大, 唯堯則之"는 복합 장문이다. '巍巍乎'는 태도를 표시하는 단문인데 술어 '巍巍乎'는 접미사 '乎'를 동반한 연음 복합어휘로 어투의 기세를 가중시키기 위한 것이며 주어 '天'은 생략하고 업급되지 않았다. "唯天爲大, 唯堯則之"는 평행관계로 구성된 장문이다. 앞뒤 두 마디는 판단성 복합 장문이다. '唯'자는 부사어로 그 뒤 접속사가 생략되었다. '天爲大'는 판단성 단문이고 '堯則之'는 서사성 단문이며 모두 술어로 사용되었다. 제3 문장 "蕩蕩乎! 民無能名焉"은 보충관계 구성된 장문이다. 앞 한 마디 '蕩蕩乎'는 태도를 표시하는 단문인데 그것의 주어 '堯之德'은 생략하고 업급하지 않았으며 접미사 '乎'를 동반한 연음 복합어휘이다. 뒤 한 마디 '民無能名焉'는 서사성 단문인데 '民'은 주어이고 '無能'은 '不能'에 해당하는 부사어로 뒤 술어 '名'을 수식하며 '焉'은 '之'와 같아 '堯之德'을 가리키는데 술어 '名'의 목적어이다. 제4 문장 "巍巍乎! 其有成功也" 역시 태도를 표시하는 복합 장문이다. 술어 '巍巍乎'는 접미사 '乎'를 동반한 연음 복합어휘로 술어이고 주어 앞에 언급되었으며 그 주어 '其有成功'은 유무관계 단문이 조합식 어휘결합 형태를 채택한 것이다. 제5 문장 "煥乎! 其有文章" 역시 태도를 표시하는 복합 장문인데 '煥乎'는 접미사 '乎'를 동반한 연음 복합어휘의 술어이고 뒤 주어 '其有成功' 역시 유무관계 단문이 조합식 어휘결합 형태를 채택한 것이며 그것 또한 술어 '煥乎' 뒤에 놓인 것이다.

제2 문장에서 제5 문장까지 모두 제1 문장과 보충관계로 구성되었다 말할 수 있는데 왜냐하면 제2 문장에서 제5 문장까지 각 문장은 다 '堯之爲君'이 어떻게 '大哉'한지 보충설명한 것이기 때문이다.

### 문장법 분석(文章法分析)

본문 내용은 '서(敍)—보(補)' 구조의 변화를 통한 전개이다. 전체 원문은 공자께서 위대하다! 요께서 군주였을 때지, 숭고하도다! 오직 하늘만이 위대하지, 오직 요임금만 그것을 본받았지, 광대하도다! 백성들이 그 덕성에 말로 칭찬할 수 없지, 숭고하도다! 그가 성취한 공업(功業)이 있었지, 빛나고 밝도다! 그가 제정(制訂)한 예악과 정교(政教)의 제도가 있었지라고 말씀한 내용이다. 제1 문장은 '서(敍)'에 속하며 공자께서 정말로 위대하다! 태평 성세(太平盛世), 재위선양(帝位禪讓) 모두 요께서 군주였을 때였지라고 말씀한 것이다. 제2, 제3, 제4, 제5 문장은 모두 '보(補)'에 속하는데 각 문장은 '사일(事一)—사이(事二)—사삼(事三)—사사(事四)' 구조를 포함하며 다시 다 '결과(果)—원인(因)' 구조를 포함한 관계이다. 공자께서 얼마나 숭고한 일인지! 오로지 하늘의 공덕만이 위대한 것인데 오로지 요임금만이 하늘의 공덕을 본받았지, 얼마나 광대한 일인지! 백성들이 그(요임금) 지닌 덕성의 한도를 가늠하고 언어로 형용하여 칭찬할 수 없었지, 얼마나 숭고한 일인지! 그가 이루어낸 공훈과 업적이 있었지, 얼마나 빛나게 밝아 찬란한지! 제정(制訂)한 예악, 문물 및 법령 제도 등이 있었지라고 말씀하셨다.

공자께서 요임금이 정치 상에 있어 거둔 성취와 업적, 문화상에 있어 이룬 공헌 모두 숭고하고 위대한 발자취라 칭송하며 제자들에게 좋은 귀감이 되기를 바라는 내용으로 문장을 일단락짓고 있다. 여기서 기술한 문장법에 내재된 논리를 정리하면 <표-113>과 같다.

<표-113> 내재논리 분석도

| 구분 | 사(事) | 결과/원인 | 내용 |
|---|---|---|---|
| 서(敘) | | | 정말로 위대하다! 태평 성세(太平盛世), 재위선양(帝位禪讓) 모두 요께서 군주이었을 때였지 |
| 보(補) | 사일(事一) | 결과(果) | 얼마나 숭고한 일인지! |
| | | 원인(因) | 오로지 하늘의 공덕만이 위대한 것인데 오로지 요임금만이 하늘의 공덕을 본받았기 때문에 |
| | 사이(事二) | 결과(果) | 얼마나 광대한 일인지! |
| | | 원인(因) | 백성들이 그(요임금) 지닌 덕성의 한도를 가늠하고 언어로 형용하여 칭찬할 수 없었기 때문에 |
| | 사삼(事三) | 결과(果) | 얼마나 숭고한 일인지! |
| | | 원인(因) | 그가 이루어낸 공훈과 업적이 있었기 때문에 |
| | 사사(事四) | 결과(果) | 얼마나 빛나게 밝아 찬란(혁혁)한지! |
| | | 원인(因) | 그가(요임금이) 제정(制訂)한 예악, 문물 및 법령 제도 등이 있었기 때문에 |

### 신역(信譯)

공자께서 "위대하다! 요께서 군주였을 때지, 숭고하도다! 오직 하늘만이 위대한데 오직 요임금만 그것을 본받았지, 광대하도다! 백성들이 그 덕성에 말로 칭찬할 수 없었지, 숭고하도다! 그가 성취한 공업(功業)이 있었지, 빛나고 밝도다! 그가 제정(制訂)한 예악과 정교(政敎)의 제도가 있었지"라고 말했다.

### 달역(達譯)

공자께서 제자들이여 "위대하다!요께서 군주가 되었을 때였다. 얼마나 숭고한 일인지! 오로지 하늘만이 위대한 것인데 오로지 요임금만이 하늘을 본받았기에, 얼마나 광대한 일인지! 백성들이 그(요임금) 지닌 덕성의 한도를 언어로 형용할 수 없었기에, 얼마나 숭고한 일인지! 그가 이루어낸 공훈과 업적이 있었기에, 얼마나 빛나게 밝은지! 그가(요임금이) 제정(制訂)한 예악과 정교(政敎)의 제도 등이 있었기에"라고 말씀하셨다.

### 아역(雅譯)

공자께서 제자들이여 "위대하다! 태평 성세(太平盛世), 재위선양(帝位禪讓) 모두 요께서 군주가 될 때 일이다。왜냐하면 오로지 하늘의 공덕만이 위대한 것인데 오로지 요임금만이 하늘의 공덕을 본받았기 때문에 그래서 정말로 얼마나 숭고한 일인지! 왜냐하면 백성들이 그(요임금) 지닌 덕성의 한도를 언어로 형용하여 칭찬할 수 없었기 때문에 그래서 얼마나 광대한 일인지! 왜냐하면 그가 이루어낸 공훈과 업적이 있었기 때문에 그래서 얼마나 숭고한 일인지! 왜냐하면 제정(制訂)한 예악, 문물 및 법령 제도 등이 있었기 때문에 그래서 얼마나 빛나게 밝아 찬란(혁혁)한지!"라고 감탄하며 그 정치상의 성취와 문화상의 공로를 칭송하여 말씀하셨습니다.

함축의미

<표-114> 함축의미 분석

| 위대하다! 요께서 군주가 되였을 때지 | |
|---|---|
| 숭고함 | 오직 하늘만이 위대한데 오직 요임금만 그것을 본받았음 |
| 광대함 | 백성들이 그 덕성에 말로 칭찬할 수 없었음 |
| 숭고함 | 그가 성취한 공업(功業)이 있었음 |
| 빛나고 밝음 | 그가 제정(制訂)한 예악과 정교(政敎)의 제도가 있었음 |

## 생각열기

'정치적 치적, 경제적 성과와 문화적 공헌 등이 불러올 사회적 효과'는 각각의 분야에서 정책의 시행을 위해 노력한 결과인데 전체 사회의 발전과 안정에 기여하지 않을까? 해당 분야에서 거둔 효과를 나누어 기술하면 다음과 같다.

첫째, 정치적 치적이다. 정치적 참여와 민주적 가치의 증진을 통해 사회의 질을 높이고, 정치적 신뢰를 굳건히 하는데 기여할 수 있다.

둘째, 경제적 성과이다. 경제적 성과를 통해 국가 경제의 발전과 일자리 창출을 촉진하고, 적정한 합리적 분배와 사회적 약자 배려로 사회적 안정을 도모할 수 있다.

셋째, 문화적 공헌이다. 문화적 공헌을 통해 국가 문화의 보전과 전승, 새로운 문화 창조로 문화적 다양성을 증진시키고 파급력을 배가하여 지역 경제의 활성화와 주민의 자긍심을 드높일 수 있다.

이러한 각 분야의 효과를 바탕으로 국가의 정체성을 확립하고, 경제적 발전을 도모하며, 사회적 통합을 촉진하는데 중요한 기여와 역할을 해낼 수 있지 않을까?

# 제20장

— 우수한 정치적 인재를 얻으려면 지도자의 빼어난 역량과 숭고한 덕행이 요구됨

舜有臣五人，而天下治。武王曰：“予有 臣十人。”孔子曰：“才難，不其然乎？唐、虞之際，於斯爲盛。有婦人焉，九人而已。三分天下有其二，以服事殷，周之德，其可謂至德也已矣!”

shùnyǒuchénwǔrén értiānxiàzhì wǔwángyuē yúyǒuluànchénshírén kǒngzǐyuē cáinán bùqíránhū tángyúzhījì yúsīwéishèng yǒufùrényān jiǔrénéryǐ sānfēntiānxià yǒuqíèr yǐfúshìyīn zhōuzhīdé qíkěwèizhìdéyěyǐyǐ

## 관련 편장(篇章)

子曰：“巍巍乎! 舜、禹之有天下也，而不與焉。”(「泰伯」篇 第18章)

子貢曰：“如有博施於民，而能濟衆，何如？可謂仁乎?”子曰：“何事於仁，必也聖乎! 堯、舜其猶病諸! 夫仁者，己所立而入人，己所達而達人，能近取譬，可謂仁之方也已。”(「雍也」篇 第29章)

子曰：“大哉! 堯之爲君也。巍巍乎，唯天爲大，唯堯則之。蕩蕩乎! 民無能名焉。巍巍乎! 其有成功也。煥乎! 其有文章。”(「泰伯」篇 第19章)

## 주석(注釋)

① 무왕(武王): ❶ 주무왕(周武王)을 가리키고 성은 희(姬)이며 이름은 발(發)이었음.

② 난신(亂臣): ❶ 난을 다스린(평정한) 신하.

③ 재(才): ❶ 인재, 정치인재.

④ 난(難): ❸ '얻기 어렵다', 현대 중국어 '難得(nándé)'에 해당함.

⑤ 기(其): ❷ '이다', 현대 중국어 '是(shì)'에 해당함.

⑥ 제(際): ❶ '그 사이', '그 기간'이. 중국어 '間(jiān)', '其間(qíjiān)'에 해당함.

⑦ 어(於): ❹ '어떤 방향으로 가다', '쏠리다', '향하다'라 해석하며 현대 중국어 '到(dào)'에 해당함.

⑧ 사(斯): ❺ 지금 시기, 주무왕 시기를 가리킴.

⑨ 성(盛): ❸ '풍부하다', '대단히 많다'. 중국어 '盛多(shèngduō)'에 해당함.

⑩ 언(焉): 연음 복합어휘로 중국어 '於是(yúshì)'에 해당함. 여기서 '是'는 '亂臣十人'을 가리킴.

⑪ 기(其): ❻ 문왕을 가리키며 중국어 '其人(qírén)'에 해당함.

⑫ 이(以): ❹ '……로', '……를 사용해서', '……을 가지고'라고 해석하며 현대 중국어 '拿(ná)', '用(yòng)'에 해당함.

⑬ 복(服): ❷ '신복하다', '믿고 복종(추종)하다'. 현대 중국어 '信服(xìnfú)'에 해당함.

⑭ 사(事): ❷ '섬기다', '받들어 섬기다'. 현대 중국어 '侍奉(shìfeng)'에 해당함.

⑮ 지덕(至德): '지고하고 지극한 도덕', '더할 수 없이 높고 진정어린 도덕'라고 해석하며 중국어 '至高且極的道德(zhìgāoqiějídedàodé)'에 해당함.

## 석의(析義)

① 유신오인(有臣五人): 공안국(孔安國)은 "우(禹), 직(稷), 계(契), 고도(皐陶), 백익(伯益)"[33]이라 생각했다.

---

33) 孔安國曰: "禹、稷、契、皐陶、伯益。"(『論語』, 十三經注疏本, 臺北: 藝文印書館, 1986,

② 무왕(武王): 문왕(文王)의 아들이다. 은(殷)나라 말 주왕(紂王)이 황음무도(荒淫無度, 함부로 음탕한 짓을 일삼으며 그 한도가 없었음)하여 '무왕'이 제후들을 거느리고 동쪽으로 정벌에 나서 목야(牧野, 지금 하남성河南省 기현淇縣 남쪽)에서 주왕(紂王)을 크게 무찔렀는데 주왕이 분함을 이기지 못하고 죽었다. 그래서 무왕은 천하를 소유하고 호(鎬, 지금 섬서성陝西省 장안현長安縣 서쪽)에 도읍을 건립하였으며 재위 기간은 19년이었다.

③ 여유난신십인(予有亂臣十人):『尙書・泰誓』편에 보이는데 은나라 말 무왕이 은나라를 정벌할 때 대중에게 맹서한 말이다. '난신(亂臣)'은 바로 혼란을 다스린(평정한) 신하라는 의미이며 주나라 왕실을 위해 공훈과 업적을 세우고 어지러운 세상을 바로잡아 정상을 되돌린 공신(功臣)을 가리킨다. '십인(十人)'을 마융(馬融)은 "주공단(周公旦), 소공석(召公奭), 태공망(太公望), 필공(畢公), 영공(榮公), 대전(大顚), 굉요(閎夭), 산의생(散宜生), 남궁적(南宮適) 그 나머지 한 사람이 문모(文母)이다"[34]라고 하였다. 여기서 '문모'는 본문에 언급된 유일한 부인(婦人)이며 그녀는 문왕의 비(妃) 대사(大姒)이다.

④ 불기연호(不其然乎): '그러하지 않은 것인가?' 현대 중국어 '不是如此嗎(búshìrúcǐma)?', '不是這樣嗎(búshìzhèyàngma)?'에 해당함.

⑤ 삼분천하유기이(三分天下有其二): 포함(包咸)은 "은나라 주왕이 음란하였지만 문왕은 서쪽 백작이 되고 성덕을 지녀 천하에서 주실(周室)에 귀속한 사람이 3분의 2를 차지하였다"라고 하였다. 여기서 '삼분유이(三分有二)'는 단지 당시 세상의 민심이 대부분 돌아서 문왕을 향했다 말한 것일 뿐이다.

⑥ 이복사은(以服事殷): '이(以)'는 본래 '이삼분천하유기이(以三分天下有其二)'로 '천하 민심의 3분의 2가 문왕쪽을 향함으로도'라는 의미이고 '복사(服事fúshì)'는 현대 중국어 '섬기다', '모시다'라는 의미이지만 여기서 '믿고 복종하며 받들어 섬기다' 즉 '信服且侍奉'에 해당한다. 따라서 마땅히 '천하의 민심의 3분의 2가 문왕쪽을 향함으로도 여전히 '은' 즉 은나라 주왕을 믿고 복종하며 받들어 섬기다(주왕을 향해 신하를 칭하다)라고 해석해야 한다.『左傳・襄公四年』기록에 "문왕은 은나라의 주변 국가들을 거느리고도 여전히 주왕을 믿고 복종하

---

P.72)

34) 馬融曰: "亂, 治也。治官有十人周, 謂公旦、召公奭、太公望、畢公、榮公、大顚、閎夭、散宜生、南宮適, 其一人謂文母。"(동상주 30)

였다"[35]라고 하였는데 그 사실을 잘 증명한다 할 수 있다.

⑦ 주지덕(周之德): 무왕이 은나라 주왕을 정벌하기 이전에는 문왕과 마찬가지로 그도 주왕을 믿고 복종하며 받들어 섬겼(주왕을 향해 신하를 칭했)기에 '주실의 도덕(즉 '사랑의 정감'이란 최고의 가치가 구현된 도덕)'이라 말한 것이다.

## 문법구조(文法構造)

전체 원문은 서사성 복합 문장이다. '子'는 주어이고 '曰'은 술어이며 "舜有臣五人, 而天下治。武王曰: '予有亂臣十人。' 孔子曰: '才難, 不其然乎? 唐、虞之際, 於斯爲盛。有婦人焉, 九人而已。三分天下有其二, 以服事殷, 周之德, 其可謂至德也已矣!'"는 목적어이다. 첫째 번 문장은 시간관계로 구성된 장문이다. 그 앞 문장은 유무관계 복합 장문인데 왜냐하면 목적어 '臣五人'은 태도를 표시하는 단문이기 때문이며 '五人'은 어휘조합 형태의 술어이다. 뒤 문장 '天下治'는 태도를 표시하는 단문이고 '而'는 접속사로 현대 중국어 '於是'와 같은 의미이다.

둘째 번 문장 "武王曰: '予有亂臣十人'"은 서사성 복합 문장인데 왜냐하면 '予有亂臣十人'은 유무관계 복합 장문이 술어 '曰'의 목적어가 되기 때문이다. '予'는 주어이고 '有'는 술어이며 '亂臣十人'은 목적어로 태도를 표시하는 단문이다. '亂臣'과 '十人' 모두 어휘조합 형태이며 각각 이 태도를 표시하는 단문의 주어와 술어이다.

셋째 번 문장 "孔子曰: '才難, ……其可謂至德也已矣"는 서사성 복합

35) "文王帥商之叛國以事紂, 唯知時也。"(『左傳』, 十三經注疏本, 臺北: 藝文印書館, 1986, P.503)

문장인데 왜냐하면 쌍 인용부호 속의 각 문장이 모두 술어 '曰'의 목적어이기 때문이다. 제1 문장 "才難, 不其然乎"는 판단성 복합 장문이다. '才難'은 주어로 태도를 표시하는 단문이고 '不'는 부정표시 부사어이며 '其'는 접속사로 현대 중국어 '是'에 해당한다. '然'은 이 판단성 복합 장문의 술어이고 '乎'는 반문 어투 문장 끝에 사용되는 조사이며 현대 중국어 '嗎'자에 해당한다. 제2 문장 "唐、虞之際, 於斯爲盛"은 태도를 표시하는 복합 장문이고 '唐、虞之際'는 어휘조합 형태의 주어이며 '於斯爲盛'은 술어로 판단성 장문이다. 이 판단성 장문의 '於斯'는 어휘결합 형태의 주어인데 왜냐하면 '於'는 이 문장에서 술어, '斯'는 그 목적어이고 '爲'는 접속사이며 '盛'은 술어이다. 제3 문장 "有婦人焉, 九人而已"는 인과관계로 구성된 장문이다. 앞 원인 문장은 유무관계 단문인데 '有'는 술어이고 '婦人'은 조합식 의미 연계 복합어휘의 목적어이며 '焉'은 '於是'와 같다. 여기서 '是'자는 '亂臣十人'을 가리키는 장소보어이며 '於'는 그 앞에 더해진 전치사이다. 결과 문장은 판단성 단문인데 주어는 '亂臣'이지만 앞 문장을 이어 생략되었고 '九人'은 어휘결합 형태의 술어이며 '而已'는 문장 끝 어조사로 현대 중국어 '罷了(bàle)'에 해당한다. 제4 문장 "三分天下有其二, 以服事殷"은 역접관계로 구성된 장문인데 '三分天下有其二' 또한 연합관계로 구성된 장문이고 '三分天下'는 서사성 단문이며 '天下'는 술어 '分'의 목적어, '三'은 관형어로 뒤 술어를 수식한다. '有其二'는 유무관계 단문이며 '有'는 술어 '其二'는 목적어이다. '以服事殷'은 서사성 단문인데 '以'는 전치사로 현대 중국어 '拿', '用'에 해당하고 본래 전치사 뒤에 목적어 '三分天下而有其二之地'가 더해진 형태여서 역접관계를 표시하는 접속사 '而'자이지만 생략되었으며 '殷'은 술어 '服事'의 목적어이다.

제5 문장 "周之德, 其可謂至德也已矣"는 판단성 복합 장문인데 '周之德'은 어휘조합 형태의 주어이고 '其'는 접속사이며 '可謂至德'은 서사성 단문으로 목적어이다. '也'는 멈춤 어투의 문장 끝 조사이고 '已矣'는 중첩 어조사로 현대 중국어 '的了(dele)'에 해당한다.

제2, 제3 문장과 제1 문장은 보충관계로 구성된 것인데 왜냐하면 그것들은 '才難'을 보충설명하기 때문이다. 제4 문장과 제5 문장은 추론관계로 구성된 관계라 말할 수 있다. 앞 보충관계로 구성된 장문과 뒤 추론관계로 구성된 장문 사이에 단지 연합관계로 구성된 관계일 뿐이라 말할 수 있다.

### 문장법 분석(文章法分析)

본문 내용은 '서(敍)—보(補)' 구조의 변화를 통한 전개이다. 전체 원문은 순임금에게 다섯 분의 현신이 있었기에 그래서 천하가 다스려졌다. 무왕도 자신에게 천하를 다스릴 열 사람의 현신이 있다 말했다, 공자께서 인재를 얻기가 어려운데 그렇지 않은 것인가? 요, 순임금 그 기간에서 지금(무왕시기)에 대단히 많았고 이 중에 부인이 있었기에 아홉 사람일 뿐이었다. 천하 민심을 3분하면 그 2를 얻고 있어도 복종하며 섬기니 주실의 도덕은 사실 지고한 도덕이라 말할 수 있다라고 말씀한 내용이다. 첫째, 둘째 번 문장은 '서(敍)'에 속하는데 '선(先)—후(後)' 구조를 포함하며 '선(先)'은 다시 '원인(因)—결과(果)' 구조를 포함한 관계이다. 공자께서 우순(虞舜)임금에게 우(禹)、직(稷)、계(契)、고도(皐陶)、백익(伯益) 등 다섯 분의 사리에 밝고 어진 신하가 있었기에 그래서 천하가 태평하게 다스려졌는데 주나라 무왕도 자신에게 천하를 다스릴 사리에 밝고 어진 신하 열 사람이 있었다라고 말씀하셨다. 셋째 번 문장은 '보(補)'에 속하는데 그중에 제1 문장과 제2, 제3 문장은 '서(敍)—보(補)' 구조를 포함하고 '보(補)'는 다시 '보일(補一)—보이(補二)' 구조를 포함하며 여기에 각기 '보일(補一)'의 '선(先)—후(後)' 구조와 '보이(補二)'의 '원인(因)—결과(果)' 구조를 포함한 관계이다. 제4, 제5 문장은 '추론(推論)—사실(事實)' 구조를 포함한 관계이다. 공자께서 그래서 속담에 인재가 얻어지기 어렵다 말하는데 설마 그러하지 않은 것일까? 당요(唐堯)임금, 우순(虞舜)임금 그 기간에 인재가 많았고 지금(주나라 무왕)이 말한 시기에도 인재가 대단히 많았으며 여기에 한 분의 부인 문왕비(태사)가 있어서 사실은 아홉 사람일 뿐이었다. 천하 민심의 3분의 2가 문왕쪽을 향하고 있었지만 천하 민심의 3분의 2가 문왕을 향하였을지라도 은나라 주왕을 복종하며 모시는데 주실(周室)의 도덕(즉 '사랑의 정감'이란 최고의 가치가 구현된 도덕)정신은 지고하고 지극한(더할 수 없이 높고 진정어린) 도덕정신이라 말할 수 있다라고 말씀하셨다.

공자께서 세상을 태평하게 다스리고 백성을 부모처럼 돌보는 정치 인재를 얻기 어렵다는 문제에 대해 담론하는 가운데 주문왕이하 무왕의 숭고하고 위대한 덕행이 바로 '인(仁) 즉 사랑의 정감'이 구현된 도덕 정신에서 기인한다라고 제자들에게 평론해주며 문장을 일단락짓고 있다. 여기서 기술한 문장법에 내재된 논리를 정리하면 <표-115>와 같다.

<표-115> 내재논리 분석도

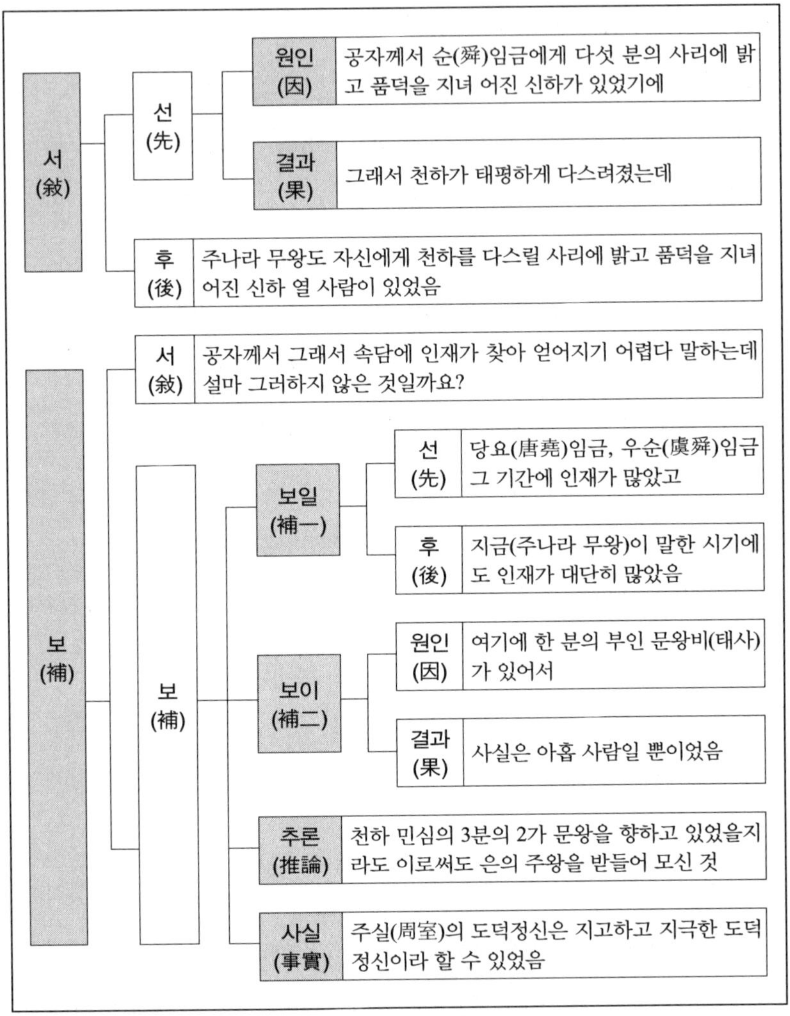


## 신역(信譯)

순임금에게 다섯 분의 현신이 있었기에 그래서 천하가 다스려졌다. 무왕도 "자신에게 천하를 다스릴 열 사람의 현신이 있다"라고 말했다, 공자께서 "인재가 얻어지기가 어려운데 그렇지 않은 것일까? 요, 순임금 그 기간에서 지금(무왕시기)에 대단히 많았고 이 중에 부인이 있었기에 아홉 사람일 뿐이었다. 천하 민심을 3분하면 그 2를 얻고 있었다하더라도 복종하며 섬긴 것이니 주실의 도덕정신은 사실 지고한 도덕정신이라 말할 수 있다"라고 말했다

## 달역(達譯)

공자께서 제자들이여 "순(舜)임금에게 다섯 분의 사리에 밝고 어진 신하가 있었기에 그래서 천하가 태평하게 다스려졌는데 주나라 무왕도 " 자신에게 천하를 다스릴 사리에 밝고 어진 신하 열 사람이 있었다"라고 말했다. 그래서 공자께서 "인재가  얻어지기기 어렵다 말하는데 설마 그러하지 않은 것일까? 요(堯)임금, 순(舜)임금 사이에 인재가 많았고 지금(주나라 무왕이) 말한 시기에도 인재가 대단히 많았으며 여기에 한 분의 부인이 있어서 사실은 아홉 사람일 뿐이었다. 천하 민심의 3분의 2가 문왕을 향하고 있었다하더라도 이로써도 은나라 주왕을 모신 것이니 주실(周室)의 도덕정신은 지고하고 지극한도덕정신이라 말할 수 있다"라고 말씀하셨다.

## 아역(雅譯)

제자들이여 "우순(虞舜)임금에게 우(禹)、직(稷)、계(契)、고도(皐陶)、백익(伯益) 등 다섯 분의 사리에 밝고 품덕을 지녀 어진 신하가 있었기에 그래서 천하가 태평하게 다스려졌는데 주나라 무왕도 "자신에게 천하를 다스릴 사리에 밝고 품덕을 지녀 어진 신하 주공단(周公旦), 소공석(召公奭), 태공망(太公望), 필공(畢公), 영공(榮公), 대전(大顚), 굉요(閎夭), 산의생(散宜生), 남궁적(南宮適) 및 문모(文母) 등 열 사람이 있었습니다"라고 말씀하셨다. 그래서 공자께서 "속담에 인재가 찾아 얻기 어렵다 말하는데 설마 그러하지 않은 것일까요? 당요(唐堯)임금, 우순(虞舜)임금 그 기간에 인재가 많았고 지금(주나라 무왕)이 말한 시기에도 인재가 대단히 많았으며 여기(천하를 다스릴 사리에 밝고 품덕을 지녀 어진 신하 열 사람)에 한 분의 부인 문왕비(大姒 태사)가 있어서 사실은 아홉 사람일 뿐이었습니다. 설령 천하 민심의 3분의 2가 문왕쪽을 향하고 있었다할지라도 천하 민심의 3분의 2가 문왕쪽을 향함으로도 신하를 자칭한 채 은나라 주왕을 믿고 복종하며 받들어 모신 것이니 주실(周室)의 '인(仁) 즉 사랑의 정감'이란 최고의 가치가 구현된 도덕정신은 지고하고 지극한(더할 수 없이 높고 진정어린) 도덕정신이라 말할 수 있습니다"라고 말씀하셨습니다.

## 함축의미

<표-116> 함축의미 분석

순임금에게 다섯 분의 현신이 있었기에 그래서 천하가 다스려졌음

무왕도 "자신에게 천하를 다스릴 열 사람의 현신이 있었다"함

⬅

공자께서 "인재가 얻어지기가 어려운데 그렇지 않은 것일까?

요, 순임금 그 기간, 지금(무왕시기)에 대단히 많았고 이중에 부인이 있어서 아홉 사람일 뿐임

천하 민심을 3분하면 그 2를 얻고 있었다하더라도 복종하며 섬긴 것임

주실의 도덕정신은 사실 지고한 도덕정신이라 말할 수 있음

## 생각열기

'민심은 천심이다'라는 한 마디는 민심을 얻는 것이 중요하다 강조한 말이라 할 수 있지 않을까? 민심은 천심이고 권력의 원천은 민의이기에 국가 권력의 근본(출발점)은 국민으로부터 나온다 것을 전제한 의미의 표현은 아닐까?

# 제21장

— 지도자 스스로 검소, 절약하고 제도를 숭상하며 국민을 애호해야 함

子曰: "禹, 吾無間然矣! 菲飮食, 而致孝乎鬼神; 惡衣服, 而致美乎黻冕; 卑宮室, 而盡力乎溝洫。 禹, 吾無間然矣!"

zǐyuē yú wúwújiànrányǐ fěiyǐnshí érzhìxiàohūguǐshén èyīfú érzhìměihūfúmiǎn bēigōngshì érjìnlìhūgōuxù yú wúwújiànrányǐ

## 관련 편장(篇章)

子曰: "巍巍乎! 舜、禹之有天下也, 而不與焉。" (「泰伯」篇 第18章)

## 주석(注釋)

① 간연(間然): 동 '비난하다', '비방하여 논하다', '비평하다'. 현대 중국어 '非議(fēiyì)', '批評(pīpíng)'에 해당함. '연(然)', 접미 (형용사)연음 복합어휘의 접미사.
② 비(菲): 형 '엷다', 현대 중국어 '薄(báo)'에 해당함.
③ 이(而): 접사 '그러나'. 현대 중국어 '卻(què)', '但是(damshi)', '可是(kěshi)'에 해당함.
④ 치(致): 부사 '다하다', '지극하다'. 현대 중국어 '盡(jìn)', '極(jí)'에 해당함.
⑤ 효(孝): 명 '잘 섬기고 공경하는 마음', 현대 중국어 '孝敬之心(xiàojìngzhīxīn)'에 해당함.

⑥ 호(乎): 전치 '……에(께)', '……에게', 중국어 '於(yú)'에 해당함.

⑦ 귀신(鬼神): 명 '조상과 신령께 제사지냄', 현대 중국어 '祭祀祖先和神靈(jìsìzǔxiānhéshénlíng)'에 해당함.

⑧ 악(惡): 형 '몹시 거칠다', '조악하다'. 현대 중국어 '粗惡(cūè)', '粗而不細(cūérbúxì)'에 해당함.

⑨ 미(美): 형 '화려하고 아름답다', '섬세하고 아름답다'. 현대 중국어 '華美(huáměi)', '精美(jīngměi)'에 해당함.

⑩ 불면(불면): 명 본래 의미는 '슬갑과 갓'이지만 여기서 '고대 제사 때 입는 예복, 쓰는 모자'라고 해석하며 현대 중국어 '祭祀時所穿的禮服, 所戴的禮帽(jìsìshísuǒchuāndelǐfúsuǒdài delǐmào)'에 해당함.

⑪ 비(卑): '낮고 간소하며 누추하다' 현대 중국어 '矮小簡陋(ǎixiǎojiǎnlòu)'에 해당함.

⑫ 궁실(宮室): 명 '사는 집', '기거하는 집'이라 해석하며 현대 중국어 '居室(jūshì)'에 해당함.

⑬ 구혁(溝洫): 본래 의미는 '논밭에 물을 대는 관개 수로'이지만 여기서 '농토의 관개에 사용되는 수리 공사'라고 해석하며 현대 중국어 '對農田灌漑用的水利工程(duìnóngtiánguàngài yòngdeshuǐlìgōngchéng)'에 해당함.

## 석의(析義)

① 궁실(宮室): 『爾雅』에 '궁(宮)'과 '실(室)'은 서로 교차 '궁'은 '실'로, '실'은 '궁'으로 해석하고 있는데 '사는 집', '거주하는 집'이라는 의미이다.

## 문법구조(文法構造)

전체 원문은 서사성 복합 문장이다. '子'는 주어이고 '曰'은 술어이며 "禹, 吾無閒然矣! 菲飮食, 而致孝乎鬼神; 惡衣服, 而致美乎黻冕; 卑宮

室, 而盡力乎溝洫。禹, 吾無間然矣"는 목적어이다. 인용부호 속의 제1 문장 "禹, 吾無閒然矣"는 태도를 표시하는 장문이다. '禹'는 주어이며 '吾無閒然'은 술어로 역시 태도를 표시하는 복합 장문이다. '吾'는 주어이고 '閒然'은 접미사 '然'을 동반한 연음 복합어휘로 술어이며 '無'는 '不'와 같은 부정표시 부사, '矣'는 현대 중국어 '了'에 해당하는 문장 끝 어조사이다. 제2 문장 "菲飲食, 而致孝乎鬼神"은 역접관계로 구성된 장문이다. 그 앞 문장 '菲飲食'는 '使飲食菲'로부터 전용 변화해서 이루어진 서사성 단문이다. 그래서 '菲'는 동사술어이고 '飲食'은 어휘연계 형태의 목적어이다. 그 뒤 문장 '致孝乎鬼神'은 서사성 단문인데 '而'는 역접관계 접속사이고 '致'는 술어, '孝'는 목적어, '鬼神'은 어휘연계 형태의 장소보어이며 그 앞에 전치사 '乎'자를 더하였는데 이 '乎'자의 작용은 '於'자와 같아 현대 중국어 '對於(duìyú)'에 해당한다. 제3 문장 "惡衣服, 而致美乎黻冕" 역시 역접관계로 구성된 장문이다. 그 앞 문장 '惡衣服' 역시 '使衣服惡'로부터 전용 변화해서 이루어진 서사성 단문이다. 그래서 '惡'은 동사술어이고 '衣服'은 어휘연계 형태의 목적어이다. 그 뒤 문장 '致美乎黻冕' 역시 서사성 단문인데 '而'는 역접관계 접속사이고 '致'는 술어, '美'는 목적어, '黻冕'은 어휘연계 형태의 장소보어이며 그 앞에 전치사 '乎'자가 더해졌다. 제4 문장 "卑宮室, 而盡力乎溝洫" 역시 역접관계로 구성된 장문이다. 그 앞 문장 '卑宮室' 역시 '使宮室卑'로부터 전용 변화해서 이루어진 서사성 단문이다. 그래서 '卑'은 동사술어이고 '宮室'은 어휘연계 형태의 목적어이다. 그 뒤 문장 '而盡力乎溝洫' 역시 서사성 단문인데 '而'는 역접관계 접속사이고 '盡'은 술어, '力'은 목적어, '溝洫'은 어휘연계 형태의 장소보어이며 그 앞에 전치사 '乎'자가 더해졌다. 제5 문장 "禹, 吾無

閒然矣"는 제1 문장의 반복으로 우임금의 품덕에 대한 칭송이 결코 허황된 일이 아님을 강조한 용법이라 할 수 있다.

이 3개의 역접관계로 구성된 장문은 평행관계로 구성된 것이고 그것들과 제1 문장은 보충관계이다. 공자께서 '우임금'을 극진하게 칭송하고 기리는데 감히 비평할 수 없어서 마지막 한 마디는 문장 머리의 표현을 반복하여 우인금에 대한 우러러 받들며 탄복하는 심정을 나타낸 것이다.

### 문장법 분석(文章法分析)

본문 내용은 '서(敍)—보(補)—서(敍)' 구조의 변화를 통한 전개이다. 전체 원문은 공자께서 우임금에 대해 자신은 그에게 비평할 것이 없는데 음식 먹기는 간소하지만 귀신께 섬기고 공경하기를 다했으며, 의복 입기는 조악하지만 제사 때 착용하는 예복과 예관에 아름답기를 다했으며, 거실은 낮고 누추하지만 농토에 물대는 수리에 온 힘을 다했는데 우임금에 대해 자신은 그에게 비평할 것이 없었네!라고 말씀한 내용이다. 제1 문장은 '서(敍)'에 속하며 공자께서 우임금 그 개인의 사람됨, 일의 수행처리, 예의로 절제된 처세는 선생님 자신이 비평하고 논할꺼리가 없었다네!라고 말씀한 것이다. 제2, 제3, 제4 문장은 '보(補)'에 속하는데 다시 각 문장 모두 '정(正)—반(反)' 구조를 포함한 관계이다. 공자께서 우임금 그 자신의 음식은 절제되고 간소하게 먹지만 귀신께 제사 지낼 때에 도리어 풍성하길 다했으며, 의복은 몹시 거칠고 열악하게 입지만 제사 때 착용하는 예복과 예관에 도리어 화려하고 아름답기를 다했으며 거실은 낮고 간소하며 누추하지만 농토에 물을 대는 수리 공사에 온 힘을 다했다라고 말씀하셨다. 제5 문장은 '서(敍)'에 속하며 공자께서 다시 우임금 그 개인의 사람됨, 일의 수행처리, 예의로 절제된 처세는 선생님 자신이 비평하고 논할 것이 없었다네!라고 말씀한 것이다.

공자께서 우임금의 품행과 덕성을 찬미하는데 그 자신은 검소하고, 제도는 숭상하며, 백성을 애호하여 정말로 비평하고 논할만한 꺼리가 없었다라고 대비배열(排比) 방식의 수사법을 통해 제자들에게 평론해준 내용으로 문장을 일단락짓고 있다. 여기서 기술한 문장법에 내재된 논리를 정리하면 <표-117>와 같다.

<표-117> 내재논리 분석도

| 구분 | 세부 | 정·반 | 내용 |
|---|---|---|---|
| 서(敍) | | | 공자께서 우임금 그 개인의 사람됨, 일의 수행처리, 예의로 절제된 처세는 선생님 자신이 비평하고 논할꺼리가 없었다네! |
| 보(補) | 보일(補一) | 정(正) | 우임금 그 자신의 음식은 절제되어 간소하게 먹지만 |
| | | 반(反) | 조상 및 신령께 제사 지낼 때에 도리어 풍성하길 다했으며 |
| | 보이(補二) | 정(正) | 우임금 그 자신의 의복은 몹시 거칠고 열악하게 입지만 |
| | | 반(反) | 제사 때 착용하는 예복과 예관에 도리어 화려하고 아름답기를 다했으며 |
| | 보삼(補三) | 정(正) | 우임금 그 자신의 거실은 낮고 간소하며 누추하지만 |
| | | 반(反) | 논과 밭 농토에 물을 대는 관개 수로의 수리 공사에 온 힘을 다했음 |
| 서(敍) | | | 공자께서 우임금 그 개인의 사람됨, 일의 수행처리, 예의로 절제된 처세는 선생님 자신이 비평하고 논할꺼리가 없었다네! |

### 신역(信譯)

공자께서 "우임금에 대해 자신은 그에게 비평할 것이 없었네! 음식 먹기는 간소하지만 귀신께 섬기고 공경하기를 다했으며, 의복 입기는 조악하지만 제사 때 착용하는 예복과 예관에 아름답기를 다했으며, 거실은 낮고 누추하지만 농토에 물대는 수리에 온 힘을 다했는데, 우임금에 대해 자신은 그에게 비평할 것이 없었네!"라고 말했다.

### 달역(達譯)

공자께서 제자들이여 "우임금 같은 이런 종류의 사람은 선생님이 비평하고 논할꺼리가 없었다네! 우임금 그 자신의 음식은 절제되어 간소하게 먹지만 귀신께 제사 지낼 때에 도리어 풍성하길 다했으며, 의복은 몹시 거칠고 열악하게 입지만 제사 때 입는 예복과 예관에 도리어 화려하고 아름답기를 다했으며 거실은 낮고 간소하며 누추하지만 농토에 물을 대는 수리 공사에 온 힘을 다했다. 우임금 같은 이런 종류의 사람은 선생님이 비평하고 논할 것이 없었다네!라고 말씀하셨다.

### 아역(雅譯)

공자께서 제자들이여 "마치 우임금처럼 그 개인의 사람됨, 일의 수행처리, 예의로 절제된 처세를 한 사람은 선생님이 그에 대해 비평하고 논할만한 구석이 없었답니다! 비록 우임금 그 자신의 음식은 절제되어 간소하게 먹을지라도 조상 및 신령께 제사 지낼 때에 도리어 풍성하길 다했으며, 비록 우임금 그 자신의 의복은 몹시 거칠고 열악하게 입을지라도 제사 지낼 때 착용하는 예복과 예관에 도리어 화려하고 아름답기를 다했으며, 비록 우임금 그 자신의 거실은 낮고 간소하며 누추하지만 논과 밭 농토에 물을 대는 관개 수로의 수리 공사에 도리어 온 힘을 다했습니다. 마치 우임금처럼 그 개인의 사람됨, 일의 수행처리, 예의로 절제된 처세를 한 사람은 선생님이 그에 대해 비평하고 논할만한 구석이 없었답니다!라고 평론하여 말씀하셨습니다.

### 함축의미

<표-118> 함축의미 분석

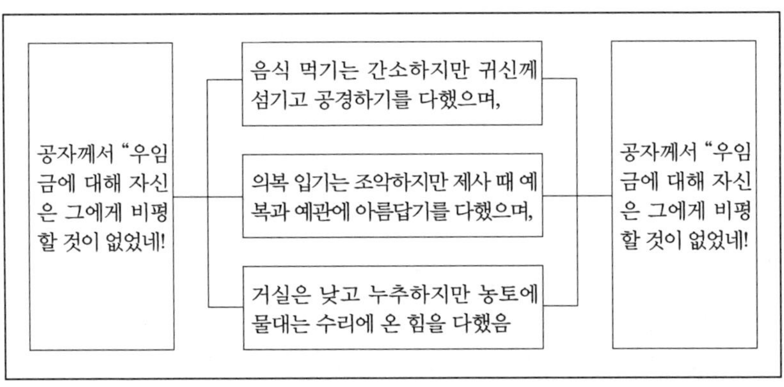


### 생각열기

'자신에게 엄격하고 남에게 너그럽게 호의(好意)를 베풀다'라는 말에 내포된 의미는 자기객관화로 귀결할 수 있지 않을까? 생각해보면 자신에게는 엄격하게 타인에게는 관대하게 대하는 것 모두다 가장 중요한 점은 자기객관화이다. 때문에 공자께서 "자신의 과실에 대해 엄격하게 책망하고 남의 과실에 대해 경미하게 책망한다면 원망을 멀리할 수 있을 것이다(躬自厚而薄責於人, 則遠怨矣)" (「衛靈公」편 제15장)라고 말씀하시지 않았을까? 여기에 그것이 선의의 호의일지라도 도리어 상대방의 입장을 전체적으로 고려하고 자신의 입장은 부분적으로 고려해야 하지 않을까? 그래서 공자께서 "자기가 받고 싶어하지 않는 사물을 다른 사람의 신상에 더해주지 말아야 한다(己所不欲, 勿施於人)"(「顏淵」편 제2장,「衛靈公」편 제15장)라고 말씀하셨을 것이다.

결론적으로, 자신에게 엄격하고 남에게 관대한 태도는 단순한 미덕에 그치지 않는 삶의 중요한 지혜이다. 게다가 호의를 베푸는 일은 순전히 상대방의 입장에서 고려해야 할 것이다. 모두 개인의 성장과 발전을 촉진하고, 건강한 인간관계를 형성하며, 더 나아가 전체 사회의 건강한 발전에 기여하는 중요한 태도와 입장이라 할 수 있지 않을까?

## 참고문헌

『論語』8(十三經注疏本), 臺北: 藝文印書館, 1989.

『詩經』2(十三經注疏本), 臺北: 藝文印書館, 1989.

『禮記』5(十三經注疏本), 臺北: 藝文印書館, 1989.

『左傳』6(十三經注疏本), 臺北: 藝文印書館, 1989.

『公羊傳』7(十三經注疏本), 臺北: 藝文印書館, 1989.

『穀梁傳』7(十三經注疏本), 臺北: 藝文印書館, 1989.

『孝經』8(十三經注疏本), 臺北: 藝文印書館, 1989.

『爾雅』8(十三經注疏本), 臺北: 藝文印書館, 1989.

『孟子』8(十三經注疏本), 臺北: 藝文印書館, 1989.

陸德明著・鄧仕樑・黃坤堯校訂索引,『新校索引經典釋文』(十三經注疏本), 臺北: 學海出版社, 1988.

劉寶楠,『論語正義』(上)(下), 臺北: 文史哲出版社, 1990.

俞 樾,『論語平議』(『俞樾記五種』), 臺北: 世界書局, 1984,

許世瑛,『論語二十篇句法研究』, 臺北: 臺灣開明書店, 1989.

楊伯峻,『論語譯注』, 臺北: 漢京文化事業有限公司, 1987.

胡志奎,『論語辨證』, 臺北: 聯經出版事業公司, 1987.

王熙元,『論語通釋』(上, 下), 臺北: 學生書局, 1988.

程樹德,『論語集釋』(新編諸子集成本, 一二三四), 北京: 中華書局, 1989.

來可泓,『論語直解』, 上海: 復旦大學出版社, 1997.

李澤厚,『論語今讀』, 安徽: 安徽文藝出版社, 1998.

黃懷信主撰,『論語彙校集釋』(上, 下冊), 上海: 上海古籍出版社, 2008.

李 零,『喪家狗-我讀論語』, 山西: 山西人民出版社, 2011.

朱 熹,『四書章句集注』, 臺北: 長安出版社, 1990.

謝冰瑩等,『四書讀本』, 臺北: 三民書局, 1986.

黃錦鋐恩師等,『四書導讀』, 臺北: 文津出版社, 1987.

聞人軍,『考工記譯注』, 上海: 上海古籍出版社, 1993.

陳滿銘,『篇章結構學』, 臺北: 萬卷樓圖書有限公司, 2005.

丁若鏞, 『論語古今注』(『韓國文集叢刊』本『與猶堂全書』), 서울: 民族文化推進會, 1993.

『(原本)經書大學・論語・孟子・中庸』, 서울: 古典文學研究院, ?.

諸橋轍次, 『掌中論語の講義』, 東京: 大修館書店, 1969.

吉川幸次郎, 『吉川幸次郎全集』(第四卷), 東京: 筑摩書房, 1984.

武内義雄, 『武内義雄全集』第 1卷, 東京: 角川書店, 1978.

武内義雄, 『論語之研究』, 東京: 岩波書店, 1939.

津田左右吉, 『論語と孔子の思想』, 東京: 岩波書店, 1946.

宮崎市定), 『論語の新研究』, 東京: 岩波書店, 1974.

木村英一, 『孔子と論語』, 東京: 創文社, 1971.

E. Bruce Brooks and A. Taeko Brooks, The Original Analects Analects 『論語辨』, N. Y.: Columbia University Press, 1988.

## 강성조(姜聲調)

- 원광대학교 중어중문학과 졸업(학사)
- 臺灣私立東吳大學中文研究所 졸업(석사)
- 臺灣國立臺灣師範大學國文研究所 졸업(박사)
- 원광대학교 한의학전문대학원 Post-Doc
- 현임 원광대학교 교육대학원 중국어교육전공 교수
- 現任中國上海華東師範大學先秦諸子研究中心與上海古籍出版社合編『諸子學刊』(名列爲150篇中文社會科學引文索引CSSCI來源期刊、核心期刊) 論文審核委員兼編輯委員

### 전공소개

- 중국문학(고전산문) - 老子, 莊子, 蘇軾의 학술사상
- 經典注疏學
- 韓中諸子學 및 新子學
- 중국어교육

### 저서

- 『蘇軾的莊子學』(1999)
- 『실용 중국어 어법』(2005)
- 『입학사정관제에 대한 준거집단의 의식 연구』(공저, 2014)
- 『現代 중국어 교과교육론』(2020)
- 『現代 중국어 논리 및 논술』(2021)
- 『새로읽는 논어-심층분석』① (2022)
- 『새로읽는 논어-심층분석』② (2023)
- 『새로읽는 논어-심층분석』③ (2024)
- 老子・莊子・蘇軾 학술사상, 經典注疏學, 韓中諸子學 및 新子學 등 관련 논문 수십 편
- 中國語偏誤問題, 中國語・中國語學概論教材 개발 및 편찬에 대한 제언, 韓中 '在'字句的 語序類型及習得, 莊子思的特殊教育觀 등 중국어문 교육 관련 논문 수편

### 경전 주소학 관련 논문

- 「『春秋』'及宋人盟於宿'辨義」(『書目季刊』, 臺北: 學生書局, 1998.6)
- 「『春秋』"及宋人盟于宿"辨義」(『書目季刊』, 臺北: 學生書局, 1998.6)

- 「『莊子』'建之以常無有, 主之以太一'」(『中國學術年刊』, 臺北: 臺灣師範大學國文研究所, 1999.3)
- 「『莊子』"建之以常無有, 主之以太一"釋義」(國立臺灣師範大學國文研究所, 『中國學術年刊』, 1999.3)
- 「『論語・學而』篇第一章析論」(『孔孟月刊』, 臺北: 孔孟月刊社, 2003.7)
- 「關於潘岳'悼亡詩'第一首頭兩句注解的商権」(韓國中國學會, 『國際中國學研究』第8輯, 2005. 12)
- 「『莊子・養生主』편 자구분석」(中國人文學會, 『中國人文科學』, 2008.12)
- 「『莊子・養生主』편"爲善無近名, 爲惡無近刑"句辨義」(中國語文研究會, 『中國語文論叢』第43輯, 2009.12)
- 「『莊子・養生主』篇綜論」(『慶祝黃金鉉教授九秩嵩壽論文集』, 臺北; 洪葉文化事業有限公司, 2011.6)
- 「跨學科的莊子學研究-以宋人對『莊子・養生主』篇'庖丁解牛'寓言的跨學科接受爲中心」(中國語文研究會, 『中國語文論叢』第60輯, 2013.12)
- 「教學"漢文講讀"教科所面臨的疑義問題-以王念孫解釋"學而不思, 則罔; 思而不學, 則殆"二句的考辨爲中心」(中國語文研究會, 『中國語文論叢』第89輯, 2018.10)
- 「再論教學"漢文講讀"教科所面臨的疑義問題-以『論語・學而』篇"行有餘力, 則以學文"二句辨義爲中心」(中國語文研究會, 『中國語文論叢』第95輯, 2019.10)
- 「『莊子・養生主』"指窮於爲薪, 火傳也, 不知其盡也"析論」(韓國中國學會, 『中國學報』, 第94輯, 2020.11)
- 「關於『論語』"己所不欲, 勿施於人"一語的議論及其辨義」(中國語文研究會, 『中國語文論叢』第110輯, 2022.7)
- 「關於『論語・爲政』篇第四章的考證及其辨義」(中國語文研究會, 『中國語文論叢』第114輯, 2023.7)
- 「『論語・八佾』篇第十五章句的意思分析及其辨義」(中國語文研究會, 『中國語文論叢』第119輯, 2024.10)
- 『論語・八佾』篇'射不主皮'章意思的考辨, (원광대학교 원불교사상연구원, 『원불교사상과 종교문화』 제106집, 2025.12)

# 새로 읽는 논어 4 – 심층분석

초판 1쇄 발행 _ 2025년 12월 31일

**편　　저** • 강 성 조
**발 행 인** • 정 현 걸
**발　　행** • 신 아 사
**인　　쇄** • 삼일문화
**출판등록** • 1956년 1월 5일 (제9–52호)
**주　　소** • 서울시 은평구 통일로 59길 4(2F)
**전　　화** • 02)382–6411 · 팩스 02)382–6401
**홈페이지** • www.shinasa.co.kr
**E–MAIL** • shinasa@daum.net

ISBN 979–11–7342–127–3 (93820)

**정가　20,000원**